KB121771

교사를 위한 독서교육론

교사를 위한
독서교육론

김주환 지음

우리학교

사람들은 이제 책보다는 인터넷을 통해서 새로운 지식 정보를 더 많이 얻고 있다. 궁금한 것이 있으면 네이버나 구글, 유튜브를 검색하는 것이 일상화되었다. 이런 디지털 시대에 책 읽기는 어쩌면 옛날 영화의 한 장면처럼 고색창연한 행위일 수도 있다. 그러나 책을 통해서 얻는 지식 정보는 인터넷에서 얻을 수 있는 것과 그 폭과 깊이가 다르다. 책은 디지털 디바이스와 달리 우리의 오감을 자극할 뿐만 아니라 글 내용을 한눈에 파악할 수 있도록 해 준다. 그렇기 때문에 독자는 좀 더 긴 호흡으로 저자와 대화하면서 삶과 세상에 대해 성찰할 수 있는 여유를 갖게 된다.

그러나 여러 가지 조사를 통해서 보면 우리나라 국민들은 책을 많이 읽지 않는 것으로 나타났다. 그나마 학창 시절에는 어쩔 수 없이 책을 읽지만 만 20세가 지나면 급속히 독서율이 떨어진다. 사람들은 시간이 없어서 책을 읽지 못한다고 말한다. 학생들은 학교 공부와 학원 숙제로 바빠서, 직장인들은 업무와 사회 활동에 바빠서 책을 읽지 않는다. 그러나 사실 여유 시간이 확보된다고 해도 사람들은 독서가 아닌 다른 활동에 몰입하는 경우가 많다. 책 읽는 것보다 즐거운 일들이 많기 때문에 독서는 늘 가까이 하기엔 너무 먼 당신이다.

국민들의 독서율을 높이기 위해서 정부는 1994년 '도서관 및 독서진흥법'을 제정한 이후 학교도서관활성화 종합방안(2003), 도서관 발전 종합계획(2009) 등을 통해서 학교 도서관 및 지역 도서관을 확대하고 도서 보급률을 높이기 위해 많은 노력을 해 왔다. 이런 정책에 힘입어 지역 도서관과 학교 도서관이 크게 늘어났고 도서 보급률도 증가하였다. 그러나 이런 정부의 노력에도 불구하고 학생들의 독서율은 정체되거나 오히려 하락한 것으로 나타났다. 이는 도서관 확충이나 도서 보급률의 확대만으로는 국민들의 독서율을 높이기 어렵다는 것을 의미한다.

사람들이 책을 읽지 않는 이유는 시간이 없기 때문만은 아니며, 책이 부족한 탓은 더욱이 아니다. 우리나라 사람들이 책을 읽지 않는 이유는 '긍정적인 독서 경험'을 갖지 못한 것이 가장 큰 원인이라고 할 수 있다. 우리나라 학생들의 경우 외국 학생들에 비해 독해력은 높은 편이지만 '긍정적인 독서 경험'은 크게 부족한 것으로 나타나고 있다. 대학생들의 의견을 들어 보면 초등학교 때까지는 비교적 긍정적인 독서 경험을 하지만 중, 고등학교에 들어가면서부터 부정적 독서 경험이 많아져 독서를 싫어한다는 것을 확인할 수 있다. 초등학교 때는 읽고 싶은 책을 선택해서 읽고 자신의 느낌과 생각을 자유롭게 말할 수 있었으나 중등학교 때는 학습에 필요한 책을 의무적으로 읽어야만 하고 자신의 의견보다는 교과서식 해석을 암기해야 했기 때문이다.

독서 태도에 대한 연구 결과를 보면 초등학교 3, 4학년 때부터 독서 흥미가 하락하는 것으로 나타났다. 초등학교 고학년, 즉 학습이 본격화되는 시기부터 독서에 대한 흥미를 잃어가기 시작하는 것이다. 학교 학습이 본격화되는 시기부터 독서 동기가 하락하는 현상은 학습 독서가 왜곡되어 있기 때문이다. 학교에서의 모든 학습은 독서 활동을 바탕으로 이루어진다. 교과서를 읽는 것도 읽기 활동이고 선생님이 칠판에 적은 것을 읽고 기록하는 것도 읽기 활동이다. 그런데 문제는 학교에서는 대체로 하나의 교과서를 선택해서 모든 학생들이 읽고 같은 활동을 한다. 학생들의 독서 수준이나 관심사가 모두 다르기 때문에 하나의 교과서를 선택해서 읽을 경우 그 교과서의 수준과 관심에 맞는 학생들은 흥미를 갖지만 그렇지 못한 학생들은 흥미를 잃게 된다.

교과서 읽기는 학생들에게 교과서 내용을 수동적으로 받아들이도록 할 뿐만 아니라 비판적이고 창의적인 해석을 어렵게 한다. 교과서식 읽기가 계속되면 학생들은 수동적인 독자로 전락하게 되고 결국 학생들의 독서 능력과 태도도 하락할 수밖에 없다. 이는 학습의 목적이라고 할 수 있는 지식의 습득에도 부정적 영향을 미친다. 지식의 습득은 외부의 정보를 자신의 배경지식과 통합하는 과정에서 일어난다. 그런데 지식을 수동적으로 받아들이기만 할 경우 외부 지식이 자신의 배경지식과 통합되지 못하고 단기 기억 창고에 저장되었다가는 곧 사라진다. 이처럼 왜곡된 학습 독서는 학생들을 수동적인 독자로 만들 뿐만 아니라 수동적인 학습자로 만들어 진정한 독서 능력과 학습 능력을 갖추지 못하게 한다.

수동적인 독자, 수동적인 학습자는 대학이나 사회에서도 큰 어려움에 봉착하게 된다. 대학에서 요구하는 읽기 자료는 중등학교 수준과는 비교할 수 없이 전문적인 것인 경우가 많고, 이런 책을 읽고 비판적으로 해석하고 토론하는 것이 대학의 학습이기 때문이다. 또한 직업 분야에서 성공하기 위해서도 해당 분야의 자료를 수집하여 읽고 핵심을 정리한 다음 새로운 대안을 제시하는 비판적이고 창의적인 독서 능력이 필수적이다. 이런 이유로 인해 세계 모든 나라에서는 미래 사회에서 학생들이 습득해야 할 가장 중요한 핵심 역량으로 읽기·쓰기와 같은 의사소통 능력을 강조하고 있다. 따라서 학생들의 독서 능력과 태도를 향상시키는 것은 학생 개개인을 위한 것일 뿐만 아니라 국가 경쟁력 향상을 위해서도 매우 중요한 문제이다.

전통적으로 우리는 학습과 독서를 별개의 것으로 생각해 왔다. 독서는 여가 시간을 이용해서 자유롭게 책을 읽는 것이고, 학습은 교과서 위주로 배우는 것이다. 그러나 요즘은 학생들이 학습과 별개로 여가 시간에 자유 독서를 즐기기 쉽지 않은 환경이다. 책 읽을 시간도 없거니와 시간이 있어도 다른 활동을 하기에 바쁘다. 따라서 교과 학습에서 독서 활동이 이루어지지 않으면 학생들이 독서 능력과 태도를 습득할 기회가 없어 평생 '책맹'으로 살아갈 수밖에 없다. 학교의 학습을 통해서 학생들이 충분한 독서 능력과 태도를 갖추도록 해 줘야 여가 시간에도 스스로 책을 찾아 읽을 수 있다.

학습 목표를 달성할 수 있는 다양한 수준의 텍스트를 활용하는 것은 학생들의 관심과 흥미를 유지하도록 하는 데 도움을 준다. 또한 다양한 자료를 읽고 서로 토론하고 나누는 과정에서 학생들은 더 많은 정보를 얻을 뿐만 아니라 다양한 관점과 해석이 존재한다는 것을 이해하게 된다. 이처럼 교실 수업에서 다양한 텍스트를 찾아 읽고 긍정적인 독서 경험을 쌓은 학생들은 스스로 책을 찾아 읽는 평생 독자가 될 가능성이 높다. 이를 위해서는 특정한 교과만이 아니라 모든 교과에서 긍정적인 독서 활동이 이루어지도록 힘써야 한다. 미국의 경우 모든 교과 교사들이 독서교육론을 필수 과목으로 이수하고 있을 뿐만 아니라 교육과정에서도 사회, 역사, 과학과 관련된 독서 활동을 강조하고 있다.

이 책은 학생들이 능동적인 독자로 성장할 수 있도록 하기 위해서 학교와 교사가 어떻게 지원할 것인지를 다루었다. 학교의 문식 환경이 가정 문식 환경의 격차를 해소하는 데 결정적인 역할을 한다는 연구 결과들이 많다. 따라서 가정에서 좋은 문식 환경을 제공하는 것도 중요하지만 학교 문식 환경을 개선하는 것이 매우 중요하다. 학교의 문식 환경은 쉽게 책을 읽을 수 있는 교실 환경뿐만 아니라 독서 지도 전문가로서 교사의 지원과 학교 차원의 독서 프로그램이나 교육과정의 지원을 포함한다. 특히 독서 지도에 관심을 갖고 학생들의 독서 활동을 지원할 수 있는 전문성이 있는 교사는 학생들의 성장에 필수적인 요소이다. 학생들의 독서율을 높이기 위해 도서관을 만들고 도서를 확충하는 데서 나아가 독서 지도 전문가로서 교사를 육성하고 지원하는 일이 매우 중요하다. 학생들의 성장 발달에 가장 큰 영향을 미치는 교육 환경이 바로 교사이기 때문이다.

이 책은 독서 지도자인 교사를 위한 것이지만 학생들의 독서 활동을 지원하려고 하는 학부모나 교육 행정가들에게도 유용한 지침을 제공할 것이다. 이를 위해서 독서 지도의 기본이 되는 개념에서부터 구체적인 지도 방법까지 독서 지도의 전체적인 모습을 이해할 수 있도록 구성했다. 1장에서는 독서 교육의 기본 개념이라고 할 수 있는 로젠블랫의 독자 반응 이론과 러멜하트의 상호작용 이론을 소개했다. 이 책에서 소개하는 대부분의 독서 지도 방법은 텍스트와 독자의 상호작용이라고 하는 이들 이론에 바탕을 두고 있다. 2장에서 제시하고 있는 교실 환경과 독서 워크숍은 우리나라에서는 아직 생소하지만 영미권에서는 널리 활용되고 있는 교실 모형과 독서 지도 방법이다. 이를 통해 학교가 학생들을 위해서 어떤 문식 환경을 제공해야 하는지를 알 수 있을 것이다.

3장부터 6장까지는 독서 지도의 기본적인 요건이라고 할 수 있는 책 선택, 교사의 역할, 독해 지도 과정, 다른 독자들과의 독서토론 등에 대해서 소개하였다. 학생 스스로 책을 선택해서 읽도록 하되, 전문성 있는 교사가 다양한 방법으로 학생들의 독서 과정을 지원해야 한다. 그리고 7장과 8장에서는 텍스트의 유형을 크게 정보 텍스트와 문학 텍스트로 나눠서 텍스트의 특성에 맞는 다양한 독서 지도 방법들을 소개하였다. 이 지도 방법들은 국어 교과뿐만 아니라 모든 교과의 독서 지도에 활용할 수 있다. 마지막 9장에서는 읽기와 쓰기의 연계에 대해 다루었다. 읽기에만 그치지 않고 쓰기 활동으로 연결될 때 읽기와 쓰기 능력뿐만 아니라 주제에 대한 이해가 더욱 확장될 수 있다.

종래의 독서 지도서들은 대체로 외국의 이론이나 방법을 번역해서 소개하거나 교실 수업 사례를 소개하는 데 그친 경우가 많았다. 그러나 이 책에서는 실증적인 연구에 기반한 독서 이론과 지도 방법뿐만 아니라 이를 교실에서 구현할 수 있는 구체적인 사례와 방안을 함께 제공하였다. 이를 위해 각 장을 '문제 제기 - 핵심 이론과 전략 - 적용하기' 세 부분으로 구성하였다. 문제 제기는 독서 지도 현장에 나타난 문제를 제기하는 데 목적이 있으며, 핵심 이론과 전략에서는 이 문제를 해결할 수 있는 이론이나 방법을 자세히 소개하였다. 그리고 적용하기에서는 핵심 이론이나 방법을 실제 교실에서 어떻게 적용할 수 있는지 구체적인 사례나 방안을 제시하였다. 따라서 독자의 관심에 따라 이론이나 실제 중 어느 한 부분을 선택해서 좀 더 집중적으로 살펴보는 것도 가능하다.

이 책에서 소개한 독서 이론이나 지도 방법은 국내에서는 아직 생소한 것들이 많다. 그러나 이 독서 이론이나 지도 방법들은 여러 나라에서 실증적인 연구들을 통해서 그 효과가 이미 검증되었으며 상당히 많은 나라에서 널리 활용되고 있는 것들이다. 따라서 이 책에서 소개하고 있는 독서 지도 방법을 어떤 교실이나 가정에서 적용하더라도 신뢰할 만한 결과를 얻을 수 있을 것이다. 물론 모든 이론이나 지도 방법은 교실 상황이나 학생 독자의 수준, 독서의 목적 등에 따라 달라지기 때문에 창의적으로 적용할 필요가 있다.

이 책은 독서 지도에 관한 폭넓은 내용을 다루기 위해서 국내외 독서 연구의 성과를 종합하였다. 각 장의 말미에 참고 문헌을 제공했기 때문에 이를 활용하여 좀 더 자세한 내용을 찾아볼 수 있을 것이다. 이 책의 내용을 풍부하게 해 준 국내외 독서 연구자들의 노력에 감사한다. 어려운 여건에서도 독서 연구에 골몰하고 있는 국내 연구자들, 특히 문식성 연구회와 노명완, 이순영 선생님에게 감사드린다. 또한 이 책을 쓸 수 있게 훌륭한 연구 환경을 제공해 준 시라큐스대학교(University of Syracuse) 읽기·언어교육과(Reading & Language Arts)의 마르셀 해딕스(Marcelle Haddix) 학과장과 장봉기 선생님께 감사의 마음을 전한다.

2019년 3월

김주환

[차례]

1장

독서의 개념과
독자 반응 이론

문제는 독자다

독서 능력은 모든 교과 학습의 기초적인 능력이므로 독서 능력이 뛰어난 학생은 학업성취도가 높고 사회적으로도 성공할 가능성이 높다. 더구나 다가올 미래는 온갖 정보와 지식이 융합되는 지식 정보화 사회라는 특성을 갖고 있기 때문에 다양한 지식과 정보를 탐색하고 활용하는 독서 능력이야말로 일상적 삶을 풍요롭게 하고 직업적인 성취를 이루는 핵심적인 능력이 될 수밖에 없다. 많은 연구자들이 미래에는 과거 어느 때보다도 높은 수준의 독서 능력이 요구될 것이라는 진단을 내놓는 이유도 바로 여기에 있다.

그렇다면 현재 우리나라 학생들의 독서 능력은 어느 정도 수준일까? 읽기 능력에 대한 국제적인 평가의 하나인 PISA 2015에서 우리나라는 평가에 참여한 50개국 중 4~9위를 차지했다. 참여 국가 중 상위권에 속하는 편이기 때문에 우리나라 학생들의 읽기 능력은 높은 수준이라고 할 수 있다. 그러나 실제 내용을 들여다보면 우리나라 학생들의 읽기 능력을 마냥 낙관적으로만 보기는 어렵다. 최근 10년 동안의 PISA 성취도 평가에서 우리나라 학생들의 읽기 성적이 계속 하락하고 있기 때문이다. 2016년 한국교육과정평가원 자료에 따르면 PISA 2006에서는 1위를 차지했으나 2009년에는 2~4위, 2012년에는 3~5위, 2015년에는 4~9위로 점차 떨어지는 추세이다.

더욱 문제가 되는 것은 중상 수준의 학생들은 줄어드는 반면에 하위 수준의 학생들은 급속히 늘어나는 경향을 보인다는 데 있다. 특히 PISA 2015 읽기 평가에서는 하위 수준이라고 할 수 있는 2수준 이하 학생들의 비율이 32.9%로 크게 늘어났다. PISA 2006에서 18.2%였던 것에 비하면 두 배 가까이 증가한 셈이다. 이처럼 하위 수준 학생들의 증가 현상은 국가 수준의 성취도 평가에서도 확인되고 있다.

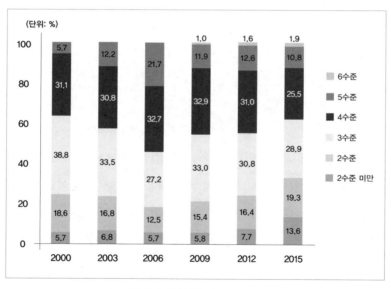

PISA 읽기 소양 성취 수준의 비율 추이

교사들도 학생들의 독해력 수준이 점점 떨어져서 교과서 내용을 깊이 있게 다루기 어렵다는 지적을 하고 있다. 2015년 10월 5일자 〈한겨레신문〉에서도 우리나라 학생들의 독해력 저하가 심각하다는 내용을 다루고 있는데, 이 기사에 따르면 중등 학생들뿐만 아니라 대학생들의 경우에도 독해력 저하 현상이 심각하다고 한다. 같은 기사에서 한 고등학생은 수학·과학 과목에서 높은 점수를 받는 우등생임에도 독해의 어려움을 이렇게 호소하고 있다.

"지문을 보면 모르는 단어가 하나도 없고 대충 뜻도 이해가 가요. 등장인물의 의도나 핵심 주제를 묻는 문제를 주로 틀리는데 해설을 봐도 납득이 가지 않을 때가 많아요."

하위 수준의 학생뿐만 아니라 상위 수준 학생들도 독해력 문제로 고민하고 있다는 걸 알 수 있다. 이처럼 독해력 저하 문제가 심각하기 때문에 정부에서도 국가 수준의 독서활동 지원 정책을 수립해서 지원하고 있는 상황이다.

지난 10년간 정부에서는 '독서문화진흥법(2006)', '학교도서관진흥법(2007)' 등을 제정하여 학교 도서관을 개선하고 장서 수를 늘리는 등 많은 투자를 해 왔다. 그 결과 전국 대부분의 학교에 도서관이 갖추어져 다양한 독서 활동이 이루어지고 있다. 그러나 이러한 독서 환경 개선 사업에도 불구하고 학생들의 도서 대출 수는 오히려 감소하고 있는 실정이다. 정부나 학교에서 독서 환경 개선을 위해서 상당한 노력을 기울이고 있는데도 학생들의 독서율이나 독해력 수준이 계속 하락하는 이유는 무엇일까?

대학생들을 대상으로 중고등학교 시절에 독서에 대해 무엇을 배웠는지 조사한 결과(김시정, 2018)를 보면 그 이유를 어느 정도 짐작할 수 있다. 많은 학생들이 "이렇게 하면 더 빨리 문제를 풀 수 있다고 하는 말은 들어 본 적은 있는 것 같지만 수업 시간에 '이렇게 읽어라.'라고 하는 건 배운 기억이 없는 것 같습니다."라고 응답했기 때문이다. 앞서 〈한겨레신문〉 기사에서 인터뷰한 대학생도 이와 비슷한 이야기를 하고 있다.

"일단은 텍스트를 제대로 읽는 법을 대학에 와서야 배우게 된 것 같아요. 고등학교 때 교과서를 많이 읽는다 해도 전체적인 주제나 소재에 대한 정리를 참고서에서 다 해 줬기 때문에 그냥 그걸 믿고 글을 읽었지요. 3학년이 된 지금은 조금 익숙해졌지만 친구들 가운데에는 여전히 인터넷에서 찾은 요약 노트 없이는 저자의 생각을 파악하지 못하는 경우가 흔합니다."

인터뷰를 통해 알 수 있듯이 우리나라 학생들은 초·중·고등학교 시절에 스스로 책을 읽고 해석하는 능력을 기르지 못했다. 이 학생의 경우 대학에 와서 책 읽는 법을 배웠다고 하지만 대부분의 학생들은 대학에서조차 제대로 책 읽는 법을 익히지 못하는 경우가 많다. 학교에서 스스로 책 읽는 법을 익히지 못한 학생이 사회에 나가서 책을 찾아 열심히 읽을 가능성은 그다지 높지 않다. 아무리 정부에서 학교 도서관이나 지역 도서관을 확충하고 장서 수를 늘려도 학생들이 책 읽는 습관을 들이지 못하고 책 읽는 법을 모르는 상황에서는 아무 소용이 없다.

독해력 부족으로 어려움을 겪고 있는 학생들에게는 '책'뿐만이 아니라 '긍정적 독서 경험'이 필요하다. 학생들이 책을 읽지 않거나 내용을 이해하지 못하는 원인은 저마다 다르기 때문에 학생의 개별적 특성에 맞게 적절한 지원을 해 줘야만 개선이 가능하다. 미국의 경우 학교마다 독서 전문가(reading specialist)가 배치되어 독해력이 부족한 학생들을 개별적으로 지원하고 있다. 그러나 우리나라에서는 학생 개개인의 특성에 맞는 독서 지도가 이루어지지 않고 있을 뿐만 아니라 독서 전문가를 배치하려는 시도조차 찾아보기 어렵다.

독해력은 학습 능력과 직결되기 때문에 독해력이 떨어지는 학생들이 점차 늘어난다는 것은 곧 기초학력이 부족한 학생들이 증가하고 있다는 것을 의미한다. 이로 인한 학력 격차 또한 더욱 심화되고 있음에도 이 문제를 해결하려는 국가 차원의 지원이나 사회적인 노력을 찾아보기는 어려운 실정이다. 그 배경에는 여러 가지 이유가 있겠지만 무엇보다 독서는 문자만 알면 누구나 할 수 있는 일이라는 다분히 상식적인 믿음이 큰 영향을 미친 것으로 보인다. 우리는 대체로 독서 활동은 그저 책을 읽기만 하면 되는 것이지 누군가의 도움을 받아서 잘할 수 있는 그런 종류의 일이라고 생각하지 않는다.

독서 활동에 대한 이와 같은 믿음은 누군가의 도움을 받지 않고 스스로의 독서 활동 경험을 통해서 유능한 독자로 성장한 사람들에 의해 정당화되고 공고화된다. 스스로 유능한 독자가 된 사람들은 글을 읽고도 아무 생각이 없는 학생들을 게으르거나 머리가 나쁜 학생으로 여기기 쉽다. 더욱이 과거에는 책이 부족해서 못 읽는 경우가 많았기 때문에 요즘처럼 읽을 책이 넘쳐나는데도 읽지 않는 것은 순전히 개인의 능력이나 태도의 문제라고 보는 것이다. 그래서 수학·과학을 잘하는 학생이 국어를 못하면 수학 머리는 있어도 국어 머리는 없다고 평가하는 데 그치고 만다.

책을 읽어도 이해가 되지 않는다고 말하는 학생들을 '머리가 나쁜 학생'으로 규정하게 되면 독서 지도가 자리 잡을 여지는 없다. 더구나 책을 읽기만 하면 누구나 글의 내용을 잘 이해하게 될 것이라는 믿음, 독해력은 개인의 선천적인 능력의 문제일 뿐이라는 믿음은 사실과는 거리가 멀다. 실제로 1960년대 인지심리학자들은 다양한 실험 연구를 통해서 독자들이 능동적으로 의미를 구성한다는 사실을 밝혀냈다. 이들은 책을 읽기만 하면 의미가 저절로 수용되는 것이 아니라 독자가 자신의 배경지식을 동원해서 능동적으로 의미를 구성한다고 말한다. 즉, 독자가 다르면 배경지식도 다르기 때문에 그들이 구성하는 의미도 달라질 수밖에 없다는 것이다.

이런 관점에서 보면 책을 읽어도 이해가 되지 않는 학생은 단순히 머리가 나쁜 학생이 아니라 배경지식이나 의미 구성 전략이 부족한 학생일 뿐이다. 한 학급에 30명의 학생이 있다면 그들은 모두 선호하는 텍스트가 다르고 독서 습관이나 독서 경험이 다르다. 그런데 모든 것이 다른 학생들에게 우리는 대부분 같은 책을 제공하고 같은 활동을 하도록 요구한다. 결국 교사가 제공하는 텍스트와 활동에 관심과 흥미를 갖고 있는 학생은 우수한 학생이 되지만 그렇지 못한 학생은 '머리가 나쁜' 열등생이 될 가능성이 높다.

학교에서 제공하는 이런 식의 일방적인 독서 경험은 열등생들에게만 악영향을 주는 것이 아니다. 중등학교에서 독해력이 뛰어나다는 평가를 받았던 학생들 중에도 대학에 들어와서 독서 부진을 경험하거나 아예 책을 보지 않게 되는 경우가 많다. 대학에서 요구하는 독서 경험은 이전보다 더 다양하고 깊이 있는 수준을 요구하기 때문에 중등학교에서 제한적인 독서 경험을 한 학생들은 상당한 어려움을 겪을 수밖에 없다. 또한 학교에서 권장하는 책만 읽고 스스로 책을 선택해서 읽은 경험이 부족한 학생들은 독서 동기가 약하기 때문에 대학에 와서 스스로 책을 찾아 읽지 않게 된다.

그런데 만일 우리가 학생들의 독서 경험과 습관, 취향이 다 다르다는 것을 인정한다면 어떨까? 학생들은 각자의 특성에 맞게 스스로 책을 선택해서 읽고 서로 다른 활동을 할 수도 있다. 제각기 다른 책을 읽고 다른 활동을 한 다음 자신의 경험을 서로 나누게 되면 집단 내에서 학생들이 공유하는 경험의 양은 하나의 책으로 활동하는 것보다 훨씬 더 늘어난다. 뿐만 아니라 다른 학생들의 독서 활동을 지켜보면서 이전에 관심을 갖지 않았던 분야에 대한 관심과 흥미를 느끼고 새로운 도전을 할 수도 있다. 이렇게 스스로의 관심과 흥미, 선택에 의해서 이루어지는 독서 활동이야말로 학생들을 평생 독자로 이끄는 강력한 힘의 원천이 된다.

정말 우리가 모든 학생들의 독해력 신장을 진지하게 원한다면 먼저 그들의 독서 과정이나 독서 경험과 특성에 대해 관심을 가져야 한다. 학생들이 책을 읽으면서 어떤 생각을 하는지 혹은 어떤 전략을 사용하는지를 알아야 적절한 지원을 해 줄 수 있기 때문이다. 다행히 최근의 독서 연구는 학생들의 독서 능력과 태도를 향상시킬 수 있는 과학적으로 검증된 지도 방법을 제공하고 있다. 개인적 경험이나 상식에 의존해서 학생들을 지도하는 것보다는 실증적인 연구를 통해서 그 효과가 검증된 지도 방법을 활용할 때 성공 가능성이 더 높은 것은 당연하다.

종래의 독서 연구는 주로 텍스트를 분석하는 데 초점이 맞춰져 있었으나 최근의 독서 연구는 독자의 사고 활동을 탐구하는 데 주안점을 두고 있다. 그 결과 우리는 독자가 책을 읽으면서 어떤 생각을 하는지, 어떤 지원을 했을 때 학생들이 좀 더 능동적인 독서 활동을 하는지를 보다 잘 이해할 수 있게 되었다. 이렇게 독서에 대한 기존의 개념을 근본적으로 바꾸어 놓는 데 크게 기여한 이론이 바로 '로젠블랫의 독자 반응 이론'과 '러멜하트의 상호작용 모형'이다. 이 이론들은 서로 다른 학문적 배경에서 비롯되었지만 독서 연구자뿐만 아니라 학교에서 독서 지도를 하는 교사들 모두에게 강력한 영향을 미치고 있다.

로젠블랫의 독자 반응 이론

로젠블랫(Rosenblatt)은 1938년 『탐구로서의 문학』이라는 자신의 책을 통해 처음으로 독자 중심의 새로운 비평적 관점을 제시했다. 그가 활동했던 1930년대는 신비평이 문예비평을 지배하던 시기였다. 신비평은 의미가 텍스트에 있고 텍스트는 분석되고 분해할 수 있는 객관적 실재라는 관점을 취했는데, 이처럼 텍스트가 자기 완결성을 가진 객관적인 존재로 설정되었기 때문에 독자는 텍스트의 의미 구

루이스 미셸 로젠블랫
(Louise Michelle Rosenblatt, 1904~2005).

Atlantic City, New Jersey 출생.
New York University School of Education, Professor(1948~1972)
『탐구로서의 문학(Literature as Exploration)』(1938)
『독자, 텍스트, 시(The Reader, The Text, The Poem: The Transactional Theory of the Literary Work)』(1978).

성에 개입할 수 없는 수동적인 위치에 머물게 되었다. 신비평 관점에서 볼 때 독자가 할 수 있는 일은 텍스트의 의미를 해독할 수 있는 용어와 기술들을 익혀서 그 의미를 찾아내는 것뿐이었다.

지금도 중고등학교 국어 시간에는 대구법, 수미상관의 구조, 비유와 은유, 상징, 점층법, 역설법, 강조법 등 다양한 문예비평 용어를 가르치고 배우는 경우가 많은데, 이와 같은 교육 내용은 대체로 신비평의 유산이다. 신비평에서는 텍스트의 구조나 표현법에 대한 분석을 바탕으로 텍스트에 감추어진 고유한 의미를 도출하고자 했기 때문에 독자 자신의 자유로운 감상 의견은 텍스트에 대한 오독(誤讀)으로 치부되었다. 오독을 피하고 텍스트의 진정한 의미를 파악하기 위해서는 전문가들이 작품 분석에 사용하는 용어와 개념을 배워야만 했다. 그러나 1938년 로젠블랫이 문학작품 감상에서 독자의 능동적인 역할을 강조하는 이론을 발표하면서 문예비평은 새로운 전기를 맞이한다.

로젠블랫은 텍스트에 하나의 고정된 의미만 있는 것이 아니라 독자 개개인의 배경지식에 따라 다양한 의미가 구성될 수 있다고 보았다. 그런 관점에서 보면 신비평 이론가들이 오독이라고 규정했던 것도 독자의 능동적 의미 구성 행위라고 할 수 있다. 이는 놀랍다 못해 당시로서는 매우 혁명적인 태도였기에 그의 이론이 처음부터 크게 주목을 받았던 것은 아니다. 그러나 그녀는 계속해서 자신의 이론을 발전시켜 1978년에 출간한 『독자, 텍스트, 시』를 통해 더욱 체계화하였다. 이때는 이미 독서 과정에 대한 인지심리학의 연구 성과도 널리 알려진 데다 구성주의 인식론이 힘을 발휘하던 시기였기에 로젠블랫의 이론은 독서 과정뿐만 아니라 문학비평에서도 새로운 주목을 받게 되었다.

신비평의 관점에서 보면 텍스트의 안내에 따라 형성되는 독자 개개인의 경험이 바로 시(詩)라는 개념은 매우 충격적이고 낯설기까지 하다. 그러나 독자의 능동적인 역할을 강조하는 상호교섭적 관점에서는 독자가 언제, 어디서, 어떤 태도로 읽느냐에 따라 그의 경험도 달라지므로 텍스트의 의미 또한 늘 가변적이다. 이 관점에 따르면 「햄릿」이나 「모비딕」 같은 위대한 작품도 텍스트 자체는 검은 표지나 잘 제본된 종이의 묶음에 불과하다. 독자나 청자가 텍스트의 안내에 따라 작품을 생생한 기호로 해석할 때 비로소 시나 소설, 희곡과 같은 작품이 되는 것이다.

로젠블랫의 독자 반응 이론은 독자가 능동적으로 의미를 구성한다는 관점을 취하기 때문에 그의 이론은 종종 텍스트보다 독자를 더 강조한 것으로 이해되곤 한다. 특히 학교 교육에서 구성주의 교육철학이나 학생 중심의 관점이 강조되면서 로젠블랫의 독자 반응 이론을 독자 중심의 이론으로 수용하는 경우가 많다. 그러나 텍스트 자체에만 의미가 있다는 관점도 문제지만 독자의 의미 구성 행위를 지나치게 강조하는 것도 바람직하지 않다. 독자의 의미 구성만을 강조할 경우 텍스트를 깊이 있게 이해하기 위한 노력이 약화되기 때문이다.

로젠블랫은 독자와 텍스트 간의 상호작용을 개념화하기 위해서 특별히 '상호교섭적 작용(transaction)'이라는 용어를 사용하였다. 상호교섭적 작용을 독자와 텍스트 간의 '거래'로 설명하는 경우가 많은데, 이는 오해의 여지가 있다. 독자와 텍스트 간의 상호작용은 거래처럼 주고받는 단선적 과정이 아니라 동시적 과정이다. 그녀가 사용한 상호교섭적 작용이라는 개념은 존 듀이(John Dewey)의 이론과도 관련된다. 듀이는 인간은 환경 속에서 살아가는 존재이기 때문에 환경에 영향을 미치는 순간 인간 또한 환경의 영향을 받는다고 했다. 듀이의 이론을 여기에 접목하면, 텍스트는 독자가 주의를 기울이지 않는 한 종이 위의 잉크에 불과하지만 독자가 텍스트를 하나의 언어적 상징으로 인식하는 순간 과거와 현재의 특정한 경험, 생각, 느낌 등을 환기시킨다. 따라서 독자는 텍스트의 안내에 따라 자신의 경험을 재구성하게 되고, 이 과정은 독서를 하는 동안 순환하며 반복된다. 이러한 상황을 로젠블랫은 다음과 같이 설명하고 있다.

> 어떤 일반적인 독자나 일반적인 문학적 사건이란 것은 없다. 잠재적인 수많은 독자와 잠재적인 수많은 문학적 사건이 있을 뿐이다. 소설이나 시나 연극은 독자가 그것을 의미 있는 기호로 바꾸기 전에는 한낱 종이 위의 잉크 자국에 불과하다. 문학적 사건은 독자와 텍스트 간의 살아 있는 순환 과정 속에서 존재한다. 독자는 지적이고 감성적인 의미를 언어 기호 체계에 불어넣고, 그 기호들이 그의 생각과 감정을 움직인다.
>
> – 로젠블랫, 『탐구로서의 문학』, p.25

로젠블랫은 독자가 텍스트를 만나는 것을 시(poem) 혹은 문식적 사건(literary event), 문식적 경험(literary experience) 등의 용어로 표현했다. 독자가 텍스트를 만났을 때 그는 텍스트의 기호 체계라는 자석에 이끌려 과거의 경험뿐만 아니라 현재의 개성에서 비롯된 생각과 느낌을 구체화하게 된다. 즉, 상호교섭적 작용이란 텍스트가 기호 체계를 통해서 독자에게 방향을 인도하고, 독자는 그 방향으로 자신의 경험을 환기하여 생각과 느낌을 형성하는 것이다. 이것이 바로 로젠블랫이 말하는 시 또는 문식적 사건(혹은 경험)이며, 이 사건은 독자의 삶의 일부가 되어 다시 그의 삶을 새롭게 하고 성찰하는 계기로 작용한다.

다시 말해 상호교섭적 관점에서 텍스트는 무의미한 존재가 아니라 독자에게 생각과 느낌의 방향을 제공하는 능동적인 작용을 한다. 독자가 자신의 생각과 느낌을 이끌어 내는 것은 철저하게 텍스트에 의해 인도된 것이고, 이는 필자가 의도한 방향이라고 할 수 있다. 따라서 상호교섭적 관점에서 텍스트에 대한 이해는 신비평에서처럼 텍스트 그 자체만으로 성립하는 것이 아니며, 여타의 독자 중심 이론처럼 독자에 의해서만 이루어지는 것도 아니다. 결국 문식적 사건은 독자와 텍스트가 함께하는 바로 그 순간에 동시다발적으로 일어나는 것이다.

로젠블랫의 이론 중에서 가장 널리 알려진 것은 '심미적 읽기'와 '정보 추출적 읽기'라는 개념이다. 로젠블랫은 독자가 텍스트를 읽을 때 심미적(aesthetic)으로 읽거나 정보 추출적(efferent)으로 읽는다고 말한다. 엄마가 아이에게 필요한 약을 사기 위해 제품 설명서를 읽을 때는 오로지 약의 성분이나 용법처럼 필요한 정보를 얻기 위한 목적으로만 읽는다. 그러나 문학작품을 읽을 때는 다르다. 가령 시를 읽을 때 우리는 단어의 리듬이나 형태 등에 주목하면서 텍스트 자체를 느끼고 경험하게 된다. 이처럼 심미적인 독서와 정보 추출적인 독서는 텍스트가 아닌 독자의 독서 목적(stance)에 의해 결정된다.

정보 추출을 목적으로 읽을 때 독자는 언어적 상징에 대한 개인적인 반응에는 주의를 기울이지 않고 읽기가 끝났을 때 그에게 남아있는 정보, 개념, 행동 지침과 같은 읽기의 결과물에만 관심을 집중시킨다. 반대로 심미적인 목적으로 읽을 때 독자는 텍스트가 환기하는 실제적인 경험에 주의를 집중하기 때문에 읽는 과정에서 만족감을 얻게 된다. 심미적으로 읽을 때 독자는 텍스트 안으로 들어가 깊이 있는 인식에 도달할 수 있을 뿐만 아니라 텍스트 밖으로 나와서 텍스트를 전체적으로 느끼고 경험할 수 있다.

로젠블랫의 이론은 독서 과정에서 독자가 어떻게 텍스트를 읽는지를 이해하는 데 도움을 줄 뿐만 아니라 독자의 독서 능력을 향상시키려면 어떤 도움을 줘야 하는지에 대해 좀 더 잘 이해할 수 있도록 해 준다. 예를 들어 다음과 같은 시를 학생들과 같이 읽는다고 하자.

비가 오고
바람이 불고
풀이 눕는다.

이 시를 읽고 A학생은 '비가 오고 있고, 바람도 불고, 풀이 바람에 쓰러진다.'라고 이해하였다. 이 학생은 텍스트에서 특정한 정보만 파악하고 있기 때문에 정보 추출적인 독서 태도를 갖고 있다고 말할 수 있다. 반면에 B학생은 이 구절을 읽으면서 시의 리듬을 느끼고 비바람에 풀이 쓰러지는 장면을 상상한다. 그리고 화자의 목소리와 상상한 장면을 통해서 비바람을 홀로 맞아야만 했던 자신의 지난날을 떠올리며 여러 가지 생각과 느낌에 휩싸이는 새로운 경험을 하게 된다. 이렇게 B학생처럼 읽는 것을 심미적인 독서 태도라고 할 수 있다.

그렇다면 실제 학생들은 시를 어떤 태도로 읽고 있을까? 많은 학생들이 B학생처럼 읽는 것이 아니라 A학생처럼 읽는다. 그런데 A학생에게 "너는 왜 그렇게 생각이 없니? 상상력을 발휘해서 생각을 좀 해 봐."라고 말해도 A학생에게는 그것이 쉽지 않다. A학생처럼 읽는 것이 잘못되었다고 말하기도 어려운 데다 다른 읽기 활동에서 큰 문제가 생기는 것도 아니기 때문이다. 그럼 어떻게 해야 할까? A학생에게 필요한 것은 평가가 아니라 다른 방식의 읽기를 경험하는 것이다. 소리 내어 읽으면서 목소리를 느끼도록 하거나 장면을 상상하면서 관련된 경험을 환기할 수 있도록 교사가 비계(飛階)를 제공해야 한다.

러멜하트의 상호작용 모형

1960년대 인지심리학자들은 인간의 인지 과정을 해명하는 연구를 본격적으로 진행하였다. 특히 이들 인지심리학자들이 관심을 갖고 연구한 분야는 독서의 인지 과정으로, 독서 활동에서 우리의 뇌가 어떻게 작용하는지를 해명함으로써 인간의 인지 과정을 이해하려는 시도였다. 그 결과 독서의 인지 과정을 설명하는 다양한 모형들이 제시되었는데, 이 중 가장 널리 알려진 것이 러멜하트(Rumelhart, 1977)의 상호작용 모형이다.

상호작용 모형에서는 독서 과정을 글과 독자의 상호작용으로 설명한다. 독자는 주어진 글 자료를 바탕으로 배경지식을 동원하여 추론과 가정을 하고 또 그 가정을 바탕으로 주어진 글의 내용을 해석해 나간다. 이어지는 글의 내용이 독자가 추론한 가정에 부합하면 그 내용을 구체화하는 방향으로 해석이 이루어지지만, 만일 그렇지 않다면 독자는 다시 새로운 추론을 통해 내용 해석을 시도하게 된다. 독서란 이처럼 상향식 절차와 하향식 절차가 동시적·반복적으로 수행되면서 글의 의미가 해석되는 과정이다.

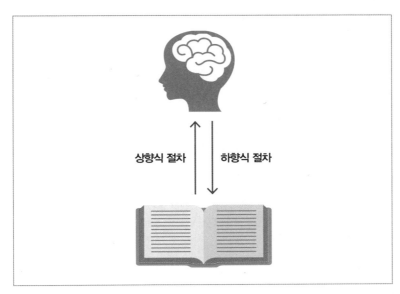

러멜하트의 상호작용 모형

사실 독서 과정에 대한 우리의 일반적인 상식은 글을 읽으면 자연스럽게 의미를 이해하게 된다고 믿는 상향식 절차에 가깝다. 단어를 연결해서 문장의 의미를 구성하고 문장을 연결해서 글 전체의 의미를 구성하는 독서 과정을 상향식 모형이라고 한다. 그러나 많은 인지심리학자들은 다양한 실험 연구를 통해서 글의 의미를 구성하는 데 독자의 추측과 가정, 즉 하향식 절차가 매우 중요한 역할을 한다는 것을 발견하였다.

한 예로 독자는 한 편의 글을 읽을 때 그 글을 전부 다 읽고 나서 무엇에 관한 이야기인지를 판단하는 것이 아니라 먼저 제목이나 서두의 한두 문장을 바탕으로 어떤 이야기인지 추측한 다음 그 이야기의 틀에 맞춰서 읽어 나간다. 만일 연애 이야기라고 가정하고 읽어 나갔는데 계속 읽다 보니 연애 이야기에 맞지 않는 다른 요소들이 발견되면 독자는 다시 최초의 가정을 수정하여 더 적절한 가정으로 대체한다. 이렇게 독자 자신의 추측과 가정을 바탕으로 글의 의미를 능동적으로 구성하는 것을 독서 과정의 하향식 모형이라고 한다.

그러나 하향식 절차에 의한 읽기는 상향식 절차보다 글의 내용을 잘못 파악할 가능성이 상대적으로 더 높다. 독자는 제한된 정보를 바탕으로 추측과 가정을 통해 글의 의미를 해석해 나가기 때문에 항상 오독의 위험이 따른다. 글 전체를 읽고 의미를 구성하는 상향식 절차를 따르는 것이 글의 의미를 더 정확하게 이해하는 방식이라고 할 수 있다. 그런데도 독자는 왜 몇 가지 최소한의 정보만을 바탕으로 추측과 가정을 하면서 읽는 것일까?

이는 사람이 지닌 인지적 특성에서 비롯된다. 만일 한 편의 글을 모두 읽은 다음에 의미를 구성하고 판단한다면 우리는 글을 다 읽을 때까지 그 글의 정보를 머릿속에 저장하고 있어야 한다. 그러나 우리 뇌의 작업 용량에는 제약이 있어서 한꺼번에 많은 정보를 저장할 수 없다. 그렇기 때문에 장기 기억 체계에 있는 배경지식을 동원하여 추측과 가정을 하면서 읽을 수밖에 없다. 다시 말해 독자가 추측과 가정을 바탕으로 읽을 경우 인지적 부담이 줄어 쉽게 읽을 수는 있지만 한편으로는 제한된 정보만 주어진 상태이기 때문에 잘못된 판단을 할 가능성이 높다. 그렇기 때문에 독자는 주어진 글 정보를 바탕으로 자신의 추측과 가정을 보완해 가면서 읽는다. 독서 과정이란 이렇듯 상향식 절차와 하향식 절차가 나선형으로 반복되면서 글의 의미를 구성해 가는 것이다.

우리가 글을 읽는 동안 자연스럽게 글의 의미가 머릿속으로 들어온다면 독자 개인의 배경지식은 큰 영향을 미치지 못할 것이다. 그러나 독자의 추측과 가정을 바탕으로 글을 읽을 경우 독자 자신의 독서 경험이나 삶의 경험과 같은 배경지식이 독서 이해에 큰 영향을 미치게 된다. 즉, 배경지식이 풍부한 독자는 글의 내용을 정확하게 그리고 빨리 읽고 이해할 수 있지만 그렇지 못한 독자는 글의 의미를 이해하는 데 한계가 있게 마련이다. 많이 읽어야 독해력이 향상된다고 하는 이유도 바로 여기에 있다.

독자의 배경지식에 따라 글의 이해가 어떻게 달라지는지를 잘 보여 주는 사례가 있다. 중학교 3학년 국어 교과서(창비)에는 이성부의 「봄」이라는 시가 실려 있다. 이 작품을 배우지 않은 학생들에게 작품을 읽고 반응을 기록하도록 한 결과 매우 다양한 반응이 나타났다. 학생들의 반응을 확인하기 전에 이 시를 읽고 반응을 먼저 생성해 보자.

> 기다리지 않아도 오고
> 기다림마저 잃었을 때에도 너는 온다.
> 어디 뻘밭 구석이거나
> 썩은 물웅덩이 같은 데를 기웃거리다가
> 한눈 좀 팔고, 싸움도 한판하고,

지쳐 나자빠져 있다가

다급한 사연 들고 달려간 바람이

흔들어 깨우면

눈 부비며 너는 더디게 온다.

더디게 더디게 마침내 올 것이 온다.

너를 보면 눈부셔

일어나 맞이할 수가 없다.

입을 열어 외치지만 소리는 굳어

나는 아무것도 미리 알릴 수가 없다.

가까스로 두 팔을 벌려 껴안아 보는

너, 먼 데서 이기고 돌아온 사람아.

– 이성부, 「봄」

여러분은 어떤 반응을 생성했는가? 이 시는 다분히 상징적으로 표현되었기 때문에 봄의 의미에 대해 다양하게 상상할 수 있다. 교과서에서는 이 시를 "어려운 현실을 극복하려는 소망을 노래한 시"라고 소개하고 있다. 그리고 이 시에 대해 "억압당하고 괴로움을 당하는 현실 상황에 대해 치솟는 노여움과 함께 그 상황을 넘어서기 위한 소망과 적극적 의지"를 포함하고 있다고 설명한다.

그러나 조사 결과 학생들의 반응은 이와는 상당히 다른 것으로 나타났다.

화자가 사랑하는 사람을 기다리는것 같은데
그 돌아오는 행복을 봄이라 표현한 것이
좋았다.

한 커플이 트러블이 생겨서 싸우고 헤어졌다
다시 잊을수없어서 다시 사귀는거 같다

봄이 오는 것이
놀랐을때 목소리가나오지 않는것과
같기 너무기뻐 목소리 조차 나오지
않을 만큼 봄을 반기고 있는것 같다.

화자가 사랑하는 사람을 기다리는 것 같은데 그 돌아오는 행복을 '봄'
이라 표현한 것이 좋았다.

너무 오랫동안 기다려서 기다림마저 잊었지만 마침내 찾아온 통일
소식을 듣고 사람들에게 다급히 찾아가 통일을 알리는 모습인 것 같다.

전쟁 한가운데에서 싸우고 돌아온 군사들을 반기며 격려하는 작품
같다.

한 커플이 트러블이 생겨서 싸우고 헤어졌다 다시 잊을 수 없어서 다
시 사귀는 것 같다.

봄이 오는 것이 놀랐을 때 목소리가 나오지 않는 것과 같이 너무 기뻐 목소리조차 나오지 않을 만큼 봄을 반기고 있는 것 같다.

이 시에 대한 학생들의 반응 중에서 가장 많은 비중을 차지한 것은 헤어진 연인들이 서로 만나는 것 같다는 반응이었다. 이 시에서 반복되는 '기다림'이나 '너는 온다.'와 '두 팔을 벌려 껴안아 보는' 등과 같은 시어에서 학생들은 그리운 사람을 만나는 상상을 한 것으로 보인다. 이 시를 연애시의 범주로 보고 자신의 배경지식을 떠올린 것이다. 또 어떤 학생들은 '통일'이나 '민족 해방' 혹은 '전쟁에서 돌아옴'의 의미를 떠올리기도 했다. 이 시를 역사적 배경과 관련지어 해석한 것은 교과서의 시들이 대체로 이러한 역사적 의미를 담고 있기 때문에 이전 학습 경험이 학생들의 의미 구성에 영향을 미친 것으로 보인다.

교과서에서는 이성부 시인의 「봄」을 70년대의 시대 현실과 관련해서 읽도록 안내를 하고 있지만, 이는 70년대 평론가들의 해석일 뿐이다. 이 시의 독자는 2014년도 국어 교과서를 사용하는 중학생들이기 때문에 그들의 경험에 따라 다양한 의미 구성이 가능하다. 또한 학생들은 이 시를 '연인과의 재회', '민족 해방', '조국 통일', '전쟁에서의 귀환' 등으로 해석했는데, 이는 '헤어짐과 다시 만남'이라는 텍스트의 범주에서 크게 벗어나지 않는다. 즉, 학생들은 텍스트의 안내에 따라 자신의 경험을 환기하여 자신만의 문식적 경험을 한 것이다. 이처럼 의미 구성은 텍스트와 독자의 상호작용을 통해서 이루어지는 것이다.

독서 과정에 대한 상호작용식 모형은 학생들의 독서 과정을 진단하고 평가하는 데도 유용한 지침을 줄 수 있다. 예를 들어 어떤 학생이 글을 읽고도 내용을 파악하지 못한다면 먼저 그 글이 그 학생에게 익숙하지 않은 주제거나 어려운 낱말이 많은 텍스트가 아닌지 검토해 볼 필요가 있다. 이런 텍스트를 읽을 때 독자는 개별적인 낱말들에 주의를 집중하기 때문에 배경지식을 활용해서 내용을 추론하는 데 어려움이 있다. 만일 글의 내용이 익숙하고 어려운 단어가 별로 없는데도 불구하고 내용을 이해하지 못한다면 독서 동기나 태도와 같은 정의적 요인에 대한 검토가 필요하다.

또 경우에 따라서 상향식 절차를 즐겨 사용하는 학생들이 있는가하면 하향식 절차를 즐겨 사용하는 학생들도 있다. 어떤 학생은 상향식 절차에 치중하여 글의 세부 내용은 잘 기억하지만 글의 핵심 개념이나 구조에 대한 이해는 부족한 경우가 있다. 밭고랑으로 예를 들어 보면 그 밭이 어떤 밭인지 자신이 그 밭의 어느 지점에 와 있는지를 잊어버리는 것이다. 반면에 어떤 학생들은 글을 대강 읽으면서 기본 개념만 파악하고 마는 경우가 있는데, 이런 학생들은 지나치게 하향식 절차에 의존하여 중요한 세부 내용을 놓치게 된다. 그렇기 때문에 교사는 학생들의 독서 과정을 관찰하여 독서 상황이나 목적에 맞게 적절한 독서 전략을 사용할 수 있도록 지도할 필요가 있다.

김소월의 「진달래꽃」 읽는 법

김소월의 「진달래꽃」은 우리나라 사람들이 가장 많이 알고 있는 텍스트 가운데 하나이다. 또한 이 시는 고등학교 국어 교과서에 가장 많이 실린 작품 중 하나이기도 하다. 이처럼 널리 알려졌기 때문에 누구나 잘 알고 있다고 생각하는 이 시를 그동안 우리가 어떻게 읽고 가르쳐 왔는지 생각해 보자. 먼저 단어가 불러일으키는 느낌과 생각에 주의를 집중하면서 읽어 보자.

나 보기가 역겨워
가실 때에는
말없이 고이 보내 드리오리다.

영변에 약산
진달래꽃
아름 따다 가실 길에 뿌리오리다.

가시는 걸음 걸음

놓인 그 꽃을

사뿐히 즈려 밟고 가시옵소서.

나 보기가 역겨워

가실 때에는

죽어도 아니 눈물 흘리오리다.

— 김소월, 「진달래꽃」

　　먼저 텍스트에 집중하면서 관련된 경험이나 생각 또는 느낌을 떠올려 보자. 과거에 읽었을 때와 다른 느낌이나 생각이 들었다면 로젠블랫의 문식적 사건을 여러분은 경험한 것이다. 예를 들어 김광석의 노래 중에서 〈서른 즈음에〉 같은 노래는 서른이 안 되어 들을 때와 서른이 넘어서 들을 때의 느낌이 사뭇 다르다. 또 비가 오는 날 들을 때와 햇빛이 밝을 때 듣는 느낌도 다르다. 여러분도 아마 들을 때마다 다른 느낌을 받는 노래를 몇 가지는 알고 있을 것이다. 그런 노래처럼 김소월의 「진달래꽃」을 읽으면서 목소리, 리듬, 단어의 형태를 느껴 보고 어떤 경험이나 생각 또는 느낌을 떠올려 본다면 색다른 경험을 하게 될 것이다.

　　그렇다면 교과서에서는 이 시를 어떻게 가르치고 있을까? 아직도 많은 교과서와 참고서에서는 「진달래꽃」의 주제를 '이별의 정한' 혹은 '이별의 정한과 그 승화'라고 정리하고 있다. 또한 '이 시의 화자는 여성이며 3음보의 민요조 율격, 7·5조의 음수율을 갖추고 있다.', '이 시는 기－승－전－결의 구조를 갖추고 있으며 도치·반복·반어·명령법 등이 사용되었다.' 등, 「진달래꽃」에 대한 분석 내용은 실제 작품보다 더 어려운 개념들로 나열되어 있다. 이런 개념과 용어들은 본디 문학비평이나 연구를 위해서 전문가들이 사용하는 것들인데, 학생들이 이와 같은 개념과 용어를 익혀서 작품을 분석할 수 있도록 만들어야 한다는 것이 신비평과 같은 텍스트 중심의 관점이다.

그런데 여기에서 한 가지 의문이 발생한다. 이 시의 주제가 '이별의 정한'이라면, 시를 읽고 이별의 정한을 느끼지 못한 학생은 어떻게 해야 하는가? 이 시를 읽으면서 학생들이 느끼는 리듬은 3음보가 아닐 수도 있고 더구나 7·5조의 음수율을 느낄 수 있는 학생은 거의 없을 것이다. 이 시에서 학생 개개인이 느끼는 리듬감은 어쩌면 매우 다양할 수도 있는데 왜 그것이 고정불변의 진리인 양 3음보와 7·5조의 음수율로 일괄 정리되어야 할까? 학생들이 시를 읽고 무엇을 느끼든지 간에 「진달래꽃」의 주제는 이별의 정한이며, 이 시의 리듬은 3음보이고 7·5조의 민요조이다.'로 정해지는 순간, 학생들은 자신의 직관적인 반응이 틀렸다고 느끼고 텍스트와의 상호작용을 포기한 채 교사의 말을 받아 적는 건조한 필경사가 될 것이다.

다행히 최근에는 작품에 대한 비평적 지식을 직접적으로 제공하는 수업은 그리 많지 않은 편이다. 많은 교사들이 학생 중심 수업을 적극적으로 받아들여 독서 지도에서도 학생 독자의 반응을 촉진하는 방식으로 수업을 진행하고 있으며, 문학 수업에서도 학생 스스로 작품을 읽고 반응을 정리해서 발표하고 토론하는 방식으로 수업을 진행하는 교사들이 늘고 있다. 그렇지만 독자 반응을 중시하는 이런 수업에서도 학생들의 순수한 반응이 어디까지 허락되고 인정받고 있는지는 의문이다.

한 예로 「진달래꽃」에 대한 선생님들의 수업 지도안을 보면 학생들의 반응을 이끌어 내기 위한 여러 가지 질문과 활동을 활용하고 있다. 그런데 그 내용을 보면 특정한 방향을 미리 정해 놓고 학생들의 반응을 몰아가는 방식으로 진행되는 경우가 적지 않다. 반응 중심 수업을 하려는 교사들조차 학생들의 순수한 반응을 촉진하기보다는 교사 자신의 해석을 주지시키려는 태도에서 쉽게 벗어나지 못한다(정정순, 2016). 가장 큰 이유는 아무래도 학습 목표가 정해져 있기 때문일 것이다. 교과서의 텍스트는 학습 목표를 가르치는 수단으로 기능하기 때문에 학생들의 반응을 마냥 자유롭게 허용하기 어려운 것도 사실이다.

그러나 교육의 궁극적인 목표를 잊어서는 안 된다. 학습 목표가 무엇이든 그 모든 것은 결국 학생 독자와 텍스트의 상호작용을 효과적으로 지원하는 데 그 목적이 있다. 학습 목표는 학생 독자와 텍스트의 상호작용 가운데서 구현되어야 하는 것이지, 그 학습 목표를 위해서 학생의 능동적인 활동이 희생되어야 하는 것은 아니다. 듀이식으로 말하면 교육은 궁극적으로 학생의 성장 발달을 목적으로 하는 것이므로 지식의 전수가 목적이 되어서는 안 된다.

학생과 텍스트의 상호작용이 학습 목표나 문학적 지식 그 이상이라는 것을 깨닫게 해 준 사건이 있었다. 고등학교 1학년 학생들과 「진달래꽃」에 대해서 수업을 하다가 문득 이런 질문을 학생들에게 던졌다. "헤어지자고 하는 마당에 화자는 왜 하필 영변의 약산 진달래꽃을 아름 따다 뿌린다고 했을까?" 갑작스러운 질문에 선뜻 답하는 학생이 없었는데 맨 뒤에 삐딱하게 앉은 남학생이 지나가는 투로 한마디 했다. 그런데 그 말이 전광석화처럼 뇌리에 꽂혀 그동안 이시를 가르치면서 납득이 되지 않았던 의문이 한꺼번에 풀렸다.

"왜 화자는 하필이면 영변의 약산 진달래꽃을 따다 뿌리겠다고 했을까?"라는 질문에 대한 기존의 지배적인 해석은 '영변의 진달래꽃이 가장 아름답기 때문에' 그 꽃을 따다가 뿌린다는 것이다. 이 시의 주제를 '이별의 정한과 승화'로 보는 관점에서 나온 해석이다. 떠나는 임에게 세상에서 가장 아름다운 꽃을 선물할 테니 그 꽃을 짓밟고 가라고 했다고? 뭔가 좀 어색해서 잘 납득이 되지 않았다. 또 다른 해석으로는 김소월의 고향이 영변이기 때문에 영변의 진달래꽃으로 표현했다는 것이다. 정말로 어이없는 이런 해석도 참고서에는 잘 정리되어 있다.

어색하거나 어이없거나 둘 다 이상하긴 마찬가지였다. 그런데 맨 뒤에 앉아 있던 껄렁한 남학생이 지나가는 투로 "거기 뭐, 둘이 연애하던 곳 아녜요?"라고 말하는 순간 이 시의 상황이 한눈에 들어오면서 화자의 감정을 또렷하게 느낄 수 있었다. 서로 사랑을 맹세했던 장소는 두 사람 모두에게 강렬한 느낌으로 남아 있기 때문에 특별할 수밖에 없다. 그래서 '영변 약산'이라는 구체적인 지명을 사용한 것이다. 이 해석이 그냥 영변 약산 진달래꽃이 아름답기 때문이라는 해석보다 월등히 시의 맥락에 맞는 해석이라고 나는 생각한다.

또한 이 해석은 제1연의 역설적인 상황 설정과도 잘 맞아 떨어진다. 제1연에서 화자는 "나 보기가 역겨워 가실 때에는 말없이 고이 보내 드리오리다."라고 말한다. 이 문장은 조건문을 포함하고 있기 때문에 '당신이 나를 역겨워해서 가겠다면 말없이 고이 보내드리겠다.'는 뜻으로 해석된다. '말없이 고이 보내 드리오리다.'의 전제가 되는 것은 '나 보기가 역겨워 가실 때에는'이라는 조건이다. 즉, 나 보기가 역겨울 정도로 싫으면 고이 보내 드리겠지만 그 정도로 싫지 않으면 안 보내겠다는 뜻이기도 하다.

아무리 헤어지는 연인이라도 상대방에게 '역겹다'는 말은 쉽게 하기 어렵다. 그렇기 때문에 화자는 이런 극단적인 표현을 써서 자기를 떠나지 말라는 말을 에둘러 하고 있는 것이다. 사실 이런 역설적인 표현은 연인들 사이에 자주 주고받는 말이기도 하다. 예를 들어 한 여자가 사랑하는 남자에게 "우리 100년 후에 헤어져."라고 말했다면, 이는 죽음만이 우리를 갈라놓을 수 있다는 역설적 표현이지 이별의 표현은 아니다. 김소월 역시 이런 표현을 즐겨 사용했다. 「먼 후일」이란 시에도 "먼 훗날 당신이 찾으시면 그때에 내 말이 '잊었노라'"라는 반어적 표현이 등장한다. 이 시의 화자 역시 「진달래꽃」의 화자처럼 가정법을 사용하고 있다. 먼 훗날을 가정하고 그때나 되어야 '잊었노라'고 말하겠다며 여전히 잊지 못하고 있음을 고백한다.

또한 제3연에서 화자는 "가시는 걸음걸음 놓인 그 꽃을 사뿐히 즈려 밟고 가시옵소서."라고 하여 가려거든 사랑의 증거, 사랑의 추억을 하나하나 짓밟고 가라는 말을 한다. 이렇듯 극단적인 상황 설정이 이어지면서 역설적인 의미는 한층 더 증폭된다. 그리고 제4연에서는 "나 보기가 역겨워 가실 때에는 죽어도 아니 눈물 흘리오리다."라는 말로 오금을 박는다. '죽어도 아니 눈물 흘리오리다.'라는 표현은 눈물을 흘리느니 차라리 죽겠다는 뜻으로도 해석된다. 그렇게 사랑하던 임이 떠나는데 눈물 한 방울 흘리지 않을 사람이 어디 있겠는가? 그러나 화자는 눈물을 흘리느니 차라리 죽겠다고 말한다. 극단적인 상황 설정의 마무리로 이보다 확실한 표현이 있을까?

그 껄렁한 남학생이 내게 준 가르침은 실로 큰 것이었다. 그 이후 나는 교과서든 처음 만나는 텍스트든 나 스스로의 느낌과 생각으로 해석하려는 시도를 하게 되었고 나만의 느낌과 생각을 발견하는 데서 큰 기쁨을 누리게 되었다. 그러나 그것은 나의 독서 경험일 뿐 나의 독서 지도가 성공적이었다는 뜻은 아니다. 내 경우 독서 이론을 본격적으로 공부하면서 교사로서 학생 독자와 텍스트 간의 상호작용을 촉진하는 역할을 제대로 하지 못했다는 것을 깨닫게 되었다. 그렇다면 학생 독자와 텍스트의 능동적인 상호작용을 어떻게 촉진할 수 있을까? 두 가지 극단적인 버전이 있다.

교사　　　자 여러분, 낱말 하나하나에 집중하면서 「진달래꽃」의 첫 연을 천천히 읽어 봅시다.

나 보기가 역겨워

가실 때에는

말없이 고이 보내 드리오리다.

이 부분을 읽고 무엇을 알 수 있었나요?

학생1   나 보기가 싫으면 조용히 보내 주겠다는 내용이요.

교사   왜 그렇게 생각했지?

학생1   "말없이 고이 보내 드리오리다."라고 했잖아요.

학생2   저는 그냥 보내 주겠다는 느낌이 안 드는데요.

교사   그렇게 느낀 이유가 뭘까?

학생2   내가 역겨워서 갈 때만 보내 주겠다는 거잖아요.

교사   역겹다는데 보내 줘야 하는 거 아냐?

학생2   역겹다고 느낀다면 보내 줘야죠. 그런데 그 정도가 아니면
        안 보내 줘도 되는 거죠.

교사   한 사람은 보내 주겠다고 느꼈고 또 한 사람은 안 보내 주
        겠다고 느꼈는데 다른 사람들 의견은 어떻지?

훌륭한 학생들이 있어서 능동적으로 반응을 해 준다면 교사는 이
와 같은 반응 질문을 통해서 학생 스스로 답을 찾아가도록 하면 된
다. '무엇을 알았니?', '어디서 그런 생각을 하게 되었니?', '왜 그런 느
낌을 받았지?' 이런 질문만으로도 학생들의 사고를 촉진할 수 있다.
그러나 이런 경우가 그리 흔하지는 않을 것이다.

아주 극단적인 다른 상황은 학생들이 어떻게 반응을 해야 할지 모르겠다는 투로 모두 입을 다물고 있는 상황이다. 이럴 때 교사는 어떻게 해야 할까? 이 경우에도 해법이 없는 것은 아니다.

교사 1연을 읽고 어떤 것을 알 수 있었죠?

학생들 …….

교사 생각이 아직 머릿속에만 있고 말로 안 나오고 있군요.

학생들 …….

교사 나는 이 부분을 읽고 이런 생각을 해 봤어요. "나 보기가 역겨워 가실 때에는"이란 부분에서 '역겹다'는 말이 좀 걸린다는……. 시에 쓸 만한 좋은 표현 같지는 않은데 왜 굳이 이런 표현을 썼을까?

학생들 …….

교사 음, 내가 역겨우면 고이 보내 줄게. 뭐 이렇게 이해되는데, 역겨운 상태는 어느 정도를 말하는 걸까? 아무리 헤어지는 마당이라도 "너 역겨워, 그러니 우리 헤어져." 이렇게 말할 수 있을까?

학생들 …….

교사 아 그러니까 보내 주겠다는 이야긴지, 안 보내 주겠다는 이야긴지 판단하기가 어렵다. 두 가지 다 가능한데 좀 헷갈리네. 김소월은 왜 이렇게 애매하게 표현했을까?

두 번째 버전은 교사가 먼저 생각 말하기(think aloud) 방식을 활용하여 '시범 보이기'를 하고 있는 장면이다. 이와 같이 교사가 다양한 목소리로 텍스트를 소리 내어 읽으면서 상호작용 과정을 보여 주면 학생들은 교사의 시범 보이기를 통해 텍스트와 상호작용하는 법을 훈련할 수 있다. 교사의 시범 보이기가 끝난 후 두 명의 학생이 서로 질문과 대답을 하면서 텍스트와 상호작용하는 법을 연습하는 것도 좋다. 중요한 건 교사가 해야 할 일은 학생 스스로 텍스트와 상호작용할 수 있도록 지원하는 것이지 텍스트에 대해 설명하는 것이 아니라는 점이다.

[참고 문헌]

김시정(2018), 대학생의 진학 이전 '읽기 교육'에 대한 경험과 대학 공간에서의 읽기 교육 실행 방향, 독서연구 47, PP.155-193.

김주환 · 이순영(2018), 국가 수준 평가 · 조사의 '읽기' 영역 결과에 대한 재고찰, 리터러시연구 9, PP.189-223.

김주환 · 이순영(2014), 학교 독서정책의 핵심 쟁점과 과제, 독서연구 31, PP.41-70.

노명완(1988), 국어교육론, 한샘.

이순영(2010), 디지털 시대의 청소년 독자과 비판적 읽기, 독서연구 2, PP.87-109.

이순영(2008), 우리시대의 청소년 독자들, 고려대학교 한국어문교육연구소 학술발표 논문집 2008, PP.63-74.

정정순(2016), 문학 교육에서의 '반응 중심 학습'에 대한 이론적 재고, 문학교육학 53, PP.253-280.

Graves, M. F., Juel, C. & Graves, B.(2007), *Teaching Reading in the 21st Century 4th edition*, Pearson Education, Inc.

Louise M. Rosenblatt(1976), *Literature as Exploration(3th ed)*, The Modern Language Association of America, New York.

Louise M. Rosenblatt(1978), *The Reader, the Text, the Poem: The Transactional Theory of the Literary Work*, Southern Illinois University Press.

Rumelhart, D. E.(1977), Toward an Interactive Model of Reading. In S. Dornic(ed.), *Attention and Performance 6*: 573-603. New York: Academic Press.

2장

스스로 읽기를 위한 교실 환경

스스로 읽지 못하는 아이들

흔히 교사들은 요즘 학생들이 스마트폰에 빠져서 독서를 제대로 하지 않는다는 이야기를 많이 한다. 그러나 2017년 국민독서실태 조사를 보면 '학생들이 책을 읽지 않는 이유'로 '학교나 학원 때문에 책 읽을 시간이 없어서'라는 응답(29.1%)이 가장 많았고, '책 읽기가 싫고

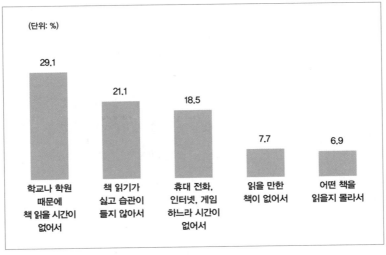

학생들이 책을 읽지 않는 이유

습관이 들지 않아서'라는 응답이 그 다음(21.1%)을 차지했다. 교사들이 독서 부진의 주된 원인으로 생각하는 '휴대 전화, 인터넷, 게임하느라 시간이 없어서'라는 응답은 18.5%를 차지했을 뿐이다.

이러한 조사 결과를 통해서 보면 학생들에게 책 읽을 수 있는 시간을 충분히 제공하는 것이 무엇보다 시급하다는 것을 알 수 있다. 독서 교육의 궁극적인 목표는 평생 독자를 양성하는 데 있다. 학생들이 학교에서뿐만이 아니라 장차 사회에 나가서도 세계에 대한 이해를 넓히고 자신의 삶을 성찰하기 위해서는 스스로 책을 찾아 읽을 수 있는 능력과 태도를 길러야 한다. 그러려면 우선 가정이나 학교에서 학생들이 스스로 읽을 수 있는 환경을 조성해 주는 것이 필요하다.

'스스로 읽기(independent reading)'란 즐거움을 위해서든 정보 습득이나 자기 성찰을 위해서든 학생들이 자신의 목적을 위해 읽고 싶은 책을 선택해서 읽는 것을 말한다. 가정이나 학교에 다양한 주제, 다양한 형태의 책들이 구비되어 있어서 읽고 싶은 책을 자유롭게 선택해서 읽을 수 있을 때 학생들의 독서 동기가 높아진다. 스스로 읽기는 긍정적인 독서 태도를 길러 주며, 지식을 확장시킬 수 있는 기회를 제공하고 어휘력을 신장시켜 준다. 또한 독해 전략에 대한 연습 기회를 제공하여 여러 가지 독서 전략을 자동화시켜 주는 효과가 있다.

무엇이든 많이 하면 실력이 늘게 마련이다. 읽기도 예외는 아니다. 앤더슨(Anderson) 등은 초등학교 5학년 학생들을 대상으로 학교 밖 활동과 읽기 능력의 상관관계를 조사한 결과 방과 후 독서 활동을 한 학생들과 그렇지 않은 학생들 간의 읽기 점수가 2등급에서 5등급까지 차이가 난다는 것을 발견했다. 또한 이들은 학교에서 스스로 책을 읽는 시간이 많은 아이일수록 읽기 점수가 높다는 사실과 함께 교사가 책을 읽어 주는 시간도 학생들의 독서 동기에 큰 영향을 미친다는 것을 확인했다. 그러나 대부분의 경우 학교나 집에서 학생들이 스스로 읽을 수 있는 시간은 충분치 않은 것으로 나타났다. 학생들이 학교에서 스스로 읽는 시간은 모든 교과를 통틀어서 하루에 15분 정도에 불과했으며, 집에서 책을 읽는 시간은 이보다 더 적었다. 전체 학생들 중 50%는 하루에 4분, 30%는 2분 안팎이었고, 심지어 10%는 책을 전혀 읽지 않는 것으로 확인되어 학교 밖에서의 독서 활동이 제대로 이루어지지 않고 있음을 알 수 있다(Anderson, R. C., Wilson, P., & Fielding, L., 1988).

캐서린 스노우(Catherine Snow)와 그의 동료들은 학교의 문식 환경이 학생들에게 얼마나 큰 영향을 미치는지를 조사하였다. 우선 가정환경을 문식 환경이 잘 갖춰진 가정과 그렇지 않은 가정 두 가지로 구분했는데, 문식 환경이 잘 갖춰진 가정에서는 아이들이 읽을 자료가 잘 구비되어 있을 뿐만 아니라 부모가 독서의 중요성을 강조하고 자녀와 함께 책에 대한 이야기를 많이 나눈다. 이들은 또한 학교의 문식 환경을 지원이 많은 학교, 지원이 혼재된 학교, 지원이 적은 학교 세 가지로 구분했는데, 여기서 지원이 많은 학교란 문식 환경이 잘 갖춰지고 읽을 시간을 충분히 제공할 뿐만 아니라 교사의 지도가 잘 이루어지는 학교이다. 혼재된 학교는 지도와 지원이 지속적이지 않은 학교이며, 지원이 적은 학교는 교사의 지도가 적거나 아예 없고

	지원이 많은 가정(%)	지원이 적은 가정(%)
지원이 많은 학교	100	100
지원이 혼재된 학교	100	25
지원이 적은 학교	60	0

학교와 가정의 문식적 지원과 학생의 학업 성공 비율

읽을 자료와 격려가 부족한 학교이다(Snow, C. E., Hemphill, L., & Barnes, W. S., 1991).

이 연구 결과를 통해서 보면 비록 가정의 문식 환경이 미흡하더라도 학교의 문식 환경이 잘 갖춰진다면 학생들의 학업 성취에는 문제가 없다는 것을 알 수 있다. 그러나 학교의 문식 환경이 열악하고 지원이 부족할 경우 가정의 문식 환경에 따른 격차가 크게 벌어진다는 것이 문제이다. 미국이나 우리나라 모두 사회 경제적 양극화가 심화되고 있기 때문에 가정의 문식 환경 차이가 클 수밖에 없다. 이런 사회 경제적 격차를 해소하기 위해서는 학교에서 제공하는 문식적 지원 정도가 높아야 한다는 것을 이 연구는 잘 보여 주고 있다.

지금까지 우리나라 학교의 독서 지도는 대체로 교사 중심으로 이루어져 왔다. 읽기나 독서 수업도 교과서로 진행되기 때문에 학생들은 모두가 교과서 또는 교사가 준비한 하나의 텍스트를 같이 읽어야 한다. 텍스트를 읽고 나면 교사는 학생들이 제대로 읽었는지를 확인하기 위하여 시험을 보거나 교과서의 학습활동에 기초하여 토의를 진행한다. 또한 강의를 통해서 작가의 삶이나 텍스트의 의미와 상징, 문학적 관습 등에 대하여 학생들이 암기해야 할 다양한 지식을 제공한다. 그런데 이런 수업에서는 학생들이 교실에서 자유롭게 자신이 선택한 책을 읽을 시간이나 읽은 것에 대해 말할 기회, 교사가 학생들의 읽기 과정을 지켜볼 기회가 거의 없다.

학교에서 이루어지는 이러한 방식의 독서 지도는 학생들을 수동적인 독자로 만들기 쉽다. 학생들은 뒤에 앉아서 텍스트에서 무엇이 중요한지 선생님이 알려 주기를 기다리기만 하면 된다. 문제는 이렇듯 수동적인 독자는 독서의 목적을 발견하지 못할 뿐만 아니라 독서의 즐거움도 깨닫지 못한다는 것이다. 학교에서 독서의 필요성을 깨닫지 못하고 독서하는 즐거움을 누리지 못한 학생들이 학교를 마친 뒤에 책을 찾아 읽을 가능성은 매우 낮다. 학교에서 독서의 기능이나 전략을 배웠다고 해도 독서의 즐거움을 경험해 보지 못한 청소년이 책을 가까이 하는 평생 독자로 성장하기는 어렵다.

우선 지금까지 나의 독서 활동에서 만화책은 빠질 수 없는 텍스트다. 내가 처음 만화책을 접한 것은 초등학교 4학년 때부터이다. 그리고 만화책을 읽기 시작하면서 나에게 독자의 선택권이 있다는 것을 알게 되었고, 독서 정체성도 조금씩 형성되기 시작했던 것 같다. 그 전에는 부모님이 사 주신 책이나 학교에서 읽으라고 지정해 준 필독 도서를 주로 찾아 읽었다면 만화책을 접한 후에는 내가 내용을 살피고 골라서 책을 읽었었다. 그리고 난 후에는 만화책만 선택해 읽는 것이 아니라 그림이야기 책이나 문학, 과학 등 관련 도서도 내용을 살피고, 고르고, 읽고 나서는 내 생각은 어떤지 생각하기 시작했다. 스스로 책을 고르고, 읽고, 생각하는 것이 즐거운 일이라는 것을 알게 되었던 것 같다. 그렇게 내재적 독서 동기가 생기면서 독서량도 늘기 시작했다. 또한 나의 독서량 증가에는 환경도 많은 영향을 끼쳤다. 학교에서는 도서실이 교실 가까이 있어 드나들기 쉬웠고, 사서 선생님이 항상 계셔서 책을 빌리는 시간도 여유로웠다. 그리고 부모님께서도 내가 책을 읽는 데 아낌없이 지원해 주셨다. 생각해 보면 초등학교 때가 나의 독서 황금기였던 것 같다.

　중학생이 된 후에는 독서 습관이 완전히 달라져 버렸다. 학교 도서실이 1층 외곽에 있어 가기가 힘들었고, 사서 선생님이 안 계시고 도서 부원들이 대출을 해 주다 보니 문을 열지 않았던 때도 많았다. 그러다 보니 학교 도서실을 가지 않게 되었고 어쩌다 가끔 가서 문학 책이나 시집을 빌려 읽곤 했다.

　이 글은 독자로서의 삶을 되돌아보라는 과제를 받은 한 대학생의 글이다. 이 학생의 독서 경험담을 통해 부모나 선생님이 정해 주는 책을 읽는 것보다 학생들 스스로 다양한 책 중에서 선택해서 읽는 것이 읽기 능력과 태도를 형성하는 데 매우 중요하다는 것을 알 수 있다. 또한 학교의 문식 환경이 학생들의 독서 습관 형성에 매우 큰 영향을 미친다는 것을 짐작할 수 있다. 학교에서 학생들이 책을 쉽게 접할 수 있고 책 읽는 분위기가 권장될 경우에는 능동적인 독자가 될 가능성이 많다. 그러나 이와 반대로 학교의 문식 환경이 열악할 경우 학생들의 독서 의지는 취약해지고 부정적인 독서 습관에 빠져들 가능성이 많다. 학교의 문식 환경은 가정의 문식 환경 차이를 극복할 수 있는 중요한 기반이므로 학교 문식 환경 개선을 위한 적극적인 노력과 투자가 필요하다.

스스로 읽기를 위한 교실 환경

학생들이 스스로 읽는 능력을 기르기 위해서는 학교의 문식 환경을 개선할 필요가 있다. 무엇보다 교실의 물리적 공간을 교사 중심의 공간이 아니라 학생 활동 중심의 공간으로 재구성해야 한다. 전통적인 교실의 모습은 대체로 선생님의 강의를 듣기 위해서 학생들이 열을 지어 앉아 있는 형태로 구조화되어 있으며, 책이나 자료들은 교실 뒤쪽의 선반이나 캐비닛에 보관되어 있다. 이러한 교실 구조는 학생과 학생의 상호작용을 위한 것이 아니라 교사와 학생들의 상호작용을 위한 구조이다. 교사를 정보의 제공자로 생각하는 관점에서는 교사 중심의 교실 구조가 의미 있다. 그러나 학생과 학생 간의 사회적 상호작용을 강조하는 학생 중심의 교수·학습을 위해서는 교사 중심의 교실 구조에서 탈피해야 한다.

학생들이 스스로 책을 읽는 교실이 전통적인 교실과 다른 점은 교사의 책상과 이를 마주 보고 일렬로 배치되어 있던 학생들의 개인 책상이 없다는 것이다. 대신에 교실 도서관(classroom library), 전체 토의 장소, 원형 테이블, 글쓰기 센터, 컴퓨터와 독서 공간, 전시 공간,

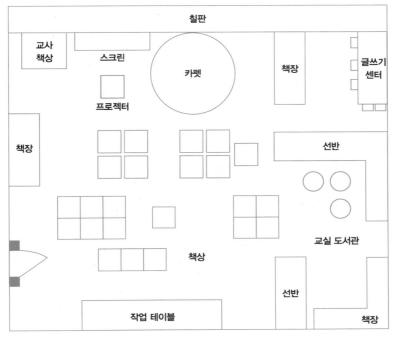

수잔의 4학년 교실 지도

개인 사물함 등 다양한 학생 활동 공간이 교실 안에 만들어진다. 학생들의 독서일지나 파일 같은 개인용 자료는 개인 사물함이나 캐비닛에 보관하고 학생들은 활동 프로그램에 따라 필요한 공간에서 활동을 하게 된다. 이러한 교실을 '스스로 읽기 교실'이라고 한다.

스스로 읽기 교실에는 모든 학생들이 모여서 협의할 수 있는 큰 공간이 있는데, 여기에는 보통 카펫을 깔아 놓아 다 같이 모여 앉아 전체 협의나 그룹 토의를 할 수 있도록 되어 있다. 또한 책을 읽어 주는 의자를 두고 교사가 책을 읽어 줄 때 혹은 학생들이 전체 발표를

교실 도서관의 공간 구성

할 때 이용하기도 한다. 학생들은 주로 원형 테이블 같은 곳에 모여서 함께 책을 읽고 토의를 한다.

앞에 나온 수잔(Susan)의 4학년 교실을 보면 전체 토의 공간이 칠판 앞에 배치되어 있고 교사의 책상과 스크린은 한쪽 구석에 설치되어 있다. 그리고 전체 토의 공간에는 커다란 카펫을 깔아서 학생들이 옹기종기 모여앉아 전체 토의 또는 모둠 토의를 할 수 있도록 했다. 이런 배치를 통해 공간을 보다 효율적으로 활용하고 전체 토의를 할 때 집중력을 높일 수 있을 것으로 보인다. 또한 교실의 한가운데는 학생들이 모둠별로 앉아서 활동할 수 있는 자리를 배치했으며, 교실 측면을 서가로 꾸며 혼자서도 조용히 책을 읽을 수 있도록 구성하였다(Blachowicz, C. & Ogle, D. 2001).

뉴욕주 우드랜드 초등학교 교실 도서관

　스스로 읽기를 위한 교실 환경에서 가장 중요한 것은 교실 도서관이다. 교실 도서관은 책 읽는 학생들을 위한 독자 공동체의 핵심 요소이기 때문에 기능적일 뿐만 아니라 심미적으로 구성해야 하며, 학생들이 휴식을 취하거나 조용히 책을 읽을 수 있도록 편안한 장소로 꾸밀 필요가 있다. 그리고 학생들이 원하는 책을 쉽게 찾을 수 있도록 제목과 표지가 잘 보이게 전시하는 것이 좋으며, 교사는 수업의 흐름에 따라 전시하는 책들을 주기적으로 바꿔 줘야 한다.

　교실 도서관을 만드는 데 있어서 가장 중요한 문제는 다양한 책을 충분히 확보하는 것이다. 교사나 학생들이 소장하고 있는 책을 가지고 와서 교실 도서관을 꾸밀 수도 있고, 출판사나 독서 지원 단체에서 책을 보급하는 프로그램을 이용해 여러 종류의 책을 확보하는 것도 하나의 방법이다. 그러나 목적에 맞게 다양한 책을 구비하기 위해서는 학교 도서관이나 지역 도서관에서 필요한 책을 빌려 와 전시하는 것이 좋다. 중요한 것은 학생들이 읽는 책이 늘어나기 때문에 교사는 적어도 2주에 한 번씩 새로운 책들로 도서관을 꾸며야 한다는 점이다.

교실 도서관만 꾸며 놓는다고 해서 학생들이 스스로 책을 읽는 것은 아니다. 학생들은 자신이 좋아하는 책을 선택해서 읽은 다음 친구들과 이야기를 나눌 수 있어야 하며, 자기가 읽은 책에 대해서 자유롭게 말하고 상대방이 말하는 것을 잘 경청해야 한다. 이를 위해서는 독자 공동체의 규칙을 만들어 공유하는 것이 좋은데, 이 규칙은 학생들의 수준이나 특성에 따라 달라질 수 있다. 초등학교 1학년을 담당하고 있는 세라피니(Serafini)는 "따로 또 같이(Living Together Defferently)!"라는 슬로건을 게시하여 학생들이 서로 다른 개성을 존중하고 협력하도록 교실 분위기를 조성하였다.

세라피니의 교실 규칙

1. 생각하라.

2. 네가 생각한 것을 말하라.

3. 모두와 함께하라.

4. 스스로 즐겨라.

5. 친절하게 연습하라.

6. 최선을 다하라.

반면에 애트웰(Atwell)의 중학교 교실에서 사용되는 규칙은 좀 더 엄격한 편이다. 이 교실에서는 신문이나 잡지, 코믹물은 읽지 않고 일반 도서만 읽도록 하고 있다. 흥미 위주의 읽기 자료들은 학생들의 독서 능력을 향상시키지 못한다고 판단했기 때문이다. 학생 스스로 선택한 책이더라도 중간에 읽기 싫거나 흥미가 없으면 중단해도 된다.

애트웰이 강조하는 것 중 하나는 독서일지를 적는 일이다. 다 읽은 책에 대한 정보도 기록하지만 읽기를 중도에 그만둔 책 이름도 상세히 적도록 한다. 독서일지를 통해서 학생 개개인의 독서 이력이나 경향을 파악할 수 있기 때문이다.

애트웰의 독서 워크숍 규칙

1. 책을 읽어야 한다. 잡지나 신문, 코믹물들은 여러분을 유능한 독자로 만드는 데 도움을 주지 못한다.

2. 네가 원하지 않는 책은 읽지 마라. 더 훌륭한 책들이 있기 때문에 좋아하지 않는 책을 읽느라고 시간을 낭비하지 마라.

3. 너의 책이 좋지 않다면 다른 책을 찾아보라.

4. 네가 좋아하는 책은 다시 읽어도 좋다.

5. 읽기 힘들고 지루한 부분은 건너뛰어도 된다.

6. 네가 다 읽었거나 혹은 포기한 책은 일지에 기록하라.

7. 읽기는 생각하기라는 것을 이해하라.

8. 나와 이야기할 때는 작은 목소리로 속삭여라.

9. 한 시간 내내 읽도록 해라.

학생들의 수준에 따라 혹은 교사의 교육철학에 따라 독자 공동체의 규칙은 달라질 수 있다. 교실의 물리적·사회적 환경을 스스로 읽기에 적합하게 구성하면 학생들은 좀 더 책 읽기와 친숙해질 수 있다. 교실 환경을 이렇듯 학생 중심의 구조로 재구성하기 위해서는 먼저 교사의 교실 철학이 바뀌어야 하고 이에 따라 학생 활동 중심의 교육과정 운영이 이루어져야 한다. 우리나라에서도 최근에는 학생 활동 중심 교육을 강조하고 있는데, 이러한 주장이 헛된 구호로 끝나지 않기 위해서는 교육과정 운영의 자율성, 교실 환경의 재구성이 필요하다.

스스로 읽기 능력을 기르는 독서 워크숍

학교에서의 독서 활동은 크게 교육과정 안에서 이루어지는 것과 교육과정 밖에서 이루어지는 것으로 구분할 수 있다. 교육과정 밖의 독서 활동으로 대표적인 것이 아침독서운동이다. 아침독서는 수업을 본격적으로 시작하기 전 아침 시간에 교실에서 10분 동안 이루어지는 독서 활동을 말한다. 우리나라에서도 많은 초등학교나 중학교에서 아침독서 활동을 하는 것으로 알려져 있다.

아침독서 활동은 '지속적 묵독(Silent Sustained Reading; SSR)'의 하나로 학생들이 아무런 과제 부담 없이 책을 선택해서 조용히 읽는 것이다. 지속적 묵독과 같은 자율적인 독서 활동은 학생들의 독서 동기를 높이고 독서의 즐거움을 느끼도록 하는 데 도움을 준다. 그러나 아침독서운동의 효과를 검증한 연구에 따르면 최소한 1년 이상 꾸준히 책 읽기를 실시해야 독서 능력과 태도의 개선 효과가 있다고 한다.

책 읽을 시간을 전혀 안 주는 것보다는 아침에 10분이라도 주는 것이 낫다. 그러나 학생들의 독서 능력과 태도를 실질적으로 개선하기 위해서는 10분 남짓의 아침독서 시간만으로는 충분하지 않다. 학교에서 독서 시간을 좀 더 확보하기 위해서는 교육과정 안에서 스스로 읽는 시간을 확보할 필요가 있다. 최근에는 자유학기제가 도입되면서 교과 시간에 스스로 책을 읽을 수 있는 기회를 제공하기도 한다. 교과 시간에 학생들이 스스로 책 읽을 시간을 충분히 제공한다면 능동적인 독자로 성장하는 데 도움을 줄 수 있다.

학교에서 학생들에게 다양한 종류의 책을 제공하고 조용히 혼자서 읽을 수 있는 기회를 주는 것만으로도 독서 태도를 개선하는 효과가 있지만 독서 능력이 부족한 학생들에게는 교사의 적극적인 개입과 지도가 필요하다. 특히 지속적 묵독에서는 학생들이 자신이 읽고 싶고 자기 수준에 맞는 읽기 자료를 선택하기 때문에 교사의 모니터링이나 피드백, 독서 목적에 대한 이해가 없을 경우 흥미 위주의 독서에 빠지기 쉽다.

중등 교실에서 읽기·쓰기 워크숍을 선보였던 애트웰도 독서 활동을 전적으로 학생들의 선택에만 맡길 경우 학생들은 즐거움만을 위한 독서에 빠질 가능성이 높다고 지적하면서 다음과 같이 말했다.

"독서 전후에 아무 일도 하지 않는다면 독서 활동이 학생들의 지식과 흥미를 발전시키는 데 도움을 주지 못한다. 시리즈 소설과 같은 쉽고 단순한 책들은 학생들의 독서 능력을 향상시키는 것과 관계가 없다. 따라서 학생들이 독서에 대한 흥미를 유지하고 독서 능력을 지속적으로 키워 나갈 수 있도록 지원하기 위해서는 교사의 적극적인 개입과 책임 있는 지도가 필요하다."

스스로 읽기도 중요하지만 그것만으로 학생들의 독서 능력 향상을 기대하기는 어렵다. 이러한 문제에 대한 비판적 반응에서 출발한 것이 바로 '지원된 묵독(Scaffolded Silent Reading; ScSR)'이라는 프로그램이다. 이는 전통적인 방법을 변형한 것으로 최근 읽기 학습을 위한 효과적인 방법으로 평가받고 있다. 지원된 묵독에서는 교실 도서관에 다양한 장르의 책과 다양한 수준의 책들을 비치하는 방식으로 학생들의 책 선택 전략을 돕는다. 교사는 독서 활동을 시작하기 전에 5분 동안 책에 대한 이야기를 나누면서 학생들의 읽기 과정을 점검하고 평가하는 한편 학생들이 자신의 목표를 갖고 책임감 있게 독서 활동에 참여할 수 있도록 지도한다. 이처럼 독서 활동을 전적으로 학생들의 선택에만 맡기기보다는 교사의 적절한 도움과 지도가 동반될 때 학생들의 독서 능력과 태도를 개선하는 데 도움을 줄 수 있다.

학생들의 스스로 읽기 활동과 교사의 적극적인 지도, 동료와의 상호작용이 통합된 독서 활동 프로그램 중의 하나가 '독서 워크숍'이다. 독서 워크숍은 영미권의 초·중등 교실에서 널리 활용되고 있는 독서 프로그램으로 국내에는 모둠 독서토론과 비슷한 활동으로 소개되기도 했다. 그러나 독서 워크숍은 학생들의 스스로 읽기 활동을 바탕으로 교사의 명시적 지도, 학생 간의 상호작용 등이 균형을 갖춘 독서 활동 프로그램이라는 점에서 학생 중심의 모둠 독서토론과는 다르다.

연구자나 교사에 따라 독서 워크숍의 구성 요소는 매우 다양한 편이지만 크게 보면 도입·전개·마무리의 세 단계로 구분할 수 있다. 도입 과정은 교사 주도 아래 이루어지는 활동으로 '미니 레슨'과 '소

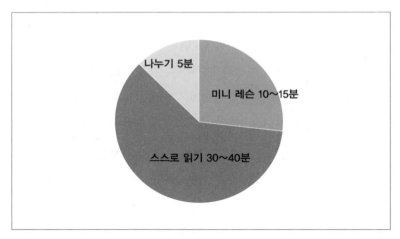

독서 워크숍의 구성 요소

리 내어 읽기'가 여기에 해당된다. 미니 레슨과 소리 내어 읽기를 따로 구분하기도 하지만 보통은 미니 레슨 중에 소리 내어 읽기가 이루어진다. 시간은 약 5~10분 정도로 이 과정이 끝나면 대부분의 학생들은 개인 혹은 모둠별로 앉아서 자신이 읽고 싶은 책을 읽는다.

학생들이 스스로 책을 읽는 시간은 약 30~40분 정도로 수업의 대부분을 차지한다. 혼자서 충분히 읽을 수 있는 학생들은 교사가 제공하는 독서일지나 반응 과제를 수행하면서 스스로 읽는다. 그렇지 못한 학생들은 교사가 이끄는 읽기 활동에 참여하여 필요한 독서 전략을 익히게 된다. 그리고 수업이 끝나기 5분 전에 모든 학생들이 다같이 모여서 각자 읽은 책에 대한 이야기를 나누고 마무리한다. 각 단계의 활동 내용을 자세히 살펴보면 다음과 같다.

읽기 · 쓰기 워크숍 교실

미니 레슨과 소리 내어 읽기

'미니 레슨(mini-lesson)'은 독해력이 부족한 학생들의 실력 증진을 위해 독해 전략을 직접적이고 명시적으로 지도하는 것이다. 미니 레슨은 약 10~15분에 걸쳐서 진행되는데 먼저 기능이나 전략이 무엇인지, 왜 어떻게 배워야 하는지를 설명한다. 그리고 기능이나 전략 사용의 예를 교사가 직접 시범으로 보여 준(modeling) 다음에 학생들이 짝을 이루거나 소그룹별로 기능이나 전략을 연습할 기회를 갖도록 한다. 학생들은 스스로 읽기(independent reading) 시간에 교사에게 배운 기능이나 전략을 계속해서 연습해야 한다.

미니 레슨에서는 독서 전략이나 작가의 스타일, 작가와 그의 작품 등을 교육 내용으로 다룬다. 독서 전략으로는 시각화하기, 다시 읽기, 예측하기, 배경지식 활용하기, 추론하기, 이야기 구조 파악하기 등이 있으며, 작가의 스타일에서는 이야기의 시작이나 시점을 설정하는 것, 분위기 만들기, 유머의 사용, 성격 묘사 등의 내용을 다룰 수 있다. 작가와 작품에 대한 안내는 학생들이 책을 선택하는 데 도움을 주기 위해서 필요하며, 이 활동을 통해 학생들은 다양한 작가의 작품을 찾아 능동적으로 읽을 수 있다.

'소리 내어 읽기(read-aloud)'는 학생들이 책에 대한 이야기를 나누기에 가장 효과적인 방법이다. 교사가 먼저 다양한 장르, 작가, 주제를 다룬 텍스트를 소개하고 그 텍스트에 대한 반응을 나누는 시간으로, 단순히 글을 소리로 표현하는 것만이 아니라 독서 공동체에 참여하여 책 읽는 즐거움을 누리도록 하는 데 목적이 있다. 이 활동은 어린 학생들에게만 필요한 것이 아니라 초등학교 고학년부터 대학생에 이르기까지 다양한 학년의 학생들에게 가장 즐거운 독서 활동이라고 할 수 있다.

소리 내어 읽기는 교사가 전체 학생들을 대상으로 책 내용을 낭독하면서 다양한 장르나 스타일의 책을 소개하고 그 책에 맞는 읽기 전략을 교사가 실제로 적용해서 보여 주는 활동이다. 읽기의 즐거움과 텍스트에 대해 어떻게 생각하고 토의해야 하는지를 교사가 시범으로 학생들에게 보여 주는 활동으로 유창성, 리듬, 억양을 적절히 활용하면서 읽어야 효과를 높일 수 있다. 소리 내어 읽기는 미니 레슨과 통합해서 운영할 수도 있는데, 이 경우에도 교사는 소리 내어 읽으면서 독서 전략을 사용하는 시범을 보인다.

소리 내어 읽기라고 하면 흔히 성우가 들려주는 낭송처럼 예쁜 목소리로 읽어야 한다고 생각하기 쉽다. 그러나 여기에서는 인물의 성격에 맞게 열정적으로 읽는 것, 큰 소리로 명확하게 읽는 것이 무엇보다 중요하다. 만약 아이들이 따라 읽기를 원하면 그렇게 하도록 하고 이야기하기를 원하면 언제든 이야기할 수 있도록 한다. 소리 내어 읽기는 결국 교사가 책을 읽어 주면서 학생들과 함께 책에 대해 이야기하는 활동이라고 할 수 있다.

초등학교 교사인 세라피니는 소리 내어 읽기를 효과적으로 할 수 있는 10가지 전략을 제시했다.

세라피니의 성공적인 읽기 전략

1. 아이들이 볼 수 있도록 책을 들어라.

2. 열정적으로 읽어라.

3. 천천히 명확하게 읽어라.

4. 모두가 들을 수 있게 큰 소리로 읽어라.

5. 아이들이 따라 읽기를 원하면 그렇게 하도록 하라.

6. 아이들이 책에 대해 이야기하도록 내버려 두라.

7. 무슨 일이 일어날지 예측하도록 하라.

8. 자신이 정말 좋아하는 책만을 읽어라.

9. 잘 읽을 수 있는 책을 선택하라.

10. 인물의 성격에 맞게 다른 목소리로 읽어라.

스스로 읽기와 협의하기

　많은 독서 연구자들은 학생들이 독서의 중요성을 인식하도록 하려면 학교에서 읽을 수 있는 시간을 제공해야 한다고 말한다. 그러나 학교에서 학생들이 독서에 몰입할 수 있는 시간은 매우 적을 뿐만 아니라 그 활동조차 과제로 제시되는 경우가 대부분이다. 이런 환경에서 학생들이 독서의 심미적 즐거움을 경험하고 스스로 책을 찾아 읽기란 어렵지 않을까? 책을 읽게 하려면 먼저 책을 가까이 할 수 있는 환경을 만들어 줘야 한다. 이를 테면 학생들이 각자 편안한 자리를 찾아서 조용히 책을 읽을 수 있는 공간을 제공하는 것만으로도 독서에 대한 관심과 흥미를 높일 수 있다.

　'스스로 읽기(independent reading)'는 학생들이 자기가 좋아하는 책을 선택해서 혼자서 조용히 읽을 수 있는 시간이다. 이 시간은 학생들이 미니 레슨에서 배운 전략이나 읽기 방법을 적용하여 스스로 읽고 연습하는 시간이기도 하다. 혼자서 읽을 수도 있고 짝과 함께 읽을 수도 있으며, 소그룹별로 읽을 수도 있다. 학생들은 이 시간에 조용히 책을 읽거나 독자 반응 노트에 텍스트에 대한 반응을 기록하기도 하고, 짝과 함께 활동하거나 소그룹별 토의에 참여하기도 한다.

　그런데 능숙한 독자는 혼자서 조용히 책을 읽을 수 있는 기회를 주는 것만으로 충분할지 모르지만 미숙한 독자들은 이 시간을 힘들어한다. 이런 학생들에게는 스스로 책을 읽을 수 있는 능력을 갖추도록 교사가 지도할 필요가 있다. 안내된 읽기(the directed reading)를 활용해서 독서 기능과 전략의 사용을 지도하되 개인별 혹은 소그룹별로 협의하기 활동을 통해서 지도하는 것이 좋다.

'협의하기(conferring)'는 교사와 학생 혹은 학생과 학생이 서로 모여 함께 자신이 읽은 책에 대해 이야기를 나누는 활동으로 워크숍 프로그램의 핵심적인 구성 요소 중 하나이다. 이 활동은 학생들이 학습에서 주인 의식을 갖도록 하여 학습 태도를 개선하고 자신감을 얻는 데 도움을 주는 한편 교사에게 학생들의 읽기 과정과 태도, 독서 능력의 발달에 대한 풍부한 정보를 제공한다. 교사는 이러한 정보를 바탕으로 학생들이 자신이 읽은 자료에 대해 숙고하도록 격려함으로써 메타 인지능력을 발달시키는 데 도움을 줄 수 있다. 소그룹이나 개인별 협의는 학생과 교사, 학생과 학생 간의 의미 있는 대화를 가능하게 할 뿐만 아니라 비공식적 상황에서의 대화 전략을 익힐 수 있는 기회를 제공한다.

이 밖에도 교사는 다양한 방법으로 학생들이 자신이 읽고 있는 것에 대해 반응하고 숙고할 수 있는 기회를 갖도록 지도해야 한다. 읽은 내용에 대해 친구나 교사와 대화를 나눌 수도 있고, 교사의 지도에 따라 내용을 요약하거나 인물 맵을 그리는 등의 방법도 있다. 반응 일지(response journal)을 쓰는 것도 학생들의 반응을 확인하고 발전시키는 효과적인 방법이 될 수 있다. 학생들은 책을 읽으면서 얻게 된 생각이나 느낌, 질문 등을 자유롭게 반응 일지에 기록하는 것이 좋으며, 교사는 학생들의 반응 일지를 바탕으로 협의하기나 평가를 실시할 수 있다.

나누기

'나누기(sharing)'는 자신이 읽은 것에 대해 이야기를 하는 시간이기도 하지만 다른 학생이 읽은 내용을 들을 수 있는 시간이기도 하다. 이 시간을 통해서 학생들은 다른 학생이 읽은 책에 대한 다양한 정보를 얻을 수 있다. 그룹별로 읽은 것에 대해 이야기하는 방식이 익숙하지 않은 학생들에게는 이 시간이 힘들 수도 있다. 그러나 나누기 활동을 계속하다 보면 학생들도 다른 책에 대해 듣는 것을 좋아하게 될 뿐만 아니라 이 시간을 통해서 소개된 책이 곧바로 다른 학생에게로 넘어가기도 한다.

교사는 나누기를 통해서 학생들이 무엇을 배웠는지 혹은 무엇을 배우지 못했는지를 파악할 수 있다. 학생들은 그룹별로 배우거나 했던 일, 예를 들면 읽기에 적용했던 전략이나 함께했던 프로젝트에 대해 다시 모여 토의를 해야 한다. 나누기 시간을 통해서 학생들은 학습활동에 대한 경험을 서로 나누거나 스스로 반성하고 성찰하는 시간을 갖는다. 또한 이 시간에 자신이 한 일에 대해 토의한다는 것을 알아야 책임감을 갖고 과제를 수행하게 된다.

이처럼 독서 워크숍은 매 시간 미니 레슨–스스로 읽기와 협의하기–나누기의 사이클을 반복하게 되는데, 특정한 기간에만 워크숍 활동을 하는 것이 아니라 1학기나 1년 동안의 수업 전체가 워크숍 방식으로 진행된다. 워크숍 중심으로 수업을 진행할 경우 학생들은 연간 200~300권의 책을 읽게 된다고 한다.

독서 워크숍은 읽기 학습을 위한 프로그램이지만 쓰기 워크숍과 통합해서 운영할 수 있다. 예를 들면 자신이 관심을 갖고 있는 주제에 대해서 다양한 자료를 찾아서 읽고 정리한 다음에 이를 바탕으로 독자를 위한 자신만의 글쓰기를 수행할 수 있다. 그래서 대부분의 독서 워크숍은 쓰기 워크숍과 함께 진행되는 경우가 많다. 또한 독서 워크숍 모형은 읽기와 쓰기, 말하기와 듣기가 함께 이루어지기 때문에 국어 교과의 수업 자체를 워크숍 모형으로 진행하는 것이 가능하며, 나아가 사회나 과학 등 내용 교과의 학습에도 적용할 수 있다. 내용 교과의 학습들도 대부분 다양한 텍스트를 읽고 토론하는 활동이 바탕을 이루기 때문이다.

수업 전 10분 책 읽기

학생들이 책을 읽을 수 있는 환경을 제공하는 것은 학교의 중요한 책무 가운데 하나이다. 앞서 살펴보았듯이 학교에서 학생들에게 최선의 문식 환경을 제공할 경우 가정의 문식 환경 차이를 극복할 수 있으나 그렇지 못한 경우 가정환경에 따라 학생의 성취도가 결정될 가능성이 높다. 그러나 학교에서 학생들의 독서 활동을 효과적으로 지원하기에는 여러 가지 어려움이 산적해 있다. 최근에는 학교 도서관이 잘 정비되어 있어서 학생들이 다양한 책을 대출해서 읽을 수 있지만 책 읽을 시간은 여전히 매우 부족한 것이 현실이다.

우리나라 학생들은 하루 중 대부분의 시간을 교과 수업으로 보내고 방과 후에도 교과와 관련된 학습을 하는 경우가 많기 때문에 교과 수업 시간을 활용하지 않으면 책 읽을 시간이 많지 않다. 많은 학교에서 아침독서운동을 실시하고 있지만 충분한 효과를 내기 어려운 이유도 온전히 책을 읽을 수 있는 시간이 그리 많지 않기 때문이다. 따라서 학생들이 충분히 독서할 수 있는 시간을 확보하기 위해서는 교과 수업 시간에 독서 활동을 도입할 필요가 있다. 교과 수업 시간에 중학교 학생들을 대상으로 독서 활동을 실시한 사례를 살펴보자.

중학교에서 국어를 가르치고 있는 구본희 선생님은 '수업 전 10분 책 읽기'를 통해서 학생들에게 책 읽을 기회를 제공하고 있다. 아침독서운동이 하루 수업을 시작하기 전 10분 동안 책을 읽는 것이라면, 수업 전 10분 책 읽기는 국어 수업을 시작하기 전에 10분을 할애해서 책을 읽도록 하는 것이다. 사실 아침독서운동은 담임 교사에 의해서 정규 교육과정 밖에서 이루어지는 활동이므로 안정적으로 운영되기가 어렵다. 그러나 수업 전 10분 책 읽기는 교과 담당 교사에 의해 수업 시간 안에서 이루어지기 때문에 보다 안정적으로 책 읽을 시간을 확보할 수 있다.

수업 전 10분 책 읽기를 위해서는 우선 학생들의 관심과 흥미에 맞는 다양한 책을 확보해야 한다. 구본희 선생님은 먼저 학교 도서관에서 보유하고 있는 복본 도서 중에서 아이들 수준에 맞는 책을 30~40권 정도 뽑아 학급 문고로 장기 대출을 하는 방법을 사용하였다. 그리고 학생들이 자기 집에 있는 책을 가지고 와서 학기가 끝나면 가지고 가는 방식으로 장기 대출을 하기도 했다. 그러나 가장 중요한 읽기 자료는 교사 자신이 여러 해 동안 책 읽기 지도를 하면서 모아 놓은 개인 소장 도서들이었다. 구본희 선생님은 개인적으로 구입하거나 출판사의 기증을 받거나 혹은 학생들이 기증한 책들로 500여 권의 개인 소장 도서를 갖추고 있다.

수업 전 10분 책 읽기는 이렇게 교사가 준비한 책들 가운데에서 학생들이 읽고 싶은 책을 자유롭게 선택해서 읽는 것이다. 아침독서

구본희 선생님의 학급 도서들

활동처럼 아무런 책임이나 의무 없이 스스로 책을 찾아 읽도록 하면
되는데, 학기 초에 습관을 들여 놓으면 자동적으로 학생들이 책을 준
비해서 읽게 된다. 수업 전 10분 책 읽기의 효과는 1학기 수업에 대
한 학생들의 평가를 통해서도 잘 확인된다.

기억에 남는 내용	10분 책 읽기가 기억에 남는다. 책이 재미있었기 때문이다.
늘어난 능력	10분 동안 쉬지 않고 책을 읽을 수 있는 능력이 생긴 것 같다.
키워야 할 능력	수업 시간에 더 집중하고 말을 잘 들어야겠다.

학교에 오는 이유가 축구를 하기 위해서라고 말할 정도로 학습에 흥미를 보이지 않던 한 학생의 10분 독서 소감을 보면 이 수업이 나름의 성과를 얻었다는 것을 알 수 있다.

구본희 선생님은 스스로 읽기 활동을 하면서 몇 가지 적극적인 시도를 하기도 했다. 독서 워크숍에 대한 아이디어를 활용해 10분 책 읽기를 8분으로 줄인 후 나머지 2분 정도는 짝 혹은 앞뒤에 앉은 사람과 읽은 책에 대해 이야기하는 시간을 갖도록 한 것이다. 책을 읽고 나서 친구에게 방금 읽은 내용에 대해 이야기하도록 한 결과 학생들이 좀 더 열심히 책을 읽는 효과가 있었다. 매일 7~8분 정도 읽고도 아이들은 자기가 읽은 책 이야기를 즐겁게 나눌 수 있었다.

구본희 선생님은 또 일주일에 한 번은 10분 책 읽기를 하는 대신 아이들에게 그림책이나 읽을 만한 책의 앞부분을 읽어 주며 책 소개를 하였다. 교사 주도로 소리 내어 읽기 활동을 한 것이다. 첫 수업 시간에 책을 읽어 주기 시작하면 아이들은 거부감을 느끼지 않고 선생님이 책 읽어 주는 것을 당연하게 받아들인다. 어떤 책을 읽을지 정하는 것은 교사의 몫인데, 구본희 선생님의 경우 4·3이나 5·18 같은 역사적 사건, 계절의 변화, 어버이날 등 계기 수업으로 그림책 읽기를 활용하였다. 그리고 그림책을 읽어 주면서 아이들이 툭툭 떠오르는 생각을 말하도록 하고, 교사 또한 책을 읽으면서 떠오르는 생각들을 생각 말하기 형태로 표현하였다.

구본희 선생님의 수업 전 10분 책 읽기 프로젝트가 성공적인 효과를 거둔 데는 몇 가지 요인이 있다. 먼저 교사가 다양한 책을 구비해서 제공했다는 점이다. 교실 도서관을 조성할 수 있다면 더 좋겠지만 그것이 어렵다면 이동 도서관 형태로 학생들이 읽을 책을 바퀴 달린 상자에 담아서 교실에 가져다 놓고 선택해서 읽도록 하면 된다. 다음으로는 책 읽을 시간을 안정적으로 확보해 주었다는 점이다. 학생들은 수업 시간에 자유롭게 읽고 싶은 책을 선택해서 읽을 수 있다는 것에서 나름대로 즐거움을 느꼈을 것이다. 셋째로 교사의 책 읽어 주기나 책 소개 활동을 통해서 학생들의 책 선택과 읽기 활동을 지원했다는 점이다. 이런 요인들이야말로 스스로 읽기 활동을 성공적으로 이끈 중요한 요소이다.

구본희 선생님의 프로젝트는 교과 수업 시간에 이루어지는 독서 활동이라는 점에서 좋은 시도였지만 교과 내용과 직접적인 관련을 갖지 않는 별도의 활동이라는 점이 아쉬움으로 남는다. 만일 교과 수업과 관련된 독서 활동을 수행했다면 학생들은 수업 전 10분만이 아니라 교과 수업의 상당한 시간 동안 스스로 읽기 활동을 할 수 있었을 것이다. 특히 국어 교과의 교육 내용은 읽기와 쓰기, 말하기/듣기 활동으로 구성되어 있기 때문에 독서 활동 중심으로 교과 수업을 재구성하는 것이 충분히 가능하다. 교육과정에서 가르쳐야 하는 핵심적인 지식이나 전략은 교사의 시범 보이기나 미니 레슨을 통해서 지도하고, 학생들은 스스로 읽기 활동을 통해서 이를 적용하면 된다.

미국에서는 독서 워크숍과 같은 학생 활동 중심의 수업을 다양한 방식으로 운영한다. 예를 들어 초등학교 교실에서는 독서 워크숍, 수학 워크숍, 쓰기 워크숍 등이 운영된다. 만일 교사들이 설명 위주의 수업이 아니라 학생 중심의 탐구식 수업으로 재구성하고자 한다면 워크숍 모형은 매우 유용한 교수 학습 방법이 될 수 있다. 모둠 활동이나 프로젝트형 수업과 달리 워크숍 모형은 학생들의 자율적인 활동과 교사의 명시적 지도가 통합되어 있기 때문에 교과의 성취 기준을 학습하는 데도 효과적이다.

교과 수업에서 워크숍 모형을 적용하려면 교사는 먼저 교과 학습과 관련된 다양한 읽기 자료를 준비해야 한다. 예를 들어 민주주의에 대한 수업을 할 경우 교과서만으로는 그 내용을 제대로 이해하기 어려우므로 학생들에게 궁금한 질문을 뽑아서 정리하게 한 다음 모둠별로 탐구 활동을 하도록 한다. 학생들은 질문에 대한 답을 찾기 위해서 온라인뿐만 아니라 신문, 잡지, 단행본, 백과사전 등 다양한 자료를 찾아 읽고 정리해야 한다. 교사는 이때 학생들에게 적절한 자료를 제공해 줘야 하며, 학생들은 질문에 대한 답을 찾아서 잘 정리한 다음 다른 학생들에게 알려 줘야 한다. 이런 방식의 워크숍 수업을 할 경우 학생들의 읽기 양이 크게 늘어날 뿐만 아니라 학생들의 말하기와 쓰기 능력 향상에도 크게 기여할 것이다.

우리나라 교실 환경에서는 이런 수업이 가능하지 않다고 말하는 선생님들이 많다. 그러나 교사가 중심이 되어서 수업을 해야 한다는 관점에서 벗어나 학생들이 학습의 주체가 되고 교사는 지원한다는 관점에서 보면 그렇게 어려운 일이 아니다. 특히 초등학교의 경우에는 한 교실에서 한 교사에 의해서 대부분의 수업이 진행되기 때문에 워크숍 방식으로 모든 수업을 재구성하는 것이 충분히 가능하다. 교사 중심의 획일적인 교실에서는 학생들을 통제하기에 바쁘지만 학생들이 다양한 공간에서 자신만의 활동을 하는 워크숍 교실에서는 오히려 교사가 학생들을 통제해야 한다는 부담에서 벗어날 수 있다.

중등학교에서도 최근에는 교과 교실제가 큰 흐름으로 자리 잡아가고 있다. 교과 교실은 교과의 특성에 맞는 다양한 자료와 교구들로 구성될 수 있지만 가장 중요한 것은 교과와 관련된 다양한 읽기 자료를 배치하는 일이다. 포스터나 지도 혹은 신문이나 잡지, 책 등 모든 것이 학생들에게 읽기 자료로 기능할 수 있다. 교사는 교과 학습의 주제에 따라 다양한 읽기 자료를 배치하여 학생들의 관심과 흥미를 자극하고 독서 활동을 촉진할 수 있다.

[참고 문헌]

김주환(2016), 작가의식을 기르는 글쓰기 워크숍, 대학작문 18, PP.157-194.

김주환(2018), 독서 워크숍의 개념과 방법, 독서연구 46, PP.183-213.

김주환 · 구본희 · 이정요 · 송동철(2018), 한 학기 한 권 읽기 어떻게 할까?, 북멘토.

백원근 · 이기재 · 남춘호 · 이용훈 · 박몽구 · 김종영 · 임덕성(2017), 2017년 국민독서 실태조사, 문화체육관광부.

한철우,홍인선(2005), 자기주도성 향상을 위한 독서 워크숍 지도 방안, 독서연구 13, PP.237-267.

Anderson, R. C., Wilson, P., & Fielding, L.(1988), Growth in Reading and How Children Spend Their Time Outside of School, *Reading Research Quarterly*, 23, pp.285-303.

Atwell, N.(1998), *In the Middle: New understandings about writing, reading, and learning, 2nd ed*, Portsmouth, NH: Heinemann.

Blachowicz, C. & Ogle, D.(2001), *Reading Comprehension: Strategies for Independent Learners*, Guilford Publications, Inc.

Graves, M. F., Juel, C. & Graves, B.(2007), *Teaching Reading in the 21st Century 4th edition*, Pearson Education, Inc.

Serafini, F.(2001), *The Reading Workshop: Creating Space for Readers*, Heinemann,

Snow, C. E., Hemphill, L., & Barnes, W. S.(1991), *Unfulfilled Expectations: Home and School Influences on Literacy*, Harvard University Press.

3장

학생에게 맞는
책 선택하기

교사는 어떤 책을 선택하는가?

　　김명수의 「하급반 교과서」에는 우리나라 학생들의 책 읽는 모습
이 잘 묘사되어 있다. 한 학생이 먼저 읽으면 나머지 학생들이 같이
따라서 읽는다. 물론 요즘에는 이렇게 읽지 않고 한 학생이 소리 내
어 읽으면 다른 학생들은 조용히 묵독으로 따라 읽는다. 그런데 낭독
을 하든 묵독을 하든 모든 학생이 같은 책을 읽는 것은 마찬가지이

다. 교과서를 읽든지 토론을 위해 교과서 외 텍스트를 읽든지 학생들은 같은 책, 그러니까 교사 또는 다른 누군가가 선정한 텍스트를 다 함께 읽는 것이 보편적인 우리나라의 교실 독서 풍경이다.

같은 교실에서 같은 공부를 해도 학생들의 독서 수준이나 관심, 흥미는 모두 다르다. 이렇게 다양한 학생들이 같은 책을 읽고 토론을 하게 되면 학생들의 이해도와 참여도가 다를 수밖에 없다. 어떤 학생은 공통의 텍스트를 제대로 이해하지 못할 수도 있고, 어떤 학생은 공통의 텍스트에 관심이 전혀 없을 수도 있기 때문이다. 이처럼 학생들의 수준과 관심사가 저마다 다른데도 항상 같은 책을 읽도록 요구받을 경우 학생들의 독서 동기를 저하시킬 가능성이 높다.

실제로 학생들의 독서 동기에 대한 연구 결과(윤준채, 2007)를 보면 초등학교 1, 2학년 때까지는 독서 동기가 점차 높아지지만 3, 4학년 때부터는 지속적으로 하락하는 것으로 나타났다. 중고등학교 학생들도 학년이 높아질수록 독서량이 줄어들고 독서에 대한 긍정적인 태도 역시 저하되는 것으로 확인되었다. 기초적 문식성을 습득한 다음 본격적으로 학습 독서에 접어드는 시기임에도 불구하고 학생들의 독서 동기는 오히려 더 떨어지고 있는 것이다. 이렇게 된 데는 여러 가지 이유가 있지만 학교에서 읽도록 요구받은 텍스트와 학생 자신이 읽고 싶은 책의 불일치가 중요한 요인의 하나라는 지적이 많다.

텍스트 선정 기준에 대한 연구 결과(김주환, 2015)를 보면 교사들은 학생들에게 추천하는 텍스트에 대한 기준이 분명하고 선호 텍스트도 뚜렷하다는 것을 알 수 있다. 교사들은 대체로 '감수성을 자극하

	학생		교사	
	빈도	백분	빈도	백분
① 여러 가지 사회적 문제를 비판적 관점에서 해석한 글	87	20.0	42	21.6
② 낯선 세상이나 새로운 현상을 자세히 소개한 글	52	12.0	19	9.8
③ 청소년들에게 인생의 지침이 될 수 있는 글	137	31.5	53	27.3
④ 감수성을 자극하고 자신을 성찰할 수 있는 글	88	20.2	59	30.4
⑤ 우리 민족의 문화와 전통을 알 수 있는 글	23	5.3	11	5.7
⑥ 대중문화에 대한 다양한 정보와 비평을 담은 글	24	5.5	4	2.1
⑦ 국어, 문학에 대한 지식을 익힐 수 있는 글	21	4.8	5	2.6
⑧ 기타	3	0.7	1	0.5
계	435	100	194	100

국어 교과서의 텍스트 선호도

고 자신을 성찰할 수 있는 글'과 '청소년들에게 인생의 지침이 될 수 있는 글', '여러 가지 사회적 문제를 비판적 관점에서 해석한 글' 등을 선정한다. 청소년들의 경우 낯선 세상이나 새로운 세계에 대한 지식이 매우 필요한 시기임에도 불구하고 이에 대한 선호도는 매우 낮은 편이다. 독서의 가장 중요한 목적이 새로운 지식의 습득에 있다고 하지만 많은 교사들은 '인격 함양'과 같은 인성 교육을 독서의 목적으로 인식하는 경향이 강하다는 것을 알 수 있다.

이러한 경향은 예비 초등 교사들을 대상으로 텍스트 선정 기준에 대해 조사한 연구 결과(최건아·백혜선, 2014)에서도 드러난다. 연구 결과에 따르면 많은 예비 교사들이 자아 정체성 형성 및 자아 존중, 긍정적인 세계관 형성, 가족의 소중함 일깨우기 등을 위한 목적으로 도서를 선정하는 것을 확인할 수 있다. 예비 교사들은 '어린이들이 자신과 세상을 긍정적으로 바라봤으면 하는 마음에서' 혹은 '당당하고 자신 있게 자신의 의견을 말할 수 있는 학생들이 되었으면 하는 바람에서' 책을 선정한다고 응답했다.

학생들이 공동체 의식을 함양하고 긍정적인 세계관을 형성하도록 지도하는 것은 바람직한 일이지만 독서의 목적을 인성 교육에만 두게 될 경우 주제나 장르 선택의 폭이 제한될 수 있다. 많은 교사들이 자기가 가르치는 학생이 교훈적인 텍스트를 읽기를 기대하지만 정작 학생들은 흥미를 느끼지 못하는 경우가 많다. 인격 함양을 위한 가치관 교육도 필요하지만 그 수단으로 독서 지도를 할 경우 학생들의 독서 능력 향상이라는 본래의 독서 교육 목표와는 괴리가 생길 수 있으므로 신중을 기해야 한다.

텍스트 유형에서도 교사들의 선호도는 비교적 분명한 것으로 드러났다. 중학교 국어 교사들을 대상으로 교과서 텍스트에 대한 선호도를 조사한 결과(김주환, 2014)에서 교사들의 84.7%가 문학 텍스트를 선호하는 것으로 나타났기 때문이다. 학생들도 교사와 마찬가지로 문학 텍스트를 선호하는 것으로 나타났는데 세부 장르에서는 차이가 있었다. 교사들은 문학 텍스트 중에서도 시를 가장 선호하는 것으로 나타났지만 이에 대한 학생들의 선호도는 매우 낮은 편이었고, 반대로 희곡·드라마에 대한 학생들의 선호도는 높은 편이지만 교사들의 선호도는 낮았다. 결국 교사들은 전형적인 문학 장르라고 할 수 있는

	교사		학생	
	빈도	백분	빈도	백분
① 정보 전달을 위한 담화	38	6.8	32	6.2
② 설득적인 담화	26	4.7	15	2.9
③ 시	223	40.2	43	8.3
④ 소설	164	29.5	269	51.8
⑤ 수필	10	1.8	38	7.3
⑥ 희곡 · 드라마	12	2.2	94	18.1
⑦ 고전 작품	61	11.0	16	3.1
⑧ 매체 자료	21	3.8	10	1.9
⑨ 기타	0	0.0	2	0.4
계	555	100	517	99.6

선호하는 텍스트 유형

시, 소설, 고전 작품 등을 선호하는 데 비해 학생들은 소설, 희곡 · 드라마 같은 서사 장르를 선호한다.

    문학 텍스트에 대한 선호 경향은 국어 교사들에게만 나타나는 현상은 아니다. 초·중·고 교사들을 대상으로 학생들에게 추천하고 싶은 텍스트를 조사한 결과(이순영, 2014)를 보면 초등학생의 경우에는 동화, 중고등학생의 경우에는 일반 소설이 가장 많은 비중을 차지하는 것을 확인할 수 있다. 또한 중학생들의 경우에는 수필, 명상 텍스트, 고등학생들의 경우에는 철학, 사상 텍스트가 2순위를 차지했는데 이것 역시 학생들의 세계관 형성과 교양 습득을 강조하는 교사들의

질문	1순위(%)	2순위(%)
① 초등학생들이 가장 많이 읽어야 한다고 생각하는 텍스트의 종류나 분야는 무엇입니까?	동화 59.3	일반 소설 8.2
② 중학생들이 가장 많이 읽어야 한다고 생각하는 텍스트의 종류나 분야는 무엇입니까?	일반 소설 33.5	수필·명상 12.1
③ 고등학생들이 가장 많이 읽어야 한다고 생각하는 텍스트의 종류나 분야는 무엇입니까?	일반 소설 26.9	철학·사상 18.1

학생들이 다독해야 하는 텍스트 유형/분야에 대한 교사들의 인식

경향을 반영한 것이다.

　교사들의 인식은 권장도서 선정에도 영향을 미친다. 교사들은 문학 텍스트가 권장도서 목록 중 50% 이상을 차지해야 한다고 응답했는데, 교사들의 이러한 장르 인식은 학교에서의 도서 선택이나 텍스트 선택에 영향을 미칠 수밖에 없다. 그러나 이와 같은 태도는 학생들이 다양한 주제, 다양한 장르의 텍스트를 접할 기회를 제약할 수 있으며 교사와 다른 취향을 가진 학생들의 독서 동기를 저하시킬 가능성이 높다.

　교실에 있는 학생들은 제각기 독서 수준도 다르고 관심과 흥미, 문화적 배경 등이 다르다. 따라서 교사가 아무리 좋은 텍스트를 선택해서 제시를 해도 학생들의 다양한 요구를 만족시키기는 어렵다. 무엇보다 도서 선택은 학생들의 독서 동기에 큰 영향을 미치기 때문에 학생 스스로 책을 선택할 수 있도록 하는 것이 바람직하다. 자기가 읽고 싶은 책을 스스로 선택해서 읽는 것과 남이 선택해 주는 텍스트를 의무적으로 읽는 것은 독서 동기 형성 면에서 큰 차이가 있다. 그렇다고 해서 교사가 학생들에게 책 선택에 대한 지도를 하지 말아야 한다는 것은 아니다. 일차적으로 교사가 선별한 책 중에서 학생이 자유롭게 선택할 수 있도록 하는 것, 어른들의 기준에서 좋은 책이 아니라 학생들의 수준과 관심, 흥미에 적합한 책을 선택할 수 있도록 지원하는 것이 필요하다.

정보 텍스트와 문학 텍스트

창문으로 석양을 바라보면 처음에는 창밖의 풍경이 잘 보이지만 빛이 점차 어두워지면 창에 비친 자신의 모습과 마주하게 된다. 이와 마찬가지로 좋은 책은 독자에게 다른 사람들의 삶을 이해하고 자기 자신의 삶을 반성하게 하는 창문의 역할을 한다. 독자는 독서를 통해서 자기 자신과 세계에 대한 관점을 만들어 나갈 뿐만 아니라 세계 시민으로서, 나아가 문식성 세계의 일원으로서 자신을 자각하게 된다.

그렇기 때문에 학생들은 독서를 할 때 자기 자신과 비슷한 이야기를 다룬 것뿐만 아니라 자기와는 다른 사람들이나 낯선 세계에 대해 폭넓게 읽는 것이 필요하며, 이를 위해 다양한 형태, 다양한 주제, 다양한 장르의 텍스트를 경험할 수 있어야 한다. 특정한 주제 혹은 특정한 장르의 텍스트만을 읽을 경우 학생들의 문식성 경험은 그만큼 협소해질 수밖에 없다. 이것은 그들이 사회에 나아가 다양한 사람들을 만나서 다양한 문식 활동을 하는 데 있어 장애가 될 수 있다.

그렇다면 실제로 우리나라 학생들이 경험하는 텍스트의 다양성은 어떤 수준일까? PISA 2009 조사 결과를 보면 우리나라 학생들의

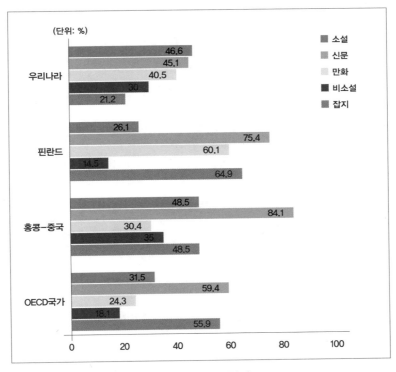

(단위: %)

| | 소설 |
| 신문 |
| 만화 |
| 비소설 |
| 잡지 |

우리나라
- 46.6
- 45.1
- 40.5
- 30
- 21.2

핀란드
- 26.1
- 75.4
- 60.1
- 14.5
- 64.9

홍콩-중국
- 48.5
- 84.1
- 30.4
- 35
- 48.5

OECD국가
- 31.5
- 59.4
- 24.3
- 18.1
- 55.9

텍스트 선호도 차이

텍스트 선호도는 소설(46.6%), 신문(45.1%), 만화(40.5%), 비소설(30%), 잡지(21.2%) 순으로 나타났다. 이러한 장르 선호도는 OECD 읽기 성취 상위권 국가 청소년들의 선호도와는 차이가 있다. 상위권 국가인 핀란드 학생들이 선호하는 장르는 신문(75.4%), 잡지(64.9%), 만화(60.1%), 소설류(26.1%)였으며, 아시아에서 상위 수준인 홍콩-중국의 경우에도 신문(84.1%), 잡지(48.5%), 소설류(48.5%), 비소설류(35%)였다. PISA 2009 OECD 국가들의 평균도 신문(59.4%), 잡지(55.9%), 소설

(31.5%), 만화(24.3%), 비소설류(18.1%) 순이었다.

이러한 결과를 통해서 보면 OECD 국가의 학생들 대부분이 신문, 잡지를 선호하는 데 비해서 우리나라 학생들은 소설, 만화에 대한 선호도가 높다는 것을 알 수 있다. 그래도 신문에 대한 선호도는 비교적 높은 편이나 잡지에 대한 선호도가 다른 나라 학생들에 비해 매우 낮은 것으로 나타났다. 신문이나 잡지는 정기적으로 새로운 정보를 제공하기 때문에 최근의 사회적 이슈나 관심사를 접할 수 있는 텍스트이다. 특히 잡지는 다양한 분야의 전문 지식을 접할 수 있는 텍스트라서 읽기에 대한 관심과 흥미를 높이는 데 효과적이다. 또한 학생들의 관심사를 자연스럽게 어른들의 세계와 연결시켜 주기 때문에 사회에 대한 이해를 넓히는 데도 크게 기여할 수 있다.

우리나라 학생들이 신문이나 잡지처럼 새로운 지식 정보를 제공하는 텍스트보다 소설이나 만화 같은 서사 텍스트를 더 선호한다는 것은 흥미 위주의 독서 습관에서 벗어나지 못하고 있음을 시사한다. 이러한 경향은 여러 조사에서 일관되게 나타나고 있다. 2017년 국민 독서실태 조사에서도 우리나라 청소년들은 장르 소설(30.3%)과 문학(17.3%)을 가장 선호하는 것으로 나타났다. 이는 책 읽는 학생 두 명 중 한 명은 장르 소설이나 문학을 읽는다는 것을 의미한다.

학생들이 정보 텍스트보다 문학 텍스트를 선호하는 것이 비단 우리나라만의 문제는 아니다. 미국에서도 학생들이 학교에서 정보 텍스트를 접할 기회가 없다는 연구 결과가 나와 상당한 충격을 안겨 주었다. 듀크(Duke, 2000)는 초등학교 1학년 교실을 대상으로 정보 텍스

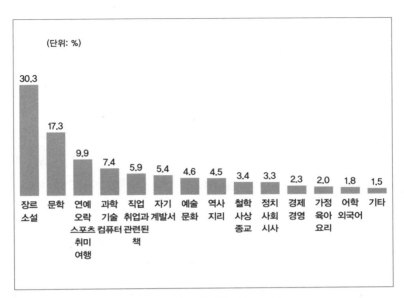

(단위: %)

30.3 장르 소설
17.3 문학
9.9 연예 오락 스포츠 취미 여행
7.4 과학 기술 컴퓨터
5.9 직업 취업과 관련된 책
5.4 자기 계발서
4.6 예술 문화
4.5 역사 지리
3.4 철학 사상 종교
3.3 정치 사회 시사
2.3 경제 경영
2.0 가정 육아 요리
1.8 어학 외국어
1.5 기타

중고등학생들이 선호하는 도서

트의 사용 실태를 조사해 본 결과 하루에 정보 텍스트 관련 활동이 3.6분에 불과하다는 사실을 발견했다. 초등학교 교실에 비치된 책과 활동에 사용되는 텍스트는 대부분 이야기(narrative) 장르에 속하는 것들이었으며, 이러한 현상은 중등학교라고 해서 예외는 아니었다.

교사들이 문학 텍스트를 선호하는 것은 학생들이 정보 텍스트를 좋아하지 않는다는 믿음을 기반으로 하고 있다. 그러나 많은 연구 결과에 따르면 학생들은 이야기책만큼이나 정보 텍스트 읽기도 좋아하는 것으로 나타났다. 실제로 학교 도서관에서 자율적으로 책을 고를 때 도서관에 정보 텍스트가 매우 부족했음에도 학생들이 소설책보다 정보 텍스트를 두 배 더 선택했다는 연구 결과도 있다. 또한 영국 학생들의 텍스트 선호도 조사에서도 학교 밖 자유 독서 상황에서 남학생과 여학생 모두 정보 텍스트가 중심인 잡지나 신문 읽기를 즐긴다고 보고했다.

심지어 초등학교 저학년 학생들도 정보 도서를 매우 좋아하며 다양한 정보 텍스트를 통해 많은 것을 학습하고 있는 것으로 나타났다. 이 시기 아이들은 사물이 어떻게 작동하는지에 관심이 많으며, 친근한 주제(애완동물이나 곤충, 자동차 등)나 탐구심을 자극하는 주제(로봇, 돌, 태양계, 화산 등)에 대한 책 읽기를 좋아한다고 한다. 거쓰리(Guthrie, 1998) 등에 의하면 학생들의 독서 동기나 흥미, 몰입에 가장 강력한 영향을 미치는 요소는 바로 호기심인데, 관심 분야의 정보 텍스트는 학생들의 호기심을 자극하고 충족하는 데 매우 중요한 역할을 수행한다.

정보 텍스트 읽기의 목적	정보 텍스트 읽기의 혜택
• 정보 획득	• 특정 분야의 개념이나 주제에 친숙해짐
• 지적 호기심 충족	• 텍스트 표지/구조 관련 독해 전략 증진
• 세상에 대한 이해의 확장	• 교과에 관련된 깊이 있는 정보 제공
• 새로운 개념의 이해, 어휘 확장	• 최신의 정확한 정보와 각종 어휘 습득
• 우리의 삶과 학습 연계	• 독자의 호기심 충족과 유발, 동기 증진
• 좋은 정보 텍스트 생산	• 교수 학습의 개별화 가능성 제고
• 재미와 기쁨, 자기만족	• 그래픽, 표, 그림/사진 독해력 증진

정보 텍스트 읽기의 다양한 목적과 혜택들

이러한 연구 결과는 문학만이 '즐거움을 위한 독서'의 대상이 아니며 정보 텍스트도 독자에게 즐거움과 희열의 원천이 될 수 있음을 알려 준다. 정보 텍스트를 읽으며 문학 독서 이상의 강렬한 기쁨과 만족을 경험하는 독자도 있다. 그러나 학교에는 이러한 학생들의 지식 탐구 욕구를 충족시킬 만한 정보 텍스트가 절대적으로 부족하다.

정보 텍스트의 읽기 목적이나 혜택은 매우 다양하다. 연구자들은 정보 텍스트 읽기가 문학 텍스트와는 다른 기능을 요구하며 텍스트의 구조나 맥락 등 여러 가지 측면에서 차이가 있음을 강조한다. 브루너(Bruner, 1985)는 인간의 사고 양식을 서사적인 것과 논리 · 과학적인 것으로 구분했는데, 서사적인 사고는 세계를 복합적인 의미를 가진 상징적인 것으로 해석하는 반면 논리 · 과학적 사고는 세계를 진실 탐구의 대상으로 인식한다. 따라서 이야기 중심의 서사적 사고에만 익숙해지면 인식 과정에 문제가 생기기 때문에 정보 텍스트를 통해 과학적이고 현재적인 진실을 추구할 필요가 있다.

정보 텍스트와 서사 텍스트에 대한 학생들의 반응 연구(김주환 · 장은섭, 2014)에 따르면 두 가지 텍스트에 대한 학생들의 반응에는 상당한 차이가 있다. 먼저 정보 텍스트에서는 글에서 제시하고 있는 핵심 정보에 대해서 반응이 이루어지는데, 이때 그 정보가 학생 독자에게 새로운 정보인지 혹은 자신의 삶과 관련이 있는 정보인지를 중요하게 평가한다. 이는 정보 텍스트에서는 핵심 정보와 관련 정보들이 중층적으로 구조화되어 있어 정보에 대한 관심을 자극하여 탐구의 기회를 제공하기 때문이다.

반면에 서사 텍스트에서는 학생들이 등장인물의 행동 특성을 살피고 핵심 사건에 반응하면서 그 의미를 탐색하는 경향이 있다. 특히 서사 텍스트는 자기 완결적인 플롯을 갖고 있어 독자를 몰입시키는 효과가 크다. 즉, 독자는 주인공이 문제를 어떻게 해결해 나가는지를 궁금해하면서 읽기 때문에 몰입 효과가 크다는 것이다. 그렇지만 독자의 시선을 사건에만 집중시켜 확산적 사고를 하기 어렵게 만들기 때문에 인물의 성격이나 사건의 의미에 대해 추론적 사고를 하도록 하지 않으면 표면적 이해에 그칠 가능성이 높다.

이처럼 정보 텍스트와 서사 텍스트는 그 특성만큼 학생들에게 미치는 영향이 각기 다르다. 정보 텍스트에만 익숙하게 되면 서사적 상징에 대한 이해력이 떨어지고, 서사 텍스트에만 익숙할 경우 정보에 대한 민감성, 세상에 대한 호기심과 탐구 능력이 떨어질 가능성이 높다. 또한 서사 텍스트가 다른 사람의 이야기를 통해서 자신의 삶을 성찰하는 태도를 갖게 해 준다면 정보 텍스트는 세상에 대한 호기심을 자극하고 적극적으로 탐색하도록 해 준다. 그러므로 학생들이 어느 한쪽의 텍스트 유형에 편중되지 않도록 다양한 텍스트를 수용, 생산할 수 있는 경험을 갖도록 해 주는 것이 필요하다.

정보 텍스트에 대한 선호도 차이는 남녀 간에도 나타난다. 여러 가지 조사 결과를 통해서 보면 대체로 남학생들은 정보 텍스트를 선호하는 정도가 여학생보다 높은 것으로 드러난 반면 여학생들은 남학생보다 서사 텍스트를 더 선호하는 것으로 밝혀졌다. 그런데 문제는 교사들이 서사 텍스트를 선호하기 때문에 학생들은 정보 텍스트보다는 서사 텍스트를 접할 기회가 더 많다는 점이다. 만일 학교에서 텍스트의 불균형이 계속될 경우 남녀 학생들 간의 성적 격차가 심화 될 가능성이 높다.

정보 텍스트의 중요성에 대한 인식이 높아지면서 최근 미국에서 는 공통핵심교육과정(Common Core State Standards; CCSS)을 통해 학교 에서 정보 텍스트의 비중을 늘리도록 요구하고 있다. 미국 국가교육 평가위원회(National Assessment of Educational Progress)에서 제시한 기준 을 보면 초등학교 때는 50%, 고등학교 때는 70%까지 정보 텍스트의 비중을 늘리도록 권고하고 있다. CCSS에서 정보 텍스트를 강조하는 이유는 정보 텍스트가 학생들의 지식을 풍부하게 하고 글로벌한 시 장에서 정보에 능숙한 시민과 소비자를 만들어 준다고 보기 때문이 다. 대학에서 필요로 하는 학문 활동과 사회의 직업 세계에서 요구하 는 능력은 복잡한 정보 텍스트를 분석하고 이해할 수 있는 능력이다. 따라서 저학년 때부터 정보 텍스트 읽는 능력을 체계적으로 길러 줄 필요가 있다.

텍스트의 복잡도

학생들에게 적합한 텍스트를 선정하기 위해서는 텍스트 수준에 대한 정확한 평가 지표가 필요하다. 미국에서는 초등학교 수준의 책에 학년별 수준 표시가 명확하게 제시되어 있는 경우가 많다. 이른바 렉사일(lexile) 지수 등을 활용해서 텍스트의 수준 및 난도를 표시하는데, 많은 교사들이 이러한 지표를 도서 선정에 활용하고 있다. 그러나 렉사일 지수는 기본적으로 문장의 길이나 단어의 난이도 등 양적 요인을 활용해서 글의 수준을 평가한 것이다. 최근에는 이런 이독성 공식에 따라 글의 수준을 평가하는 것에 대해 편협하다는 비판이 제기되면서 '텍스트의 복잡도'라는 개념이 새롭게 등장하였다.

미국의 공통핵심교육과정(CCSS)에서는 텍스트의 난도와 위계화에 대한 연구를 종합하여 새로운 텍스트 복잡도 모형을 제시하였다. 텍스트 복잡도 모형은 텍스트의 양적 요소, 텍스트의 질적 요소, 독자와 과제 요인 등 세 가지 차원으로 구성되어 있다. 종래의 텍스트 난도 측정이 문장의 길이나 단어의 난이도와 같은 양적 요소 중심으로 이루어졌다고 한다면 텍스트 복잡도에서는 양적 요소와 질적 요소뿐

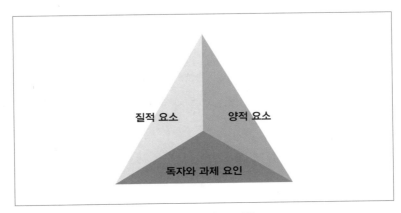

텍스트 복잡도 모형

만 아니라 독자와 과제 요인을 포함하여 텍스트의 수준을 측정한다.

텍스트의 양적 요소는 단어의 길이, 단어의 빈도, 문장의 길이, 텍스트의 응집성 등이 세부 요인으로 구성되는 반면에 텍스트의 질적 요소는 글의 의미, 구조, 언어 표현의 명료성, 지식 등과 같은 세부 요인으로 구성된다. 양적 요소가 텍스트의 언어적 측면에 대한 평가라면 질적 요소는 텍스트의 의미나 구성과 같은 내용 측면에 대한 평가라고 할 수 있다. 단어가 쉽고 문장이 짧다고 해도 복잡한 주제를 다루거나 상징적인 의미를 내포하고 있다면 텍스트 내용이 어렵게 느껴질 수밖에 없다. 따라서 텍스트의 양적 요소뿐만 아니라 질적 요소까지 고려해야 텍스트의 수준에 대한 올바른 평가가 가능하다.

독자의 관심과 흥미, 배경지식, 경험 등과 같은 독자 요인과 어떤 상황에서 어떤 목적으로 읽느냐 하는 과제 요인도 텍스트의 수준을 결정하는 데 영향을 미친다. 예를 들면 학생들은 대체로 흥미가 있는 책은 좀 두껍고 어려워도 잘 읽는 편이지만 흥미가 없는 책은 가볍고 쉬운 책이라도 어려워하는 경향이 있다. 마찬가지로 같은 책이라고 하더라도 자유 독서처럼 가벼운 마음으로 읽을 때와 감상문을 쓰기 위해서 읽을 때는 어려움의 정도에서 차이가 있다.

텍스트 난도에 대한 최근의 연구 결과(이순영, 2011)를 보면 난도를 결정하는 핵심 요인이 '텍스트'가 아니라 '독자'라는 것을 알 수 있다. 이 연구에서 초·중·고등학생 464명을 대상으로 조사한 결과 81%의 학생이 '어려운 글'은 '나에게 재미없는 글'이라고 응답했기 때문이다. 설문에 참여한 학생들은 재미가 없는 책, 공감이 가지 않는 책, 정서가 맞지 않는 책, 관심과 흥미가 없는 분야의 책이 어렵다고 응답했다. 이 중 약 53%는 어려운 어휘가 자주 나오거나 배경지식을 많이 요구하면 어렵다고 응답했으며, 26%는 '나쁜 글'이 어려운 글이라고 했는데 여기서 나쁜 글이란 작문의 질이 떨어져서 읽기가 어려운 글, 난삽해서 잘 이해되지 않는 글을 말한다.

그런데 이 연구에서 흥미로운 것은 학교 급에 따라 어려움을 느끼는 정도에 차이가 있다는 점이다. 초등학교 저학년인 2학년 학생들은 글의 길이가 긴 책, 글씨가 작거나 그림이 없는 책을 어려운 책으로 인식했다. 특히 '긴 글'이 어렵다고 진술한 학생이 많았는데, 이는 글이 길면 아무리 단어나 문장이 평이해도 독해에 어려움을 느끼기 때문이었다. 초등학교 저학년은 초기 문식성 단계로 기본적인 '해독(decoding)'에도 상당한 인지적 부담을 경험하는 시기이다. 이로 인해 저학년 학생은 일단 글이 길어지면 독해에 큰 어려움을 겪는 것으로 나타났다.

> 모르는 단어가 많고 두꺼운 책이 너무두꺼워서 뭘 때 모두 다 읽고 싶은데 너무 두꺼워서 다 못 읽고 자니까는 모르는단어와 두꺼운 책을 '어려운 책'이라고 생각합니다. -끝-

반면에 초등학교 6학년 학생은 2학년 학생에 비해 '읽기'가 텍스트를 읽고 그 내용을 제대로 '이해'하는 행위라는 인식이 더 명확했다. 이 연구에 참여한 6학년 학생의 반수 이상은 자신이 제대로 이해하지 못하거나, 공감하지 못하거나, 책 읽기의 즐거움을 느끼지 못하는 글이 '어려운 글'이라고 응답했다.

> 책은 보라고 있는게 아니다. 읽고 이해하라고 있는 것이다. 만약 책을 보기만 한다면 이해를 하기 어려울 것이다. 이해가 잘 되려면 그 책에 푹 빠져야 된다. 책에 푹 빠진다를 다른 말로 하면 집중간다라고 바꿀 수 있다. 내가 생각하기에 어려운 책은 집중이 잘 안되어서 깊이 푹 빠지지 못해서 이해를 못하는 책인 것 같다

중학생들은 '어려운 글'을 '생각을 많이 해야 하는 글'이라고 설명한 경우가 많았다. 크게 텍스트의 정보를 이해하는 것이 어려워서 생각을 많이 해야 하는 글과 읽은 글에 대해 무언가 자기 나름의 생각을 이야기하거나 내면화하기 힘든 글을 '어려운 글'로 인식했다.

고등학생은 중학생에 비해 '독서 목적'에 따라, '장르'에 따라 난
도의 차이를 느끼는 것으로 나타났다. 고등학생은 독자 자신의 관점
과 저자의 관점이 서로 교감하거나 공감되지 않을 때 독서 동기는 저
하되고 텍스트에 대한 체감 난도가 높아져서 독해가 힘들다고 응답
했다. 또한 글의 내용이나 구조, 표현이 산만하거나 진술이 명료하지
않은 글, 추상적인 표현이나 함축성이 높은 글을 읽을 때 독해에 부
담을 많이 느끼고 글에 대한 부정적인 평가가 높아지는 것으로 나타
났다.

이와 같은 반응을 통해서 보면 학생들의 성장 발달 정도에 따라
텍스트의 복잡도가 달라진다는 것을 알 수 있다. 초등학교 저학년 시

기에는 해독에 어려움이 있기 때문에 글의 길이나 단어의 난이도 같은 양적 요소가 중요한 영향을 미친다. 그러나 초등학교 고학년에서는 해독보다는 글의 내용에 대한 독해가 중시되기 때문에 텍스트의 질적 요소가 중요하게 작용한다. 또한 중고등학생들의 경우에는 독자로서의 정체성이 확립되어 가는 시기이기 때문에 독자 자신의 관심이나 흥미 같은 독자 요인이 크게 영향을 미친다.

자신에게 맞는 책 선택하기

이정요 교사는 『한 학기 한 권 읽기 어떻게 할까?』라는 책에서 모둠별로 책을 선택해서 읽고 서평을 쓰는 활동을 소개하고 있다. 그는 먼저 학생들의 도서 정보를 제공하는 사이트를 활용해서 자신만의 도서 목록을 만든다. 목록에서 괜찮아 보이는 책을 골라서 학생들에게 읽어 보게 한 다음 학생 반응을 세심히 살핀다. 그 누구도 손을 대지 않거나 골라 읽었지만 반응이 좋지 않은 책, 서평 내용에서 건질 게 없다고 여겨지는 책은 목록에서 과감히 뺀다. 반면에 반응이 좋고 서평으로 쓸 만한 책은 따로 골라 두고, 여기에 새로 나온 책 몇 권을 추가하여 새로운 목록을 만든다.

이렇게 수업에 활용할 책 15권이 정해지면 간단한 책 소개를 담아 인쇄한 뒤에 나누어 준다. 책 소개는 각종 인터넷 서점에서 소개하고 있는 내용을 참고하여 작성하면 되는데 책에 대한 다른 학생들의 반응을 적어서 나누어 주면 학생들이 책을 고르는 데 많은 참고가 된다. 책 소개 자료가 만들어지면 교사는 이 책을 구입하거나 대여해서 학생들이 실제 책을 보고 내용을 검토할 수 있도록 교실에 전시한

다. 그 다음에는 독서 모둠을 구성해서 모둠별로 책을 선택하도록 하는데, 모둠끼리 서로 읽고 싶은 책이 중복될 수 있기 때문에 5순위까지 적어 내도록 하여 최종적으로 모둠 책을 결정한다.

이렇게 이정요 선생님의 서평 쓰기 활동에서는 모둠별로 책을 선택하도록 하고 있다. 모둠별 활동이지만 학생들 스스로 책 정보를 파악하고 직접 검토한 다음 책을 선택하도록 했다는 점에서 의미가 있다. 그러나 모둠별로 같은 책을 정해서 읽을 경우 함께 토론하는 데는 효과적이지만 학생 개개인의 수준이나 취향이 반영되지 않을 가능성이 높다. 자신의 관심사와 다른 책이 정해질 경우 이정요 교사는 "혹시 자기가 원하는 책이 따로 있는데 친구들이 원하지 않아 마음이 상해 있으면 교사가 빌려 주겠다고 하여 서운한 마음을 달래 준다." 라고 말해 매우 인간적인 방법으로 문제를 해결하였다.

그러나 이런 해결 방법은 모둠별 읽기 수업을 원활하게 진행하는 것에는 도움이 될지 모르지만 학생 개개인의 독서 습관이나 태도를 개선하는 데는 도움이 되지 않을 수 있다. 많은 교사들이 학생 중심 수업을 실천하기 위해서 모둠 활동을 선호하는 경향이 있는데, 이처럼 획일적으로 이루어지는 모둠 활동은 개인의 관심과 흥미를 존중하지 못할 가능성이 높다. 모둠 활동을 하더라도 같은 책을 선택한 학생들끼리 모둠을 편성해서 토론을 할 경우 이런 문제에서 벗어날 수 있다. 또한 학생 개개인이 서로 다른 책을 선택해서 읽고 이야기하는 것도 충분히 가능하다.

학생들은 자신의 관심과 흥미에 맞는 책, 자기 수준에 적합한 책을 선택해야 몰입해서 읽을 수 있다. 또한 학생들 모두가 자신에게 맞는 책을 선택해서 읽고 각자 자기가 읽은 책에 대해서 이야기를 하게 되면 누가 더 잘하는지 따질 필요가 없다. 그 책을 읽은 사람은 오직 자기뿐이기 때문에 책임감을 갖고 자신 있게 이야기할 수 있다. 또 듣는 학생들도 자신이 읽지 않은 책에 대해서는 호기심을 갖고 상대방을 존중하면서 듣게 된다. 따라서 학생들에게 스스로 자기가 읽을 책을 선택하도록 하는 것은 학생 자신뿐만 아니라 다른 친구들에게도 도움이 되는 일이다.

그러나 독서에 대한 선호도가 확실한 학생은 자기가 읽을 책을 스스로 선택할 수 있지만 대다수 학생들은 자기가 무엇을 읽고 싶은지, 자기가 읽을 수 있는 책이 어떤 것인지조차 잘 모르는 경우가 많다. 이런 학생들에게 많은 책이 있는 도서관에서 읽고 싶은 것을 골라 읽으라고 하면 대부분의 학생들은 결정을 내리지 못한 채 겉돌 수밖에 없다. 이들을 위해서는 자기의 관심과 흥미, 수준에 맞는 책을 선택할 수 있도록 개인별 지도를 해야 하며 이를 위해 먼저 학생들의 독서 태도와 습관 등에 대해 자세히 파악하는 것이 필요하다.

학생들의 독서 태도나 관심 분야에 대해서 파악하기 위해서는 독서 능력이나 태도 검사와 같은 표준화 검사를 활용할 수도 있지만 교사의 관찰에 기초한 비공식적인 방법도 효과적이다. 비공식적인 방법이란 교사가 학생들의 읽기 과정에 대해 관찰하거나 읽기에 대한 질문과 대답을 나눔으로써 평가하는 것이다. 학생에게 다양한 질문을 하면서 읽기에 대한 대화를 할 경우 학생들에 대한 이해를 높일 수 있을 뿐만 아니라 교사와 학생 간의 신뢰가 형성되어 지속적인 독서 지도가 가능하다는 장점이 있다.

독서 태도나 관심 분야를 파악하기 위한 질문의 예

- 너는 읽기를 좋아하니? 좋아하거나 좋아하지 않는 이유는?
- 넌 요즘 뭘 재미있게 읽고 있니? 그것이 무엇이며 왜 그걸 좋아하지?
- 네가 좋아하는 작가나 작품이 있니? 왜 그것을 좋아하지?
- 네가 좋아하는 책은 어떤 거니? 책, 잡지, 픽션, 논픽션?
- 너는 어떻게 읽을 책을 고르지? 언제 도서관이나 서점에 가지?
- 네가 읽고 있는 책이 너무 어렵거나 쉬우면 어떻게 할 거니?
- 좋은 독자가 되기 위해서는 어떻게 해야 되지?

교사는 이와 같은 질문을 통해서 학생들의 독서 수준이나 태도 등에 대한 정보를 얻을 수 있으며, 그 정보를 바탕으로 학생들에게 적절한 책을 추천하거나 함께 골라 보는 경험을 할 수 있다. 또한 학생들은 자기가 선택한 책을 독서 공책에 정리해야 하는데, 읽다가 포기한 책도 서지 사항을 자세히 기록하는 것이 좋다. 독서 기록장을 통해서 학생들이 어떤 책을 어려워하는지, 어떤 책을 좋아하는지를 파악할 수 있다. 교사는 평소 학생들에게 독서 감상문을 쓰도록 요구하기보다는 책의 서지 사항을 기록하는 방식으로 읽은 책의 목록을 정리하도록 하는 것이 좋다.

활동지를 활용해서 학생들의 책 선택 전략을 지도하는 방법도 있다. 우츠와 웨드윅(Wutz&Wedwick, 2005)은 북매치(BOOKMATCH)라는 책 선택 전략을 소개하였다. 우츠와 웨드윅이 조사한 바에 의하면 학생들은 책을 고를 때 책 표지를 보고 난 다음 책을 펴서 글이나 일러스트의 분량을 보고는 바로 선택한다는 것이다. 이렇게 글의 길이나 그림의 분량 등을 기준으로 아무 생각 없이 책을 선택할 경우 자신의 관심과 흥미에 맞지 않아 끝까지 몰입해서 읽지 못하는 경우가 많다.

그래서 이들이 제안한 방법은 북매치의 머릿글자를 바탕으로 만들어진 책 선정 기준에 따라 학생들이 스스로 책을 선정하도록 하는 것이다. 이 활동지는 책의 분량, 언어 표현, 구성, 배경지식, 이해도, 장르, 주제 적합성, 자신과의 연관, 흥미 등 8가지 선정 기준에 대해 자신의 의견을 기술하도록 하고 있다. 책의 분량이나 구성만이 아니라 장르와 주제, 흥미 여부, 자신과의 관련성까지 다양한 요소를 바

질문	책 선택 기준	학생 의견
B	**책의 분량(Book length)** - 나에게 맞는 길이인가? - 너무 적거나 적절하거나 혹은 너무 많은가? - 이 책에 집중할 것 같은 느낌이 드는가?	
O	**일상 언어(Ordinary language)** - 아무 쪽이나 펴서 소리 내어 읽어 보라. - 자연스럽게 소리가 나는가? - 글의 흐름과 느낌이 어떤가?	
O	**구조(Organization)** - 책은 어떻게 구성되어 있는가? - 한 쪽당 단어와 글자 크기가 적절한가? - 각 장들은 긴가 혹은 짧은가?	

K	**책의 배경지식(Knowledge prior to book)**
	- 제목을 읽고, 겉표지를 보거나 책 뒤의 요약
	  문을 읽어 보라.
	- 책의 주제, 필자, 삽화에 대해 내가 이미 알
	  고 있는가?	

M	**다룰 만한 텍스트(Manageable text)** - 책 읽기를 시작하라. - 책의 단어들이 나에게 적합한가? 쉬운가? 어려운가? - 읽은 것을 이해할 수 있는가?	

A	**장르(Appeal to genre)** – 책의 장르는 무엇인가? – 이 장르를 전에 읽은 적이 있는가? – 이 장르를 좋아하거나 좋아할 것 같은가?	
T	**주제 적합성(Topic appropriateness)** – 이 책의 주제가 적절한가? – 이 주제에 관하여 읽을 준비가 되었다고 생각하는가?	
C	**연관(Connection)** – 이 책의 내용을 자신과 관련지을 수 있는가? – 이 책은 어떤 일이나 사람을 상기시키는가?	
H	**높은 흥미(High interest)** – 나는 이 책의 내용에 관심이 있는가? – 나는 필자나 삽화가에게 관심이 있는가? – 다른 사람이 이 책을 추천했는가?	

북매치 학생 활동지

탕으로 책을 선택하도록 하기 때문에 학생들은 자신에게 맞는 책이 무엇인지를 좀 더 심사숙고한 다음에 책을 선정하게 된다. 실제로 이 연구에서는 북매치를 시행한 후 읽기가 힘들다는 의견이 시행하기 전에 비해 더 줄어든 것으로 나타났다.

북매치 전략을 소개하기 전에 교사는 전체 모임을 통해서 학생들이 어떤 기준으로 책을 선택하는지에 대해 같이 토의하도록 한다. 그

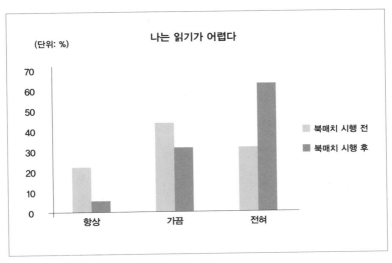

북매치 시행 전후 읽기 태도 조사 결과

리고 학생들의 이야기를 다 듣고 정리를 한 다음 북매치 활동지를 소
개하고 이 선정 기준이 적절한지 다시 토의한다. 학생들과의 토의를
통해서 새로운 기준들이 제시된다면 추가 또는 삭제할 수 있다. 이렇
게 책 선정 기준이 확정되면 교사는 이 기준을 어떻게 활용하는지를
구체적으로 시범 보이기를 통해서 보여 주고 학생들이 정해진 기준
에 따라 책 선택을 할 수 있도록 지도한다.

북매치 활동지를 활용하여 책을 선택하고 나면 학생들은 모둠별
로 자신이 선택한 책과 선정 기준에 대해서 이야기를 나눈다. 발표하
는 학생의 이야기를 듣는 다른 학생들은 적절한 질문을 통해서 발표
학생이 적절한 선택을 했는지를 확인하거나 점검해 볼 수 있다. 교사
도 학생들의 발표를 듣거나 북매치 활동지를 확인하면서 적절한 피

드백을 제공할 수 있다. 이렇게 책 선정 과정을 진행하게 되면 처음에는 책을 선택하는 데 많은 시간이 걸리지만 학생들이 끝까지 포기하지 않고 몰입해서 책을 읽어 나갈 수 있다.

북매치 활동을 통해서 학생들이 책 선택 기준을 다양하고 풍부하게 활용할 수 있게 되면 이 시간은 점점 짧아질 것이다. 독서 워크숍을 실시할 경우 교사는 미니 레슨을 통해서 학생들의 책 선택 전략을 지도할 수 있으며, 학생들도 스스로 읽기 시간에 책을 선택해서 읽을 수 있다. 교사는 책 선택에 어려움을 겪는 학생들을 대상으로 별도의 협의 활동을 진행할 수도 있고 개인별로 책 선택 지도를 할 수도 있다. 그리고 학생들은 나누기 시간을 활용해서 자신의 책 선택 경험을 이야기할 수 있다. 물론 북매치 형식을 그대로 따라 할 필요는 없으며 교사들은 자신의 교실에서 활용하기에 적합한 책 선택 기준을 새로 만들어서 사용할 수 있다.

책 선정에 도움이 되는 사이트

고래가숨쉬는도서관 www.goraebook.com
초등학교 도서관과 어린이 도서관에 새로운 책에 대한 정보를 빠르게 전달하기 위해
만든 영유아 도서 포털.

국립어린이청소년도서관 www.nlcy.go.kr
매달 유아, 초등(저), 초등(고), 청소년으로 대상을 구분하여 사서 추천도서를 선정한
후 홈페이지에 공개한다.

독서인 www.readin.or.kr
한국출판문화산업진흥원에서 운영하는 독서 통합 포털사이트. 다양한 기관과 단체에
서 추천한 주제별, 분야별 도서 정보를 제공한다.

물꼬방 reading.naramal.or.kr
전국국어교사모임의 독서 교육 분과. 다양한 추천도서 목록을 제공한다.

어린이도서연구회 www.childbook.org
어린이책을 읽고 연구하는 비영리 시민단체. 매달 〈동화읽는어른〉을 발간하며 매년
어린이, 청소년 추천도서를 선정한다.

우리도서관재단 woorilibrary.org
문화체육관광부 소관 도서관 전문 비영리 재단법인. 분야별 기본 도서 가이드북을 제
공한다.

전국독서새물결모임 www.readingkorea.org
독서 지도 교사들이 만든 교육인적자원부 산하 사단법인. 홈페이지와 강연회 등을 통
해 다양한 독서 교육 연구 자료를 제공한다.

전국학교도서관모임 cafe.daum.net/libte
학교도서관 담당교사들의 네트워크. 도서관 운영 자료, 독서 교육 관련 자료 등을 제
공한다.

책씨앗 www.bookseed.kr
사서 교사를 위한 독서문화 플랫폼. 사서 추천도서, 교사 추천도서, 독서 단체 추천도
서, 한 학기 한 권 읽기 추천도서 등의 정보를 제공한다.

책으로 따뜻한 세상을 만드는 교사들 www.readread.or.kr
독서 교육을 연구하며 읽기·쓰기 문화의 확산에 주력하는 비영리 사단법인. 매년 여름 방학과 겨울 방학에 청소년을 대상으로 추천도서를 선정한다.

학교도서관저널 www.slj.co.kr
학교도서관 전문 월간지. 매달 도서추천위원회에서 어린이, 청소년 추천도서를 선정한다.

학도넷 www.hakdo.net
학교 도서관의 내실화와 독서 교육의 활성화를 위해 다양한 운동을 펼치는 네트워크형 연대 단체. 독서 교육 자료를 제공한다.

한국학교도서관협의회 www.ksla.net
학교도서관의 발전을 위해 노력하는 사단법인. 학교도서관 운영 자료와 교육 프로그램을 제공한다.

행복한아침독서 www.morningreading.org
독서 운동을 위해 설립된 비영리 법인. 매달 〈아침독서신문〉을 발간하며 매년 어린이, 청소년, 교사를 대상으로 한 추천도서를 선정한다.

[참고 문헌]

김주환 · 이순영 · 구본희 · 이정요 · 송동철 · 김혜진 · 김태은(2016), 2015 개정 교육과정 교수학습자료(중학교 국어), 교육부 · 대전시교육청.

김주환 · 장은섭(2014), 정보 텍스트와 서사 텍스트에 대한 고등학생들의 반응 분석, 새국어교육 101, pp. 113-139.

김주환(2014), 고등 『국어』 교과서 텍스트에 대한 교사와 학생들의 반응 연구-2007 고등 『국어』 (상) · (하)를 중심으로-, 국어교육 144, pp. 339-369.

김주환(2015), 중학교 국어 교과서 텍스트에 대한교사와 학생의 반응 연구 -2009 중학교 1, 2학년『국어』를 중심으로, 국어교육학연구 50, pp. 6-36.

윤준채(2007), 독자의 정의적 영역 발달, 독서연구 17. pp. 229-259.

이순영(2011), 텍스트 난도와 텍스트 선정에 관한 독자 요인 – 초중고등학교 독자들의 반응을 중심으로 한 시론-, 독서연구 26, pp. 61-96.

이순영(2014), 교사들의 텍스트 유형별 선호와 인식 연구 – '정보 텍스트'에 대한 논의를 중심으로 - , 국어교육학연구 42, pp. 459-532.

최건아 · 백혜선(2014), 예비 초등 교사의 아동 도서 선정 기준에 관한 연구, 청람어문교육 49, pp. 259-285.

Bruner, J. S.(1985), *Narrative and paradigmatic modes of thought, In E. Eisner(Ed.)*, *Philosophy and education(Eightieth Year-book of the National Society for the Study of Education)*, Chicago : University of Chicago Press.

Duke, N. K. & V. Susan Bennett – Armistead.(2003), *Reading and Writing Informational Text in the Primary Grades : Research-Based Practices (Paperback)*, NewYork : Scholastic Teaching Resources.

Wutz, J. A. & Wedwick, L.(2005), BOOKMATCH: Scaffolding Book Selection for Independent Reading, *The Reading Teacher 59*, pp. 16-32.

4장

독서 지도에서
교사의 역할

교사는 전달자인가?

독서란 텍스트와 독자의 상호작용 과정이다. 독서의 개념을 이렇게 설정하면 독자와 텍스트 간의 상호작용을 어떻게 하느냐에 따라 독서의 질이 결정된다고 할 수 있다. 그렇다면 학생 독자가 텍스트와 상호작용하는 과정에서 교사는 어떤 역할을 해야 하는가? 교사 또한 텍스트와 상호작용하는 한 사람의 독자라는 점에서는 학생들과 차이가 없다. 다만 교사는 다양한 텍스트에 대한 해석의 경험이 많은 능숙한 독자인 반면에 학생들은 미숙한 독자라고 할 수 있다. 능숙한 독자는 자신의 지식과 경험을 바탕으로 미숙한 독자가 텍스트와 상호작용을 풍부하게 하도록 지원할 수 있다.

그러나 지금까지 독서 교육이나 문학 교육에서 교사가 해 온 역할은 능숙한 독자로서 미숙한 독자를 지원하는 역할과는 거리가 멀었다. 교사는 텍스트에 대한 특정한 해석을 여러 가지 교수 학습 방법을 활용하여 학생들에게 전달하는 역할을 담당해 왔기 때문이다. 이처럼 교사가 전달자의 역할에 머물러 있게 된 원인을 '신비평적 방법의 표피적 수용'에서 찾기도 한다(최미숙, 2005). 신비평에서는 한 작품에는 절대적인 해석 하나만 성립할 수 있다고 가정한다. 이 이론에 따르면 정확한 해석과 잘못된 해석이 있을 뿐이다. 더욱이 그 의미는 텍스트 이면에 깊숙이 감추어져 있기 때문에 전문적 기능 보유자만이 제대로 해석할 수 있다. 이러한 관점으로 인해 교사들은 전문가의 연구 내용을 축약한 지도서나 참고서에 의존하게 되고, 학생들은 교사가 전달해 주는 해석 내용을 기계적으로 자기화할 수밖에 없었다.

교과서 시 텍스트에 대한 반응 조사(김주환, 2014)에서도 교과서 시 텍스트를 바라보는 세 집단, 즉 전문가, 교사, 학생의 반응에는 상당한 차이가 있다는 것이 드러났다. 이 연구에서는 이육사의 절정에 대해 전문가, 교사, 학생 세 집단의 반응을 조사하였다. 다음 이육사의 「절정」을 읽고 여러분 자신의 반응을 먼저 정리해 본 다음 세 집단의 반응과 비교해보자.

매운 계절의 채찍에 갈겨
마침내 북방으로 휩쓸려 오다.

하늘도 그만 지쳐 끝난 고원(高原)
서릿발 칼날진 그 위에 서다.

어데다 무릎을 꿇어야 하나
한발 재겨 디딜 곳조차 없다.

이러매 눈 감아 생각해 볼밖에

겨울은 강철로 된 무지갠가 보다.

– 이육사, 「절정」

　　이육사의 「절정」에 대한 전문가들의 해석은 다수 의견과 소수 의견으로 나뉜다. 다수 의견은 「절정」을 '비극적 자기 초월의 아름다움'으로 해석하였다. 이러한 해석은 자연스럽게 이 시의 시대적 배경과 작가의 삶의 태도와 연결되어 '겨울'은 '식민지 현실'을 의미하고, '강철로 된 무지개'는 '정신적 승리를 다짐하는 비약적 결단' 혹은 '비정과 날카로운 결의를 내포한 황홀', '비극적 자기 초월의 아름다움' 등으로 해석된다.

　　그러나 소수 의견은 이와 반대되는 해석을 내놓았다. 마광수(2001)는 이 시의 전체적인 주제를 '극한적 절망 속에서도 희망을 잃지 않는 시인의 불굴의 의지'로 파악하는 것에 반대하며, 이 작품의 주제를 '희망의 절정'이 아닌 '절망의 절정'으로 파악하였다. 그는 마지막 구절을 '비극적 황홀'이나 '비극적 초월'로 바라본 것은 「절정」을 시인의 다른 대표작인 「광야」, 「청포도」 등과 연결시켜 바라보았기 때문이라고 분석하고, '강철로 된 무지개'에서 무지개는 희망의 상징이 아니라 '잠깐 떴다가 사라지는 것'이기 때문에 이 시구는 '고난(겨울)은 영원하다'는 의미로 파악된다고 주장했다.

　　이러한 논의들을 살펴보면 '겨울은 강철로 된 무지개'라는 마지막 구절의 의미가 모호하기 때문에 긍정적 의미로 해석할 수도 있지만 부정적 의미로 파악될 수도 있음을 알 수 있다. 물론 이 작품을 시대적 배경이나 시인의 삶과 관련시켜서 해석하면 극한 상황을 극복하려는 의지로 해석하는 것이 타당할 것이다. 그러나 작가의 삶과 연결 짓지 않고 작품 자체의 맥락으로만 살펴보면 절망적인 분위기가 강하기 때문에 부정적으로 읽는 것 또한 가능하다. 특히 마지막 구절에 대해 독자가 어떤 반응을 보이느냐에 따라 해석에 큰 차이가 있어 해석의 다양성이 보장된 작품이라고 할 수 있다. 그러나 교과서에서 이 작품의 해석은 대체로 다음과 같이 제시된다.

> 「절정」은 '매운 계절의 채찍에 갈겨' 극한 상황에 내몰린 화자가 그런 상황을 냉정하게 인식하고, 그 같은 극한 상황에 맞서겠노라는 의지를 '겨울은 강철로 된 무지개'라는 역설적인 표현을 통해 드러낸 시이다. '매운 계절의 채찍'이란 상징은 일제 강점기라는 이 시의 배경, 독립운동에 헌신하여 마침내 옥사한 작자의 삶 등과 관련지어 '일제 강점기의 고통스런 현실'을 뜻한다고 해석하는 게 일반적이다.

이 교과서에서는 「절정」을 시인의 삶과 관련시켜 '극한적 상황에 맞서겠다는 의지'로 해석하고 있다. 타 교과서의 해석도 시대적 배경과 관련시켜 해석한 것들이 많았고, 그렇지 않더라도 시인의 삶의 태도와 관련하여 '극한 상황을 극복하려는 의지'로 해석하는 것이 일반적이었다. '강철로 된 무지개'를 부정적으로 해석할 수 있는 여지를 제공하고 있는 교과서는 거의 없었다. 이렇게 볼 때 「절정」에 대한 교과서의 해석은 일반화된 하나의 해석만 존재한다는 것을 알 수 있다.

그렇다면 실제 수업에서 교사와 학생들은 이 시에 대해 어떤 반응을 보였을까? 조사 결과 교사들의 응답은 교과서의 해석과 크게 다르지 않았다. 시대 현실과 관련하여 '식민지하의 극한적 상황과 초극 의지'라고 해석한 응답이 40%를 차지하였고, 시인과 관련해서는 '이육사의 강한 의지와 선비 정신'이라는 응답이 32.5%를 차지하였다. 그 밖에 '냉혹한 현실 속에서 현실을 넘어선 가치 추구'라고 한 응답이 15%, '고통과 위태로움을 인내하는 화자의 태도'라고 한 응답이 7.5%를 차지하였다.

화자는 점층적으로 극한의 상황에 도달하고 있다. '북방(1연)→고원 서릿발 칼날 위(2연)→무릎을 꿇을 수조차 없는 상황(3연)'. 이 시의 핵심은 4연인데 냉엄한 현실의 겨울을 무지개와 같이 아름다운 대상으로 표현한 부분에서 역설적인 아름다움을 느낄 수 있다. 이를 통해 우리는 고난을 아름다운 것으로 받아들임으로써 이를 극복하고자 하는 화자의 자세를 엿볼 수 있다.

역사적 상황과 시인의 삶을 생각해 보면 화자의 의지가 느껴지기보다는 마음이 아프다. 그럼에도 이 시의 화자는 흔들리지 않는 초인이었을 것임이 분명하다. 어느 시구에서도 흔들림을 느낄 수 없기 때문이다.

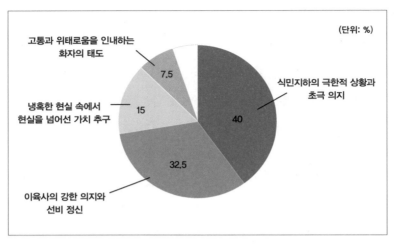

「절정」에 대한 교사 반응

    교사 반응을 살펴보면 대부분 교과서의 시 해석과 크게 동떨어져 있지 않다는 것을 알 수 있다. 교과서 텍스트에 대한 교사들의 반응이 이처럼 지배적인 해석의 틀에서 벗어나지 못한 이유는 교과서 텍스트를 다양한 해석이 가능한 열린 텍스트가 아니라 학생들에게 가르쳐야 할 내용으로 인식하기 때문이다. 설문에서 자신의 감상 의견을 자유롭게 쓰라고 요구했음에도 많은 교사들이 "일제 식민 시대의 역사적 배경과 고통을 극복하는 초극 의지, 역설과 은유 등의 수사 기법, 저항 시의 가치와 시적 형상화에 대해 알아본다.", "사회 문화적 배경을 고려한 시 읽기를 통해 작품을 이해할 수 있다는 것을 가르칠 수 있다. 나아가 작가가 지닌 지사적, 저항적 태도를 가르칠 수 있다."와 같이 교수 학습에 초점을 맞춰서 자신의 감상 의견을 정리하였다.

그럼 학생들은 어떤 반응을 보였을까? 학생들은 교사와 달리 매우 다양한 반응을 보여 주었다. '일제 강점기의 저항 시, 이육사의 저항 정신'이라고 한 응답은 27.1%, '일제 치하 한계 상황에서의 초극 의지'라고 한 응답은 12.7%였다. 시대 현실이나 시인의 삶과 관련한 해석이 70%가 넘었던 교사들과 달리 39.8%에 그치고 있다.

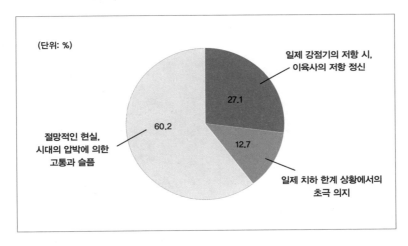

「절정」에 대한 학생 반응

그런데 학생들의 반응에서 더욱 주목할 부분은 이 시를 '한계 상황에서의 초극 의지'로 해석하지 않고 '절망의 절정'으로 해석한 학생들이 상당히 많았다는 점이다.

전쟁으로 폐허가 된 우리나라와 그 민족들이 처한 상황에 대한 안타까움을 표현한 시 같다. '겨울, 강철' 등으로 두려움, 고달픔 등 부정적인 의미를 비추고 있는 것 같다. '하늘도 지쳤다'는 부분에서 힘든 상황을 알 수 있는 것 같다.

'매운 계절'이라는 시어로 보아 어두운 상황이며, '채찍을 갈기'는 것으로 보아 누군가에게 아픔, 고통, 시련을 주는 것 같다. '하늘도 지쳤다'는 것으로 보아 매우 부정적 상황인 것 같다. 보통 무지개는 아름다운 느낌을 주지만 '강철로 된 무지개'는 그런 느낌이 없어 겨울은 매우 혹독하고 절망적인 시간 같다.

더 흥미로운 것은 이 시에 대한 학습 경험에 따라 학생들의 반응에 서로 차이가 있었다는 점이다. 이육사 시에 대해 공부한 학생들은 대체로 '일제 강점기의 저항 시, 이육사의 저항 정신' 혹은 '극한 상황에서 희망을 떠올림'이라고 응답한 경우가 많았고, 이육사 시에 대해 공부한 적이 없었던 학생들은 '절망적인 현실, 시대의 압박에 의한 고통과 슬픔'을 나타낸다고 답했다. 이와 같은 반응은 시를 학습한 학생들일수록 교과서에서 주어진 해석을 내면화하는 경향이 강하다는 것을 보여 줌과 동시에 교사의 태도가 학생들의 반응 형성에 상당한 영향을 미친다는 것을 알 수 있게 해 준다.

교사의 해석은 교과서라는 권위를 통해서 학생들에게 절대적인 해석으로 받아들여진다. 뿐만 아니라 능숙한 독자인 교사가 텍스트를 대하는 방식도 학생들에게 강력한 영향을 미치게 마련이다. 교사가 텍스트에는 절대적인 해석이 있고 독자는 이 텍스트의 비의(秘義)

를 탐구해야 한다고 믿고 있으면 학생들도 그런 믿음을 공유하게 된다. 또한 교사나 학생은 전문성이 부족하기 때문에 전문가들의 해석을 받아들일 수밖에 없다는 태도를 취할 경우 학생들 역시 다른 사람들의 해석에만 의지하는 수동적인 독자가 되기 쉽다.

학생 독자는 교사를 능숙한 독자의 모델로 여기기 때문에 교사가 텍스트를 대하는 태도를 학습하게 마련이다. 따라서 교사가 텍스트의 권위에 위축되어 전문가의 해석을 맹신할 경우 학생 독자가 텍스트의 의미를 능동적으로 구성해 나갈 가능성은 그만큼 줄어들 것이다. 달리 말하면 학생들이 텍스트와의 상호작용을 능동적으로 할 수 있도록 하기 위해서는 교사 자신이 텍스트를 열린 것으로 인식하고 능동적으로 상호작용하는 모습을 보여 줘야 한다. 그렇게 했을 때 학생들도 교사가 하는 방식을 배우고 따라 하면서 점차 자립적인 독자로 성장할 수 있다.

독서 활동을 지원하는 교사의 역할

전통적인 독서 수업에서 교사는 텍스트에 대한 일반적인 해석을 학생들에게 전달하고 학생들은 그것을 수동적으로 받아들일 뿐이었다. 이렇게 될 경우 텍스트는 학생 독자의 경험을 환기하여 삶을 반성하고 세계에 대한 인식을 확장시키는 역할을 하기 어렵다. 텍스트가 독자의 삶에 하나의 사건이 되지 못하고 쓸모없는 지식 덩어리로 전락하는 것이다. 이러한 독서 경험이 지속될 경우 학생 독자는 텍스트를 능동적으로 해석하기 위해 도전하는 일을 멈추게 될 뿐만 아니라 독서 동기 또한 상실하게 된다.

최근 학생 중심 수업이 확산되면서 독서 수업도 교사 중심이 아니라 학생 활동 중심으로 전환되고 있다. 이런 학생 중심의 교실에서는 학생의 능동적인 반응이 권장되는 것처럼 보인다. 종종 자신의 생각과 감상을 발표하도록 요구받기 때문이다. 그러나 학생들에게 의견을 발표할 기회를 제공한다고 해서 모든 학생이 능동적으로 참여할 수 있는 것은 아니다. 능숙한 독자는 적극적으로 참여할 수 있지만 미숙한 독자는 텍스트에 대한 반응을 어떻게 해야 하는지, 또 그

것을 어떻게 발표해야 할지를 잘 모른다. 이런 상황에서 교사들은 "애들이 책을 읽어도 아무 생각이 없어요."라고 불평하기 쉽다.

학생 활동 중심의 수업에서 교사는 활동을 전적으로 학생에게 맡기고 자신은 학생의 반응을 평가하는 평가자로서의 역할만 하는 경우가 많다. 이런 교실에서 학생들은 교사가 자신의 반응을 평가한다는 사실을 알기 때문에 자유롭게 반응하기보다는 교사의 평가를 고려해서 반응할 가능성이 높다. 그리고 학생의 반응에 대한 평가 준거 또한 교사의 자의적인 해석이나 교과서 해석을 바탕으로 이루어지기 때문에 학생 중심의 교실에서도 엄밀하게 말하면 학생들이 자유롭게 텍스트와 상호작용하기 어려운 것이 현실이다.

교사 중심의 수업이 한쪽 극단에 있다면 반대쪽 극단에는 학생 중심의 수업이 있다. 두 가지 접근 모두 학생들로 하여금 텍스트와 상호작용하는 데 도움을 주지는 못한다. 이런 양극단을 벗어나기 위해서는 교사가 전달자나 평가자여야 한다는 관점에서 벗어날 필요가 있다. 많은 교사들이 교과서 또는 주어진 다른 텍스트를 학생들이 '올바로 혹은 정확하게' 이해하기를 기대한다. 그러나 텍스트에 대한 '올바른 혹은 정확한 이해'라는 것은 독자마다 다르다는 것이 최근의 독서 개념이다. 텍스트의 의미는 고정되어 있는 것이 아니라 독자에 의해 경험되고 구성되는 것이다.

배고픈 사람에게 물고기를 잡아 주지 말고 물고기 잡는 방법을 가르쳐 주라는 속담이 있다. 이 속담을 교육과정의 이론으로 정식화한 것이 바로 '학문 중심 교육과정' 이론이다. 학문 중심 교육과정의 핵심적인 주장은 학문적 탐구의 '결과로서의 지식'을 전달할 것이 아니라 지식을 '탐구하는 방법'을 가르쳐야 한다는 것이다. 이 주장을 독서 지도에 적용하면 학생들에게 텍스트의 의미를 해석해 줄 것이 아니라 텍스트와 상호작용하는 방법을 익히도록 해 줘야 한다.

능숙한 독자인 교사는 미숙한 독자인 학생들이 텍스트와 능동적으로 상호작용할 수 있도록 다양한 방법으로 지원할 수 있다. 교육학에서는 학생 활동을 촉진하는 교사의 역할을 다양하게 소개하고 있다. 이런 일반화된 교육 이론과 원리들은 독서 지도에서도 여전히 유효하다. 문제는 이러한 이론을 실제 상황에 맞춰서 적용하는 것이 쉽지 않다는 점이다. 구체적인 실제 상황과 일반화된 추상적 이론 사이에는 상당한 거리가 있기 때문이다. 이 장에서는 독서 지도에서 교사가 활용할 수 있는 원리들을 몇 가지 소개하고자 한다.

비계를 제공한다

비계(scaffolding)는 '건설, 건축 등 산업 현장에서 쓰이는 가설 발판이나 시설물 유지 관리를 위해 사람이나 장비, 자재 등을 올려 작업할 수 있도록 임시로 설치한 가설물'을 뜻한다. 비계는 설계에 따라 건축 작업을 효과적으로 할 수 있도록 지지하는 역할을 하기 때문에 건축 공사장에 가면 대나무나 철골로 만든 비계들을 쉽게 볼 수 있다. 그런데 건축에서 사용하는 이 용어를 교육적 의미로 사용하기 시작한 사람들이 있다. 바로 데이비드 우드(David Wood), 제롬 브루너(Jerome Bruner), 게일 로스(Gail Ross)와 같은 학자들이다.

건축물의 비계

이들은 아이에게 책을 읽어 줄 때 엄마가 하는 언어적 상호작용의 성격을 규정하기 위해 '비계'라는 용어를 사용하였다. 엄마는 아이가 성공적인 문식 경험을 할 수 있도록 친절하고 협조적인 안내를 해 준다. 예를 들면 그림책을 읽을 때 엄마는 아이가 그림에 있는 단어들을 읽도록 도와주는데, 처음에는 책을 훑어보게 하여 그림과 책 전체의 내용에 익숙해지도록 한다. 그런 다음 하나의 그림에 초점을 맞추어 그것이 무엇인지 물어본 뒤 엄마는 그림 아래에 있는 단어에 초점을 맞추고 그것이 그림의 이름이라는 것을 말해 준다. 그러고는 그 단어가 무엇인지 아이에게 다시 물어본 다음 답이 정확한지 피드백을 해 준다. 여기서 중요한 점은 엄마가 아이에게 단어를 바로 알려 주지 않고 아이가 스스로 말하도록 먼저 물어본다는 것이다. 이것이 바로 아이가 학습하도록 도와주는 비계의 역할이다.

학습활동에서 비계의 개념을 설명할 때 가장 많이 사용하는 예가 바로 '자전거 타기'이다. 자전거 타기를 배울 때 초보자가 혼자서 자전거를 탈 수 있도록 도와주는 것처럼 학생들이 스스로 학습할 수 있도록 도와주는 것이 비계 역할이기 때문이다. 자전거 타기를 배울 때도 처음에는 조력자의 도움을 받아 연습을 하지만 점차 도움은 줄이고 초보자 스스로의 활동을 늘여 가다가 결국에는 혼자 힘으로 타게 된다. 마찬가지로 학생들이 단어의 철자를 발음할 때, 이야기를 소리 내어 읽기 시작할 때나 읽은 내용의 구조를 설명할 때 혹은 정보 글을 효과적으로 읽기 위한 전략을 학습할 때나 에세이를 쓰기 시작할 때도 비계를 사용한다. 이때도 역시 교사가 조력자가 되어 조금만 도와주면 학생은 점차 교사의 도움 없이 스스로 할 수 있게 된다.

미숙한 독자는 텍스트와 어떻게 상호작용을 해야 하는지를 잘 모른다. 그런 상황에서 자꾸 반응을 요구하면 부담을 느껴 오히려 독서 동기가 저하될 수 있다. 그럼 교사는 어떻게 해야 할까? 먼저 학생이 텍스트를 읽는 과정을 관찰하고 질문을 해 가면서 학생의 독서 수준과 특징을 파악해야 한다. 그런 다음 학생에게 필요한 독서 전략을 익힐 수 있도록 지원해야 한다. 교사가 할 일은 텍스트의 의미를 설명해 주는 것이 아니라 학생 스스로 텍스트의 의미를 구성할 수 있도록 안내하고 시범을 보이거나 질문을 던지는 것이다. 결국 교사의 여러 가지 활동들이 학생이 텍스트의 의미를 구성해 나가는 데 도움을 주는 비계라고 할 수 있다.

도전적인 과제를 부여한다

비고츠키의 '근접 발달 영역'이라는 개념도 독서 지도에서 교사가 활용할 수 있는 중요한 원리 중 하나이다. 근접 발달 영역이란 학생들이 학습할 수 있는 범위에는 일정한 제한이 있다는 것이다. 범위의 한쪽 끝이 자율적으로 학습할 수 있는 영역이라면 다른 끝은 다른 사람의 도움을 받아도 과제를 완수할 수 없는 영역이다. 이 두 극단 사이에 생산적인 학습이 가능한 구역, 즉 근접 발달 영역이 있다.

이 영역에서 학생들이 유능한 사람의 도움을 받을 수 있다면 무난하게 과제를 성취할 수 있다. 혼자서 쉽게 해결하기 어려운 과제라도 교사가 핵심 개념을 설명해 주고 소그룹으로 토의하면서 서로 질

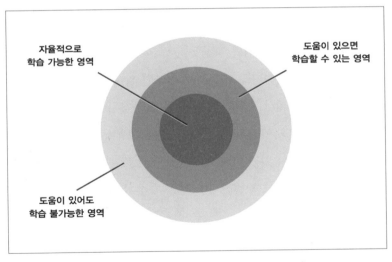

근접 발달 영역(zone of proximal development)

문을 주고받는 활동을 한 다음에는 좀 더 쉽게 해결할 수 있게 된다. 마찬가지로 읽기에서도 교사는 학생들이 혼자서 쉽게 읽을 수 있는 자료가 아니라 혼자서는 쉽게 읽을 수 없는 자료를 선택해서 성공적으로 읽을 수 있도록 도와줘야 한다. 학생들이 좀 더 도전적인 과제를 해결할 수 있어야 한 단계 성숙할 수 있기 때문이다.

스스로 선택해서 읽도록 할 경우 여학생들은 대체로 문학 텍스트만을 선택하는 경우가 많다. 이런 경우 교사는 학생들에게 다양한 정보 텍스트를 소개하고 그 혜택을 직접 보여 주면서 학생들이 선택할 수 있도록 지원할 필요가 있다. 그리고 학생들이 새롭고 낯선 텍스트를 선택했을 때는 효과적으로 읽을 수 있도록 다양하게 지원하여 성공적인 읽기 경험을 쌓도록 해야 한다. 이렇게 해서 학생들이 새롭고 낯선 텍스트에 도전하고 성공하는 경험을 쌓게 되면 좀 더 색다른 텍스트, 좀 더 어려운 텍스트에도 적극적으로 도전할 수 있게 된다.

학생 중심의 교실에서는 학생들이 많은 활동을 하지만 실제적인 학습이 일어나지 않는다고 비판하는 경우가 많다. 그 이유는 학생들의 다양성을 고려해서 활동의 수준을 달리 하지 않고 동일한 과제를 부여하기 때문이다. 이렇게 할 경우 유능한 학생들에게는 과제가 지나치게 쉬워서 의미 있는 학습이 일어나지 않고, 반대로 미숙한 학생들의 경우에는 혼자서 해결하기 어려운 수준이라서 의미 있는 학습이 일어나기 어렵다. 따라서 교사는 학생들의 수준에 맞는 텍스트나 과제를 선택해서 수행할 수 있도록 지원할 필요가 있다.

시범 보이기를 한다

　교사는 능숙한 독자이기 때문에 미숙한 독자인 학생들에게 모델의 역할을 할 수 있다. 학생들은 교사가 텍스트를 대하는 태도나 자세를 따라 배우게 된다. 따라서 교사는 학생들에게 필요한 독서 전략을 말로도 설명해야 하지만 시범 보이기(modeling)를 통해서 독서 전략을 어떻게 사용하는지 좀 더 자세히 보여 줄 필요가 있다. 학생들은 교사의 시범 보이기를 보고 교사가 하는 것처럼 따라 하면서 점차 새로운 독서 전략을 활용할 수 있게 된다.

　시범을 보일 때는 교사가 먼저 한 단락 정도 읽고 나서 생각 말하기 형태로 자신의 생각과 느낌을 자유롭게 말한다. 그런 다음 해당 부분에 대해서 학생들이 어떤 느낌을 받았는지, 어떻게 생각하는지를 물어본다. 교사가 시범 보이기를 하지 않고 질문만 할 경우 미숙한 독자들은 어려움을 느끼거나 당황하게 된다. 그러나 교사가 먼저 시범 보이기를 하게 되면 그대로 따라 하면 되기 때문에 큰 어려움을 느끼지 않고 시도할 수 있다.

　교사들은 대체로 시범 보이기보다는 설명하기에 더 익숙하다. 설명하기는 텍스트의 의미를 객관화해서 전달하기 때문에 독자로서의 정체성을 드러내지 않아도 된다. 반면에 시범 보이기는 교사 자신이 독자로서의 정체성을 드러내는 활동이다. 교사 자신의 정체성을 드러내는 것이기 때문에 익숙하지 않을뿐더러 부담스럽기까지 하다. 그러나 교사가 객관적인 지식을 전달한다는 입장에서 벗어나 한 사람의 독자로서 학생들과 소통한다는 관점에 서면 훨씬 편안하게 학생들을 만날 수 있다. 학생들 또한 한 사람의 독자로서 교사의 모습을 통해서 독자가 무엇을 하는 사람인지를 인식하게 된다.

점진적으로 책임을 이양한다

교사가 학생들에게 독서 전략을 지도하는 방법으로 널리 활용되는 것이 점진적 '책임 이양 모델'이다. 점진적 책임 이양 모델은 읽기 과제에 대한 책임이 교사로부터 학생에게로 점차 이양되다가 마지막에는 학생이 전적으로 책임을 지게 되는 학습 과정을 말한다. 독서 지도 과정에서 보면 교사의 비계 제공은 점차 줄어드는 반면에 학생

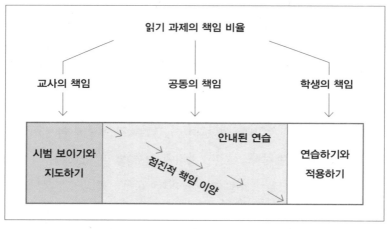

점진적 책임 이양 모델(The Gradual Release of Responsibility Model)

활동의 비중은 점차 늘어나게 된다. 그러나 학생이 더 어려운 텍스트를 선정해서 읽거나 더 어려운 과제를 수행하게 될 경우에는 교사가 계속해서 비계를 제공해야 한다.

이제 독서 지도 과정에서 점진적 책임 이양이 어떻게 이루어지는지 살펴보자. 먼저 아이들이 교실에 둥그렇게 둘러앉아 있고 다양한 그림책이 전시되어 있다. 교사는 먼저 제목을 소리 내어 읽은 다음 아이들에게 제목과 표지 그림에 대해 어떻게 생각하는지, 책 내용이 무엇일지에 관해 물어본다. 학생들의 반응을 들어 본 다음에 교사는 다시 학생들이 이해하는 데 도움이 될 수 있는 부분을 특별히 강조하거나 초점화하면서 읽기 시작한다.

읽는 동안에는 단어가 조금밖에 없는 간단한 이야기라도 2~3쪽마다 멈추고 무슨 일이 일어났는지를 학생들에게 물어본 뒤 해당 내용을 요약하고 그 다음에는 또 무슨 일이 일어날 것 같은지 물어본다. 마지막으로 이야기를 다 읽은 다음에는 학생들이 내용을 제대로 이해했는지 확인할 겸 몇 가지 질문을 한다. 등장인물 중 하나를 골라 그 인물에 대해 어떻게 느꼈는지, 그와 비슷한 경험이 나에게도 있는지, 그 이야기에서 어떤 느낌을 받았는지와 같은 질문을 통해서 학생들의 반응을 유도하는 것이다. 그리고 교사 자신도 그 이야기를 어떻게 이해했는지를 학생들과 함께 나눈다.

교사는 반드시 먼저 시범 보이기를 한 다음에 학생들의 생각과 느낌을 말하도록 질문을 해야 한다. 교사의 시범 보이기가 비계 역할을 해서 학생 스스로 텍스트의 반응을 생성하는 데 도움을 주기 때문이다. 이 과정을 반복하다 보면 다음에는 교사의 시범 보이기 없이 질문만 해도 학생들은 적절한 반응을 보이게 된다. 그리고 나중에는 교사의 질문 없이도 학생 스스로 반응을 생성해서 발표할 수 있다. 마치 자전거를 배우는 것처럼 처음에는 교사의 도움을 받아서 활동하다가 나중에는 아무 도움 없이 스스로 활동할 수 있게 되는 것이다.

점진적 책임 이양 수업

학생들의 읽기 능력을 신장시키기 위해서 교사는 학생들에게 비계를 제공하고, 시범 보이기를 하고, 도전적인 과제를 제시해서 학습의 책임을 교사로부터 학생에게로 점진적으로 이양해야 한다. 그러나 실제 수업 상황에서는 교사가 해야 할 이러한 역할들이 통합적으로 구현되기 때문에 하나씩 구분하기가 어렵다. 예를 들어 교사의 시범 보이기는 교사 중심의 활동이지만 학생의 독립적인 활동을 위한 비계 역할을 한다.

이제 비계를 활용해서 교사 중심에서 학생 중심으로 학습의 책임을 이양하는 수업이 실제로 어떻게 이루어질 수 있는지 알아보자. 점진적 책임 이양 모형을 적용하면 크게 5단계로 교사와 학생들의 활동을 조직할 수 있다.

---

1. 목표 설정과 다양한 수행 활동 계획하기　　4. 스스로 연습하기

2. 시범 보이기　　5. 평가

3. 도움 받아 연습하기

목표 설정과 다양한 수행 활동 계획하기

교사는 먼저 지도 목표와 수행 활동에 대한 아이디어를 준비해야 한다. 국가 수준의 교육과정에서 제시된 성취 기준을 바탕으로 목표를 설정할 수 있다. 물론 교육과정의 성취 기준은 매우 추상적인 수준에서 제시되어 있기 때문에 이를 학생들이 수행할 수 있는 활동 수준으로 구체화하는 과정이 필요하다. 목표가 설정되면 이를 구현할 수 있는 다양한 학생 활동을 기획해야 한다.

예를 들어 교육과정에 초등학교 6학년 학생들의 성취 기준으로 '전기문의 특징을 이해한다.'라는 것이 있다면 교사는 이 성취 기준에 맞는 여러 가지 수행 활동을 생각해 볼 수 있다. 학생들은 전기문의 특징에 대해 일반적인 수준의 정보가 담긴 차트를 만들 수도 있고, 간단한 전기문을 읽고 전기문이 무엇인지 또 그 특징은 무엇인지를 설명할 수도 있다. 또한 서로 다른 두 개의 전기문의 특징을 비교한 벤다이어그램을 만들어 볼 수도 있다.

어떤 종류의 활동이든 교사와 학생들은 전기문의 핵심 요소를 다룰 수 있도록 준비해야 한다. 그리고 성취 기준과 수행 활동을 선택할 때 교사는 학생들의 다양성을 고려해야 한다. 전기문의 구성 요소와 특징을 파악하는 것이 목적이라면 하나의 전기문을 다 같이 읽어야 할 필요는 없다. 학생들이 서로 다른 수준의 전기문을 읽게 되면 서로 비교해 볼 수 있기 때문에 더 많은 정보를 얻을 수 있다. 또한 수행 활동도 학생들의 수준과 관심에 따라 달리할 수 있다. 어떤 학생은 프리젠테이션을 할 수도 있고 어떤 학생은 벤다이어그램을 만들어 전시할 수도 있다.

시범 보이기

실제적인 지도의 첫 단계는 전문가에 의한 모델링이다. 모델링이란 교사가 전기문이나 자서전을 한 권 가지고 와서 읽으면서 그 과정을 생각 말하기(think aloud) 형식으로 보여 주는 것을 말한다. 먼저 교사가 책을 읽어 주면서 전기문의 일반적인 특징들이 그 책에서 어떻게 표현되어 있는지 보여 준다. 예를 들어 인물의 어린 시절이나 가족의 삶에 대해서 짧게 읽어 준 뒤에 교사 자신의 생각과 느낌을 이야기한다. 그리고 어린 시절에 겪었던 도전과 난관, 학창 시절을 어떻게 보냈는지, 다른 사람들과 어떤 경험을 나눴는지, 그 결과 나중에는 어떤 삶을 살았는지에 대해 이야기를 나눈다. 마지막에는 인물의 업적과 그 사람의 삶의 철학 등에 대해 이야기를 나눈다.

이 모델링의 과정은 교과서를 통해서 전기문을 배우는 것과 비슷하다. 교사가 책을 읽어 주면서 전기문의 핵심적인 요소들을 학습하도록 한다는 점은 크게 다르지 않다. 교과서 중심의 수업에서는 교사가 전기문의 요소에 대해 설명을 한 다음 글을 읽고 활동하는 것은 학생에게 맡긴다. 그러나 시범 보이기에서는 교사가 글을 읽으면서 전기문의 핵심 요소를 파악해 나가는 사고 과정을 보여 준다는 점에서 차이가 있다.

시범 보이기에서 교사는 해당 부분을 읽으면서 그것이 전기문의 어떤 요소에 해당하는지 직접 확인할 뿐만 아니라 인물에 대한 자신의 생각과 느낌을 말한다. 그리고 학생들이 어떻게 생각하는지를 바로 그 자리에서 확인해서 반영할 수 있기 때문에 학생들은 교사의 시범 보이기를 통해서 전기문의 요소가 실제 작품 속에서 어떻게 나타나는지를 이해하는 동시에 교사의 도움 없이 독립적으로 읽을 때 어떤 전략을 사용해서 읽어야 하는지도 이해하게 된다. 이처럼 교사의 시범 보이기는 학생의 능동적인 활동을 위한 비계 역할을 한다.

도움 받아 연습하기

이 단계에서 학생들은 교사의 도움을 받으면서 기능과 전략을 습득하는 연습을 한다. 종래의 교과서 중심 수업에서는 교사가 개념 설명을 한 다음에 학생들이 본문을 읽고 학습활동을 하는 것으로 수업이 마무리되기 때문에 교사 중심의 시범 보이기 단계에서 수업이 끝나는 것과 마찬가지이다. 그러나 시범 보이기는 학생들이 스스로 활동할 수 있도록 준비하는 과정일 뿐이다. 이제부터 학생들은 교사의 안내를 받아 스스로 전기문을 읽고 분석하는 활동을 하게 된다. 학습의 책임이 교사로부터 점진적으로 학생에게로 이양되는 것이다.

교사는 먼저 학생들의 성취 수준에 맞는 세 편의 전기문을 준비한다. 학생들은 이 중에서 자기 수준에 맞는 책을 선택한 뒤 책의 목차나 장의 제목들을 살펴보면서 교사가 시범 보이기에서 발견한 전기문의 핵심 요소가 들어 있는지를 확인한다. 이 과정이 끝나면 학생들은 자신이 살펴본 전기문이나 자서전의 핵심 요소들을 칠판에 쓰면 되는데, 이때 새로운 요소가 있으면 추가하도록 한다.

스스로 연습하기

자기 책에 있는 전기문의 요소들을 소개한 다음에 학생들은 이제 본격적으로 전기문이나 자서전을 읽기 시작한다. 읽기 과정을 시작하기 전에 학생들은 먼저 교사가 제공한 책들 중에서 자신의 책을 선택해야 하는데, 이때 교사는 다양한 책들 중에서 학생 개인에게 맞는 책을 선택하도록 도움을 준다. 먼저 학생들은 그 책이 자신의 수준에 맞는 것인지 스스로 평가해야 한다. 그렇게 하기 위해서는 어려운 단어의 수나 읽을 수 있는 정도 등 교사가 분류해 놓은 선택 기준들을 확인해야 한다. 학생들은 두 권 혹은 그 이상의 전기문이나 자서전을 선택해서 그들이 만든 체크리스트에 따라 비교해 본다.

스스로 읽고 전기문의 특징을 찾아 정리하는 과정에서 교사는 다양한 방법으로 학생들을 지원해야 한다. 학생들은 그룹별로 다양한 활동을 할 수 있기 때문에 교사의 지원 내용도 그룹에 따라 달라지게 마련이다. 예를 들어 어떤 그룹은 전기문의 틀에 맞춰 내용을 채우는 일을 할 수도 있고, 어떤 그룹은 자신들이 정리한 내용을 컴퓨터로 정리할 수도 있다. 또한 어떤 그룹은 교사가 직접 안내된 읽기를 통해서 전기문을 같이 읽어야 하고, 어떤 그룹은 전기문을 희곡이나 비디오로 만드는 일을 도와줘야 한다.

평가

활동이 마무리되면 학생들은 자신의 작업을 같은 반이나 다른 반에서 발표한다. 각각의 학생들은 자기 평가지를 활용해서 전기문의 각 요소들이 잘 표현되었는지, 쓰기나 말하기가 효과적이었는지 등을 평가하게 된다. 학생뿐만 아니라 교사도 자신의 평가 의견을 제시한 다음에 학생들과 토론하여 필요할 경우 프로젝트를 다시 수정하도록 한다. 평가 과정은 학생들이 문제를 성공적으로 해결했는지를 확인하는 것이지 서열을 매기는 데 목적이 있는 것이 아니다.

이 수업 단계는 엄격하게 정해진 절차는 아니다. 필요에 따라서 어떤 과정을 좀 더 자세히 다룰 수도 있고 어떤 과정은 생략할 수도 있다. 그러나 학습의 책임이 교사로부터 학생들에게로 점진적으로 이양된다는 점, 교사의 비계 제공이 매 단계에서 이루어진다는 점, 교사의 시범 보이기를 통해서 학생들의 학습활동을 안내하고 있다는 점, 모든 활동에서 학생들의 다양성을 고려한 선택이 이루어져야 한다는 점 등이 중요한 특징이다.

이 수업은 2~3주 정도의 프로젝트 수업으로 이루어지는데 전체 흐름은 교사 중심에서 학생 중심으로 진행된다. 여기서 2단계 활동은 교사 중심으로 진행되는 반면에 4단계 활동은 학생 중심으로 진행된다. 교사 중심의 수업으로 끝나서도 안 되지만 학생 활동만으로 운영되는 수업 또한 한계가 많다. 실제적인 학습이 이루어지기 위해서는 교사와 학생의 상호작용이 활발하게 이루어져야 한다. 이 수업의 매 단계 활동을 자세히 살펴보면 교사의 지원 활동과 학생 자신의 능동적인 활동이 함께 일어나고 있음을 알 수 있다. 교사와 학생 간의 이러한 상호작용을 통해서 학생은 점차 독립적인 학습자 또는 독자로 성장하게 되는 것이다.

이육사의 「절정」 다시 읽기

　전통적인 독서 수업에서 교사는 전달자 혹은 평가자 역할을 한다. 교사가 이러한 역할을 하게 되면 학생들은 수동적인 독자가 되기 쉽다. 학생들이 텍스트와 상호작용을 활발하게 하는 능동적인 독자가 되기 위해서는 교사가 전달자나 평가자가 아니라 촉진자, 지원자의 역할을 해야 한다. 교사가 촉진자나 지원자 역할을 한다는 것은 학생 활동을 중심에 놓고 수업을 기획해야 한다는 것을 의미한다.

　'점진적 책임 이양 수업'에서는 학습 목표의 설정과 함께 어떤 활동을 통해서 이 목표를 달성할 것인지가 수업 전에 기획되고 있음을 잘 알 수 있다. 그리고 중요한 것은 학생들이 각자 자기 수준에 맞는 활동을 할 수 있도록 배려해야 한다. 학생들은 개인 혹은 모둠별로 서로 다른 활동을 하고, 교사는 학생들이 문제를 해결할 수 있도록 다양한 비계를 제공한다. 그렇기 때문에 학생들의 활동은 전적으로 학생 자신에게만 맡겨지는 것이 아니라 교사의 시범 보이기나 안내를 통해서 점진적으로 이양된다.

　점진적인 책임 이양과 같은 교수 학습 방법을 우리나라의 교실 환경에 적용하는 것은 쉽지 않은 일이다. 교과서 내용을 학생들에게 전달해야 한다는 부담을 갖고 있는 교사들에게는 결코 쉽지 않을 것이다. 그러나 가르쳐야 할 것은 교과서 혹은 하나의 작품이 아니라 교육과정의 성취 기준 혹은 독서 방법이라는 관점에 서게 되면 그리 어려운 일도 아니다. 교사가 교육과정의 성취 기준을 준거로 학생 활동을 기획한다면 점진적 책임 이양 수업이 충분히 가능하다.

그렇다면 만일 이육사의 「절정」을 학생들과 함께 공부한다면 어떻게 할 수 있을까? 교육과정에 이육사의 「절정」이라는 시를 반드시 가르쳐야 한다는 성취 기준 같은 것은 없다. 작품은 학습 목표를 달성하기 위한 하나의 자료이기 때문에 학습 목표와 활동을 중심으로 수업이 기획될 뿐이다. 실제로 교육과정의 '사회 역사적 맥락을 고려하여 작품을 해석한다.'라는 성취 기준과 관련해서 이 작품이 선택되는 경우가 많다. 그럼 이육사의 「절정」을 가지고 독서 수업을 하려면 어떻게 해야 할까? 여기에서 교사가 해야 할 첫 단계 작업은 이 성취 기준을 학습 목표로 설정하여 학생들이 어떤 활동을 할 것인지를 기획하는 일이다.

1단계	**목표 설정 및 수행 활동 선정** – 목표: 사회 역사적 맥락을 고려하여 작품을 해석한다. – 활동: 사회 역사적 상황이 잘 드러난 작품을 선정하여 읽고 역사적 맥락에서 화자의 상황과 심리를 해석해서 발표한다.

2단계	**시범 보이기** – 이육사의 「절정」을 모델 텍스트로 활용하여 시범 보이기를 실시한다. – 교사의 생각 말하기 전략과 학생들의 활동지를 사용한다.
3단계	**안내된 연습** – 학생들은 사회 역사적 상황이 다른 두세 편의 시를 선택해서 교사의 안내에 따라 사회 역사적 상황을 비교해 본다. – 각자 분석한 내용을 모둠별로 서로 검토하고 피드백을 한다.
4단계	**독립적인 연습** – 학생들은 자기가 선택한 작품을 읽고 화자의 상황과 심리를 분석한다. – 학생들은 각자 분석한 내용을 모둠별로 정리해서 발표한다.
5단계	**전체 나누기와 평가** – 자신이 정리한 내용을 다양한 방식으로 전체 학급에서 발표한다.

　　대략 이와 같은 방식으로 기획해 볼 수 있을 것이다. 물론 이 작품 외에도 얼마든지 창의적인 학생 활동을 기획할 수 있다. 여기서는 앞서 정리한 「절정」을 모델 삼아 교사가 어떻게 시범 보이기를 할 수 있는지 알아보기로 하자. 아무리 좋은 수업이라도 너무 오래 지속되면 지루하기 때문에 중간 부분은 생략하였다.

교사	여러분 제가 오늘 좋은 시 한 편을 읽어 드리겠어요. 이 시는 매우 짧아요. 그러나 시는 간단한 표현 속에 다양한 의미를 포함하고 있기 때문에 장면을 상상하면서 읽는 것이 필요해요. 자, 그럼 제목을 볼까요? 「절정」이라고 했네요. 절정이 무슨 뜻인지 아나요? 네? 모른다고요? 모르면 찾아보면 되지요. 표준국어대사전을 보면 절정은 '산의 맨 꼭대기', '사물의 진행이나 발전이 최고의 경지에 달한 상태' 이렇게 정의되어 있어요. 그렇다면 이 시는 어떤 내용일까요? 선생님은 절정 하니까 최고의 경지, 상태에 올라간 그런 느낌이 드는데 여러분은 어때요?
학생1	산꼭대기에 올라간 기분을 적은 것 같아요.
교사	오, 정말 똑똑한 학생이네요. 산꼭대기에 올라가면 어떤 기분이 들까요?
학생2	기분이 상쾌하고 좋아요.
교사	네 좋습니다. 산꼭대기에 올라갔을 때 혹은 어떤 일의 정점에 올랐을 때 우리는 어떤 기분이 들까요? 혹시 그런 경험이 있나요?
학생3	저는 산꼭대기에 올랐을 때 겁나고 불안했어요.
교사	네 그렇지요. 산꼭대기에 올라 보면 상쾌하고 풍경이 장엄해서 기분이 좋기도 하지만 낭떠러지를 보면 두렵기도 하죠. 선생님도 산꼭대기에 섰을 때 이런 두 가지 감정을 동시에 느꼈어요. 그리고 어떤 일이 정점에 이르렀을 때도

그 일이 이제 끝난다는 시원함과 함께 아쉬운 감정이 들 때가 있죠. 자, 그럼 이 시는 어떤 절정을 노래하고 있는지 같이 읽어 보죠.

매운 계절의 채찍에 갈겨
마침내 북방으로 휩쓸려오다.

이렇게 표현했네요. 뭔가 어렵고 힘든 상황에 처한 것 같다는 생각이 드는데 이게 무슨 뜻일까요? 매운 계절이란 어떤 것을 말하는 걸까요?

학생4 매운 음식을 먹었나 보죠.

교사 그래요? 여기에 음식이 나오나요? 뭐가 맵다고 한 거죠?

학생3 계절이 맵다고 했어요.

교사 계절이 맵다는 것은 뭘 의미하나요?

학생3 날씨가 맵다는 거죠. 날씨가 추워서 마치 채찍질 하는 것 같다는 뜻이에요.

교사 네 그렇군요. 그럼 화자는 어디에 있나요?

학생1 화자는 북쪽으로 쫓겨 왔어요.

교사 네 맞아요. 화자는 매운 계절에 갈겨서 북쪽으로 쫓겨 왔어요. 이런 상황은 어떤 상황일까요? 또 이런 상황에서는 어떤 기분이 들까요? 선생님은 날씨도 추운데 북쪽으로 쫓겨 가고 있다면 너무나 괴로울 것 같아요. 설상가상이라

는 말 알아요? 엎친 데 덮친 격이라고 죽어라죽어라 하는
것 같아요. 여러분은 어떤 기분이 드나요?

… 중략 …

자, 그럼 이제 마지막 구절을 읽어 보죠.

이러매 눈 감아 생각해 볼 밖에
겨울은 강철로 된 무지갠가 보다.

자, 지금까지 화자는 어떤 상황에 있었죠?

학생2   화자는 매운 계절에 쫓겨서 고원 위에 서 있어요.

교사   네 그래요. 화자는 서릿발 날리는 고원의 산꼭대기에 서 있어요. 그 꼭대기는 한 발 내디딜 데가 없는 칼날진 곳이죠. 이런 곳에 서 있으면 어떤 기분이 들까요?

학생3   너무 무섭고 떨릴 것 같아요.

교사   네 저도 너무 긴장될 것 같은 기분이 들어요. 그런데 이제 화자는 무엇을 하고 있죠?

학생1   눈 감고 생각을 해요.

교사   무슨 생각을 하나요?

학생4   '겨울은 강철로 된 무지갠가 보다.'라고요.

교사   이게 무슨 뜻이죠?

학생2   겨울이 무지개라고 했으니까 그래도 희망은 있다고 말하는 것 같아요.

학생5	무지개는 잠깐 떴다가 사라지는 것이기 때문에 희망이 없다는 뜻인 것 같아요.
교사	참 알쏭달쏭한 표현이네요. 시인은 왜 이런 표현을 썼을까요? 그럼 여러분 각자 다음 표의 빈칸을 채워서 자기 생각을 정리한 다음에 발표를 해 볼까요?

1. 화자가 처한 상황은 어떤가? 그 근거는 무엇인가?	
2. 지금 화자는 어떤 생각을 하고 있을까? 그 근거는 무엇인가?	
3. 나라면 이런 상황에서 어떤 생각을 할까? 그 이유는 무엇인가?	

교사	(교사는 돌아다니면서 학생들이 정리하는 과정을 확인하고 개인별로 피드백을 해 준다.) 자기 생각을 다 정리했으면 먼저 짝과 같이 이야기를 나눈 다음 모둠별로도 서로 이야기를 나눠 보세요. … 중략 … 여러분들의 발표를 들어 보니 굉장히 재미있는 이야기들을 많이 나눈 것 같군요. 발표를 해서 같이 나눠 봐요. 내가 보기에는 ○○이가 매우 열심히 쓰는 것 같던데 한번

들어 볼까요?

… 중략 …

자, 이렇게 친구들의 이야기를 잘 들어 봤네요. 선생님도 절망의 끝에 서 있는 화자가 어떤 생각을 했을까 하는 생각을 해 봤어요. 절망의 끝에 서면 누구나 희망을 꿈꾸지만 그 꿈은 현실에서 쉽게 이루어지지 않는다는 생각이 들어요. 또 이런 상황에 처하면 희망과 절망 사이를 왔다 갔다 할 것 같아요. 인간의 감정이라는 것이 원래 좀 복잡하잖아요. 그래서 시인도 이렇게 모호하게 표현한 것이 아닐까 싶네요.

그러면 여러분이 각자 이 시를 나름대로 잘 이해했을 테니 이제 사회 역사적 맥락에 따라 해석해 보도록 합시다. 만일 이 시의 화자가 요즘 청년이라면 혹은 일제 강점기 독립투사라면 혹은 조선 시대 농부라면 어떤 상황에 처해 있을지, 그 기분이 어떨지 상상해 봅시다.

	처한 상황	화자의 심정
1. 조선 시대 농부		
2. 일제 강점기 독립투사		
3. 요즘 청년들		

시대 상황을 잘 모르는 사람들이 있으면 조선 시대 농부, 일제 강점기 독립투사, 요즘 청년들이 각각 어떤 상황에 처해 있는지 조사해 본 다음에 하도록 합니다.

(교사는 돌아다니면서 학생들이 정리하는 과정을 확인하고 개인별로 피드백을 해 준다.)

여러분이 정리한 내용을 친구들과 나눠 봅시다. 그리고 재미있는 내용을 같이 공유해요. 내가 보기에 굉장히 재미있는 해석을 한 친구들이 많네요. 선생님도 시대 배경을 바꾸어서 해석을 해 봤는데 들어 볼래요? 화자가 조선 시대 농부라면 살기가 참 힘들었을 거예요. 일 년 농사를 하면 지주가 3분의 2를 뺏어가기 때문에 봄에는 먹을 게 없어서 풀을 뜯어 먹어야 하는 상황이죠. 애들은 7~8명이나 되고 다 배고프다고 칭얼대는데 산을 몇 개 넘어가서 산나물을 뜯으려고 하지만 그마저도 먼저 온 사람들이 다 뜯어가서 남은 것이 별로 없어요. 농부의 심정은 '이 빌어먹을 세상, 정말 죽어라 죽어라 하는구나. 이 더러운 세상 콱 죽어 버리고 싶지만 애들 때문에 죽지도 못하고.' 이렇지 않았을까요? 아마도 화자는 그때 이 시를 읊었을 거예요.

··· 중략 ···

자 그러면 이제 여러분은 한 편의 시가 시대적 배경이나 역사적 맥락을 달리하게 되면 해석 또한 달라진다는 점을 잘 이해했을 겁니다. 지금 여러분 앞에 다양한 시집이 있을 거예요. 이 시집에서 여러분이 읽고 싶은 작품 2~3개 정도를 골라 보세요.

앞의 예문은 이육사의 「절정」을 모델로 독서 수업을 할 경우 실제 교실에서 어떻게 적용할 것인지를 구상해 본 것이다. 물론 교사에 따라 보다 다양한 활동을 기획할 수 있고 학생들과의 상호작용도 훨씬 더 다양하게 이루어질 수 있을 것이다. 중요한 것은 텍스트 하나를 이해하는 수업이 아니라 텍스트와 상호작용하는 방법을 익힐 수 있도록 해야 한다는 것 그리고 학생이 스스로 의미를 풍부하게 구성할 수 있도록 비계를 제공해야 한다는 것이다.

텍스트와 상호작용할 수 있도록 지원하는 것은 비단 문학작품 읽기에만 한정되는 것은 아니다. 정보 텍스트를 읽을 때도 능동적인 의미 구성이 가능하다. 무엇을 다루든 먼저 교사 주도로 읽고 시범 보이기를 한 다음에 학생들이 독립적으로 활동할 수 있도록 지원해야 한다. 학생들에게 제공되는 읽기 자료는 최소 세 가지 수준으로 준비해야 하며, 학생들은 항상 자기가 읽을 자료를 스스로 선택할 수 있어야 한다. 또한 짝 활동이나 모둠별 활동은 서로의 작업에 대한 피드백이 될 수 있도록 해야 할 것이다.

[참고 문헌]

김주환(2014), 교과서 시 작품을 바라보는 세 가지 시선, 새국어교육 98, pp.495-521.

마광수(2001), "이육사의 시 「절정」의 또 다른 해석", 현대문학의 연구 16, pp. 33-52.

최미숙(2005), "현대시 해석교육에 대한 비판적 검토", 한국시학연구 14, pp. 51-74.

Blachowicz, C. & Ogle, D.(2001), *Reading Comprehension: Strategies for Independent Learners*, Guilford Publications, Inc.

5장

독해 과정
지원하기

독해력 지도의 공백

　　학교 독서 교육의 기본적인 목적은 독해력을 갖춘 능동적인 독자의 육성에 있다. 좋은 독서 습관을 갖고 다른 독자와 적극적으로 독서 경험을 나누는 일도 중요하지만, 이는 독자가 일정 수준의 독해력을 갖추고 있을 때 가능한 일이다. 그래서 독해력 향상은 늘 학교 독서 교육의 핵심 과제였다. 실제로 초·중·고등학교 교육과정을 살펴보면 '읽기' 영역의 교육 내용은 대부분 독해 전략 중심으로 편성되어 있다. 따라서 최소한 교육과정이나 교과서는 학생들에게 읽기 전략을 지도하도록 구성되어 있다고 할 수 있다.

　　그러나 우리나라 학생들의 독해력은 1장에서 확인한 것처럼 그다지 만족스러운 수준이 아니다. 뿐만 아니라 대부분의 학생들이 독해 전략을 배웠다고 생각하지 않는 것으로 나타났다. 학교 독서 교육이 학생들의 독해 지도에 집중했음에도 불구하고 이런 결과가 나타난 이유는 무엇일까? 그 이유는 첫째, 교육과정의 성취 기준에 대한 학습이 피상적으로 이루어지기 때문이다. 예를 들어 '다양한 설명의 방법을 활용하여 글을 읽을 수 있다.'는 성취 기준이 있으면 학생들이 다양한 설명의 방법을 아는 차원에서 나아가 이 방법을 활용해서 글을 읽을 수 있도록 연습과 훈련이 이루어져야 한다. 그러나 학교에서는 학생이 주체가 되거나 독립적으로 수행하는 독해 활동이 절대적으로 부족하다. 교실 수업에서 배운 독해 전략에 대한 지식은 시험이 끝나면 사라질 뿐 학생들의 실제적인 독해 능력을 향상시키는 데 기여하지 못한다.

둘째, 학생들의 감상 나누기가 독자의 개인적 경험이나 주관적인 반응을 표현하는 데 지나치게 집중되어 있다. 최근 교육과정의 성취 기준에 대한 학습이 지식 중심으로 흐르는 것에 대한 반작용으로 학생 활동을 중시하는 수업이 권장되고 있다. 이러한 학생 중심 수업에서는 대부분 학생들이 텍스트를 읽고 자유롭게 감상을 나누는 활동을 한다. 그런데 학생들의 감상 나누기 활동이 텍스트에 근거를 두지 않은 채 자신의 주관적인 생각이나 경험 위주로 전개되는 경우가 많다.

최근 독서토론에 대한 관심이 높아지면서 책을 읽고 나서 모둠별로 혹은 전체 학급 단위로 특정 주제에 대해서 토론을 하는 경우가 많다. 그러나 이 경우에도 독서 활동은 토론의 주제를 제공하는 이상의 역할을 하지 못할 때가 많다. 독서토론이 성공적으로 이루어지기 위해서는 텍스트의 핵심 쟁점에 대해 다양한 관점에서 논의가 이루어져야 하며, 그 근거를 텍스트 내에서 풍부하게 찾아내야 한다. 토론의 주제가 텍스트의 핵심 쟁점과 동떨어져 있거나 주장의 근거를 텍스트 밖에서만 찾아낼 경우 텍스트의 깊이 있는 이해와는 거리가 먼

활동이 되기 쉽다.

셋째, 독서 전략에 대한 지도보다 글의 내용에 대한 지도를 더 중시한다. 전통적인 독서 지도는 글을 읽고 교사가 그 내용을 설명하거나 해석해 주는 방식으로 진행되었다. 활동 중심 수업에서도 내용을 잘 이해했는지를 확인하는 방식으로 수업이 진행되는 경우가 많다. 교사가 주도적으로 가르쳐 주든 학생 스스로의 활동을 통해 성취하도록 하든 학습의 초점은 글 내용을 이해하는 데 집중되어 있다. 이런 내용 중심의 수업으로 인해서 학생들이 독서 전략을 이해하고 연습할 기회가 사라지는 것이다.

학생들의 독해력 향상을 위해서는 글의 내용에 초점을 두는 지도가 아니라 독서 전략을 지도하고 연습하는 방향으로 변화될 필요가 있다. 그리고 교사의 적극적인 지원과 학생 스스로의 활동이 통합되어야 한다. 교사는 독해 전략을 정확히 설명해 주고 시범 보이기를 통해서 학생들이 독서 활동에 활용할 수 있도록 지원해야 하며, 학생들은 이를 바탕으로 스스로 읽으면서 독해 전략을 적용해 보는 연습을 해야 한다. 물론 이 과정에서도 교사는 학생들의 활동을 관찰하고 지원하는 노력이 필요하다. 그러나 학교 현장에서 권장되는 수업들을 살펴보면 독해 전략을 익히기 위한 교사와 학생 활동이 충분히 제공되지 못하고 있다.

「자유학기제 2016 교과별 수업·평가 자료집(국어)」에는 다양한 활동 중심 수업이 소개되어 있다. 그런데 읽기 영역의 수업 사례로 소개된 A교사의 수업에서도 활동 중심 수업의 문제점을 쉽게 확인할

대단원	중단원	학습 주제	차시	교수 학습 모형
예측하며 읽기	「먹어서 죽는다」	– 본문 학습: 「먹어서 죽는다」 – 읽기 전–읽기 중–읽기 후 활동하기	1/5 2/5	개별 학습 모둠 학습
		– 토론 학습: 나는 설탕 백선생인가? 　　　　　　방랑 식객인가?	3/5 4/5	개별 학습 모둠 학습
		– 통합 학습: 건강 요리 왕 선발대회	5/5	개별 학습 모둠 학습

A교사의 예측하며 읽기 수업

수 있다. A교사는 '독자의 배경지식, 읽기 맥락 등을 활용하여 글의 내용을 예측한다.'라는 성취 기준을 바탕으로 5차시의 수업 계획을 짰다. 이 수업 계획을 보면 2차시 동안에는 본문인 「먹어서 죽는다」라는 글을 읽고 예측하기 활동을 하고, 다음 2차시에는 '나는 설탕 백선생인가? 방랑 식객인가?'라는 주제로 토론 학습을 한다. 그리고 마지막 시간에는 '건강 요리 왕 선발대회'를 하는 것으로 끝난다.

　이 수업 계획을 보면 본문 학습 이후에 토론 학습과 요리 왕 선발대회를 중요한 활동으로 제시하고 있다. 2차시 동안 진행되는 토론 학습의 내용을 보면 '나의 식습관 알아보기' 등의 활동을 한 다음에 모둠별로 '올바른 식습관'에 대해서 토론한다. 그리고 모둠별로 대표 패널을 선정하여 맛을 추구하는 팀(설탕 백선생)과 건강을 생각하는 팀(삼시세끼/ 방랑식객)으로 나누어 전체 토론을 진행한다. 그런데 본문 텍스트의 논점은 육식의 문제점을 제기한 것인데도 불구하고, 이 토론의 주제는 맛이냐 건강이냐에 초점이 맞춰져 있다. 음식이라는 범주는 비슷하지만 세부 주제가 완전히 다르기 때문에 이 토론 활동은 본문의 내용을 심화, 확장시키는 데 도움을 주기 어렵다. 더구나 학습 목표인 예측하기 전략과 어떤 관련이 있는지 알 수가 없다. 건강 요리 왕 선발대회 역시 학생들이 모둠별로 건강한 음식 재료를 준비해 와서 요리를 만들어 먹는 활동이기 때문에 본문 텍스트의 이해와는 무관한 활동이다.

이처럼 중요한 독후 활동으로 선정된 것들이 모두 본문 텍스트의 깊이 있는 이해나 학습 목표를 성취하는 데 초점이 맞춰져 있지 않다. 그렇다면 본문 학습은 성취 기준을 이해하고 연습하는 데 초점이 맞춰져 있을까? 본문 학습은 읽기 전-중-후 활동으로 나누어 다음과 같이 자세히 소개하고 있다.

활동1	**읽기 전 예측하기** ① 제목으로 글의 내용 예측하기 ② 작가 소개로 글의 내용 예측하기
활동2	**읽으면서 예측하기** ① 글쓴이의 의도 예측하기 ② 글쓴이가 사용할 논거 예측하기 ③ 숨은 내용 예측하기 ④ 글의 결말 예측하기

활동3	**문단 중심의 뺏어 읽기 방법으로 글의 내용 읽기** ① 모둠 순서를 정해 한 사람씩 돌아가면서 한 문단씩 읽는다. ② 읽는 도중 틀리면 다른 모둠에게 읽기 기회를 뺏긴다. ③ 읽기 기회를 뺏어 온 모둠원들에게 돌아가며 읽기 기회가 생긴다. ④ 한 번 읽기 기회를 뺏긴 모둠은 다시 뺏을 수 없다. ⑤ 가장 많은 분량을 읽은 학생이 있는 모둠에게 모둠 점수 스티커로 보상한다. 단, 너무 소란스럽거나 내용 읽기가 아닌 단순히 읽기 게임으로 빠지지 않도록 주의한다.
활동4	**읽은 후 예측하기** ① '알고 있었던 것', '알게 된 것'을 바탕으로 '더 알고 싶은 것'에 대한 질문 만들기 ② 뒤에 이어질 내용 예측하기 ③ 진로와 연관 지어 20년 후 자신의 직업에서 글이 사회에 미칠 효과 예측하기

읽기 전-중-후 활동

　이와 같이 본문 내용을 예측하는 활동을 하도록 구성되어 있어 학생들이 예측하기 전략을 연습할 수 있을 것으로 예상할 수 있다. 그런데 실제 읽기 활동을 보면 모둠별로 순서를 정해서 문단 중심으로 뺏어 읽기 활동을 하는 것으로 계획되어 있다. 모둠별로 읽다가 틀리면 다른 모둠에게 읽기 기회를 빼앗기는 게임이다. 문제는 이 게임에 열중하게 되면 학생들이 틀리지 않게 읽는 데 집중하기 때문에 글의 내용을 예측하면서 능동적으로 읽기가 어렵다는 점이다.

결론적으로 A교사의 독서 수업은 성취 기준인 '예측하기' 전략을 학생들이 이해하고, 이 전략을 습득하기 위한 연습과 훈련으로 구성되어 있지 않다. 교과서에 실려 있는 본문 텍스트 「먹어서 죽는다」는 독해 전략을 학습하기 위한 모델 텍스트에 불과하다. 이 모델 텍스트의 주된 목적은 학생들이 예측하기 전략을 훈련하는 데 있다. 그런데 A교사의 수업은 예측하기 전략에 대한 학습보다는 학생들에게 올바른 식생활을 해야 한다는 교훈을 주는 데 초점이 맞춰져 있다.

본문 텍스트는 육식을 비판하고 채식을 강조하는 글쓴이의 관점이 반영된 설득적인 텍스트이다. 이 글을 활용해서 예측하기 전략을 익히기 위해서는 먼저 학생들이 글쓴이의 주장과 의도를 예측하도록 해야 한다. 뿐만 아니라 이 글은 매우 논쟁적인 글이기 때문에 반대 입장의 주장과 근거도 예측할 수 있어야 한다. 실제로 이 글의 독자인 학생들은 대부분 채식보다는 육식을 더 좋아하기 때문에 다양한 논쟁을 불러일으킬 수 있다. 육식과 채식에 대한 다양한 주장과 근거에 대한 예측 및 추론이 가능하다. 그럼에도 불구하고 이 수업에서는 이러한 예측하기 활동이 적극적으로 권장되고 있지 않다.

A교사의 수업은 모범적인 활동 중심의 수업 사례로 전국에 널리 보급되었지만 실상은 학습 목표와 동떨어진 다양한 활동으로만 구성되어 있을 뿐이다. 이는 많은 교사들이 학생들의 독해 전략 습득보다는 텍스트의 내용 이해나 학생들의 흥미를 중요하게 생각하기 때문이다. 이런 교실에서는 많은 수업이 학생들의 자발적인 활동에 맡겨

져 있어 독서 시간임에도 불구하고 독해력이 미흡한 학생들을 교사가 제대로 지원해 주지 못하고 있다. 이와 같은 독해력 지도의 공백이 학생들의 독해력 저하 현상과 무관하다고 할 수 있을까?

읽기 활동 지원하기

학생들의 독해력을 향상시키기 위해서는 텍스트의 내용을 해석해 주기보다는 학생들이 능동적으로 의미 구성을 할 수 있도록 지원하는 것이 필요하다. 최근 학생들의 능동적인 독해 활동을 지원하는 프로그램으로 널리 활용되고 있는 것이 '읽기 활동 지원하기(Scaffolded Reading Experience; SRE)'이다. SRE는 읽기 전·중·후 활동 단계로 구성되며 학생 스스로 문제를 해결할 수 있도록 비계를 제공하는 프로그램이다(Graves, M. F. & Graves, 2003, Graves, M. F., Juel, C. & Graves, B., 2007). 상황이나 목적에 따라 유연하게 적용할 수 있기 때문에 어떤 수준의 학생들이나 어떤 읽기 상황에서도 쉽게 사용할 수 있다.

SRE는 계획과 수행 2단계로 구성되는데 먼저 계획 단계에서 교사는 독자의 특성에 맞게 읽기 목적과 텍스트를 선정해야 한다. 교사는 독자의 요구, 관심, 흥미, 장점, 단점, 배경지식 등과 같은 독자 특성을 고려해야 하며, 텍스트 선정 과정에서도 화제와 주제, 배경지식의 요구 정도, 내용 조직, 어려운 단어 등을 고려해야 한다. 또한 독자가 왜 읽어야 하는지, 읽기 목적도 명확하게 설정해야 한다. 독자, 텍

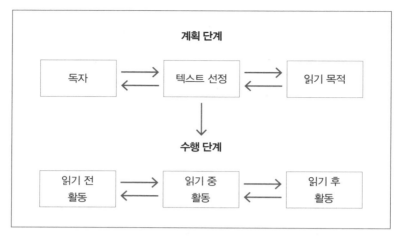

읽기 활동 지원하기 단계

스트 선정, 읽기 목적 세 가지 요소는 서로 연관되어 있어서 한 가지 요소를 결정하게 되면 나머지 두 가지가 영향을 받게 된다. 즉, 독서 목적은 텍스트와 그 텍스트를 읽는 학생과 연관되어 있으며, 학생의 읽기 능력이나 관심에 따라 독서의 목적과 텍스트 선정이 결정된다.

계획 단계에서 독자, 텍스트, 읽기 목적 등이 결정되면 그 다음은 학생들이 성공적인 읽기 활동을 할 수 있도록 읽기 전·중·후 활동을 수행하는 단계이다. 이 활동에서 활용할 수 있는 방법들은 매우 다양하다. 다양한 방법들 중에서 어떤 방법을 선택하느냐는 독자, 텍스트, 읽기 목적에 의해서 결정된다. 읽기 전·중·후 활동에서 널리 활용되는 전략들을 살펴보면 다음과 같다.

읽기 전 활동

읽기 전 활동은 학생들이 선택한 책을 제대로 읽을 수 있도록 인지적·정의적으로 준비하는 데 목적이 있다. 읽기 전 활동을 어느 정도 할 것인지는 학생들의 독해력 수준과 독서에 대한 흥미 정도에 따라 달라진다. 학생들이 읽기 전에 할 수 있는 일들은 다음과 같이 매우 다양하다.

• 동기화와 독서 목적의 설정

학생들이 책을 읽지 않는 이유는 여러 가지가 있지만 독서 동기가 부족한 탓이 크다. 독서 동기가 분명해야 텍스트에 몰입하여 필요한 지식 정보를 쉽게 찾을 수 있다. 또한 학생들은 어른들과 달리 책에 대한 관심과 흥미가 있어야 독서 활동에 집중할 수 있기 때문에 읽어야 할 책에 대한 관심과 흥미를 이끌어 낼 수 있는 동기 부여 활동이 필요하다. 학생들을 동기화시키는 방법 중의 하나는 독서 목적을 설정하는 것이다. 왜 읽어야 하는지를 명확하게 인식할 때 동기가 촉발될 수 있기 때문이다.

• 배경지식 활성화하기

적절한 배경지식은 텍스트 독해에 결정적인 역할을 한다. 배경지식을 활성화(activating)하기 위해서 교사는 학생들이 읽고자 하는 텍스트의 주제에 대한 정보를 인출할 수 있도록 도와줘야 한다. 그리고 배경지식을 형성하기(building) 위해서 교사는 텍스트 이해에 필요한 정보를 학생들에게 제공해야 한다. 예를 들어 초등학교 3학년 학생들이 행성에 대한 설명글을 읽어야 할 경우 배경지식을 활성화하기 위해서는 학생들이 이미 행성에 대해 알고 있는 것에 대해 이야기하거나 쓰도록 하는 것이 도움이 된다.

• 텍스트 지식 형성하기

배경지식 활성화하기와는 달리 텍스트 지식 형성하기 활동은 학생들에게 읽기 자료에 포함된 정보를 제공하는 것이다. 개요 작성하기나 그래픽 조직자(마인드맵이나 벤다이어그램과 같은 것들)는 설명글 관련 지식을 형성하는 데 좋다. 예를 들어 학생들이 과학 책에 있는 파도에 대한 글을 읽기로 했다면 교사는 학생들이 그 글을 읽기 전에 개요나 그래픽 조직자를 제공할 수 있다.

글 관련 지식을 형성하는 또 다른 방법으로는 미리 보기(preview)가 있다. 미리 보기는 말 그대로 텍스트에 대한 정보를 미리 조금 제공하는 것으로 영화의 예고편과 같은 기능을 한다. 정보 텍스트의 경우 미리 보기는 책에 있는 화제, 사건, 사람 혹은 장소에 대해서 토의하는 것이고, 서사 텍스트에서 미리 보기는 배경, 인물, 약간의 플롯을 보여 주는 것이다. 미리 보기는 모든 수준의 학생들이 텍스트의 내용을 점진적으로 이해하는 데 효과적이다.

• 학생의 삶과 관련짓기

읽기와 학생의 삶을 관련시키는 것도 배경지식의 활성화에 속한다. 그러나 이 경우에는 텍스트와 비슷한 자신의 삶의 경험을 환기하도록 학생들을 도와주는 것이 목표이다. 즉, 배경지식의 활성화가 텍스트에 초점이 있다면 읽기와 학생의 삶 관련시키기는 학생들의 삶의 경험을 환기시키는 데 초점을 둔 것이다.

• 어휘와 개념 학습

선택한 책을 읽기 전에 관련된 어휘와 개념을 가르치는 것은 학생들이 텍스트를 이해하고 즐기는 데 도움을 준다. 읽기 전 활동에서 미리 가르쳐야 하는 것은 텍스트 이해에 필요한 핵심 어휘나 핵심 개념이다. 어휘 학습을 위해서는 맥락을 활용하거나 사전을 활용하는 등 다양한 전략을 사용할 수 있으며, 개념 지도 그리기 등을 활용해서 핵심 개념을 지도하는 것도 가능하다.

• 사전 질문, 예측하기, 방향 설정하기

사전 질문, 예측하기, 방향 설정하기는 매우 비슷한 목표를 갖고 있다. 이 활동들은 독자의 주의를 텍스트의 특정한 측면이나 여러 가지 측면들을 탐구하는 데 주의를 집중하도록 돕는 것이다. 사전 질문은 텍스트에서 찾고자 하는 것에 대해 질문을 제기하는 활동이고, 예측하기는 텍스트를 읽기 전에 예측하고 읽으면서 그 예측이 맞았는지를 확인하는 활동이다. 방향 설정하기는 학생들이 읽으면서 무엇에 주목해야 하는지를 생각하도록 하는 것이다. 교사는 학생들에게 "이야기를 읽고 네가 예측한 것이 정확한지 찾아보라."라고 말해야 한다.

• 읽기 전략 지도하기

학생들이 읽으면서 활용할 수 있는 독해 전략을 지도하는 것도 읽기 전 활동에서 학생들을 지원하는 한 방법이다. 독해 전략에는 여러 가지가 있기 때문에 학생들의 수준과 텍스트의 특징에 따라 필요한 전략을 지도해야 한다. 예를 들어 주장하는 글 읽기를 한다면 주장과 근거의 관계를 파악하는 활동을 한 다음에 텍스트의 주장과 근거를 파악하도록 한다.

읽기 전 활동은 매우 다양하지만 학생과 텍스트, 학생이 알고 있는 것과 텍스트에서 알게 될 것 사이에 다리를 놓아준다는 공통점을 지니고 있다. 가끔은 하나의 간단한 읽기 전 활동만으로 충분할 때가 있고 어떤 경우에는 여러 번의 읽기 전 활동으로 학생들을 지원해야 할 때도 있다. 읽기 전 활동은 읽기 목적, 텍스트 자체, 그것을 읽는 학생들에 의해서 결정된다.

읽기 중 활동

• 묵독하기

초등학교 1학년을 제외하고 대부분의 읽기는 묵독으로 진행된다. 묵독은 초등학생뿐만 아니라 중고등학생들에게도 널리 활용된다. 많은 경우 학생들에게 묵독할 수 있는 기회를 주는 것만으로도 읽기 발달에 도움을 줄 수 있다.

• 교사가 소리 내어 읽어 주기

비록 학생들이 묵독을 잘할 수 있더라도 가끔은 읽기 자료를 학생들에게 읽어 주는 것이 필요하다. 교사가 학생들에게 텍스트를 소리 내어 읽어 주는 것은 다음과 같은 장점이 있다.

- 묵독만으로는 이해하지 못하는 텍스트의 의미를 어조, 강세, 휴지, 억양 등을 통해서 좀 더 잘 이해할 수 있도록 해 준다.
- 정보, 아이디어, 언어에 대한 교사의 열정을 전달해 줄 뿐만 아니라 읽기의 모델을 제공해 준다.
- 학생들의 어휘, 세계에 대한 지식, 책에 대한 지식, 책에 사용된 여러 가지 관습들, 읽기에 대한 학생들의 관심 등을 형성해 준다.
- 스스로 읽는 데 어려움을 겪거나 책을 자주 읽지 않는 학생들에게 언어의 아름다움과 힘을 보여 줄 수 있다.

• 학생들이 소리 내어 읽기

소리 내어 읽기 활동으로 널리 활용되는 것은 합창으로 읽기 (choral reading), 독자의 극장(readers theater), 짝 읽기(buddy reading) 이렇게 세 가지다. 합창으로 읽기는 높은 목소리와 낮은 목소리를 대비시키거나 서로 다른 목소리를 조합시키기도 하고 소리 효과, 움직임, 제스처, 템포를 빠르게 혹은 느리게 하는 등의 방법으로 읽는 것을 말한다. 제창으로 읽는 것보다 합창으로 읽는 것이 훨씬 흥미를 불러일으킬 수 있다. 또한 합창으로 읽기는 학생들이 창의적으로 텍스트에 반응할 수 있도록 자신감, 유창성, 자동성을 신장시켜 준다.

독자의 극장에서 학생들은 제각기 역할을 맡아서 텍스트의 부분을 나눠 읽는다. 이것은 종래에 학교에서 많이 하던 입체 낭독과 같은 것이라고 할 수 있다. 입체 낭독은 대체로 시나 소설을 읽을 때 많이 활용하는데, 독자 극장에서 읽기는 정보 텍스트를 효과적으로 해석하는 데 도움을 준다.

짝 읽기는 두 사람이 한 문단을 함께 읽거나 교대로 읽는 것이다. 두 명의 동급생이나 나이 많은 학생과 적은 학생, 부모와 학생, 보조자와 학생, 교사와 학생이 짝이 될 수 있어 어린 학생들이나 제2 외국어 학습자 또는 읽기 부진 학생들에게 도움이 된다. 물론 어린 친구와 같이 읽는 나이 많은 학생들의 읽기 기능과 자존감을 증진시키기도 한다.

소리 내어 읽기는 유창성 발달이 필요한 초등학교 저학년 학생들에게는 필수적이지만 초등학교 고학년이나 중등 학생들에게도 도움이 된다. 소리 내어 읽기가 두려움이 없는 협조적인 분위기에서 이루어진다면 읽기에 대한 학생들의 관심과 즐거움을 증진시킬 뿐만 아니라 유창성 증진, 어휘력 증가, 지식과 개념의 확장에 기여할 수 있다.

• 읽기 지원하기

읽기 지원하기는 학생들이 읽을 때 어떤 아이디어에 주의를 줘야 하는지를 도와주는 데 초점이 있다. 특히 설명글을 읽을 때 학생들이 텍스트의 어떤 측면에 초점을 두어 이해하고 배울 것인지를 도와줄 필요가 있다. 설명글 읽기에서는 다음과 같은 몇 가지 방법이 있다.

- 실제적인 사례와 의견을 기록하고, 추론하고, 결론 혹은 예상되는 결과를 도출하도록 함으로써 비판적 사고를 격려한다.
- 핵심 개념과 뒷받침 내용, 개요 짜기, 요약하기, 그래픽 조직자 등을 기술하도록 하여 학생들이 핵심 개념을 잘 이해할 수 있도록 한다.
- 학생들이 읽고 있는 것을 잘 이해하고 있는지 자기 점검을 하거나 조정할 수 있도록 한다.

읽기 지원하기는 설명글 읽기에 자주 사용되지만 서사 텍스트에서도 활용할 수 있다. 서사 텍스트에 사용할 수 있는 방법은 다음과 같다.

- 공책이나 독서일지 등에 텍스트로부터 이끌어 낸 개인적 반응을 자유롭게 쓴다.

- 파트너와 읽다가 멈추어서 큰 소리로 생각을 말한다.
- 읽기 안내를 활용한다. 질문에 대답하거나 인물, 플롯, 관점, 언어나 스타일 등에 초점을 둔 차트나 개요를 완성하는 것 등이 있다.

읽기 지원하기는 학생들이 텍스트에 대해 생각하고 아이디어와 개념을 발전시켜 텍스트를 더 잘 이해하고 즐기고 기억할 수 있도록 도와준다.

• 텍스트 변형하기

때때로 교육과정의 요구나 텍스트의 한계 때문에 학생들은 길거나 어려운 텍스트를 읽어야 할 때가 있다. 이 경우 원래 텍스트나 발표 매체를 변형하는 것이 효과적인 방법이 될 수 있다. 예를 들어 선택한 텍스트가 학생들에게 어려운 수준이라면 교사가 텍스트의 일부를 소리 내어 읽어 주거나 녹음 자료를 들려주어 학생들이 조용히 따라 읽을 수 있도록 한다. 그리고 텍스트의 가장 핵심적인 부분만을 선택해서 읽도록 하는 방법도 있다. 이것은 읽기 능력이 부족한 학생들이 불가능하다고 생각되는 과제를 수행 가능하도록 만들어 준다. 성공적인 읽기 경험은 언어 학습을 하는 학생들에게는 항상 중요한 목표이다. 텍스트 변형하기는 읽기 과제를 가능하게 만들어 성공적인 읽기 경험을 하도록 만드는 하나의 방법이다.

읽기 전 활동처럼 읽기 중 활동에도 매우 다양한 방법이 있다. 그러나 모든 읽기 중 활동은 학생들과 텍스트, 읽기 목적에 적합해야 한다. 읽기 중 활동은 학생들이 읽기 자체에 흥미를 갖고 몰입해서 읽을 수 있도록 도와준다. 따라서 묵독뿐만이 아니라 다양하게 소리 내어 읽는 방법을 활용할 필요가 있으며, 내용 이해를 위한 읽기 지원하기 전략을 사용할 수도 있다.

읽기 후 활동

일반적으로 읽기 후 활동은 학생들이 읽은 자료에 대한 반응이나 읽는 과정에서 얻은 정보나 아이디어를 비판적, 논리적, 창의적으로 생각하도록 격려하는 데 목적이 있다.

• 질문하기

질문하기 활동은 학생들이 읽은 자료의 정보와 아이디어에 대해 생각하고 반응하도록 돕는 것이다. 말이나 글을 통한 질문하기 활동은 사고를 높은 수준으로 발전시키는 데 도움을 준다. 또한 읽은 것을 적용, 분석, 통합, 평가할 기회를 주며, 정보와 아이디어를 정교화하는 데도 도움을 준다. 더 나아가 질문은 창의적, 추론적, 초인지적 사고를 촉진하며 독자들의 다양한 관점을 드러내 준다. 질문에는 여러 가지 종류가 있다. 그러나 중요한 것은 학생들로 하여금 높은 수준의 사고를 할 수 있는 질문이 포함되어야 한다는 것이다.

• 토의하기

학생 수가 많은 학급에서는 생각을 크게 소리 내어 말하는 토의가 가능하다. 토의의 취지는 아이디어를 탐색하고, 새로운 것을 배우며, 다양한 사람들의 지식과 정보를 통합함으로써 새로운 관점을 얻을 수 있다는 점이다. 학생들이 소그룹으로 텍스트에 대한 토의를 했을 때 독해력과 심미적 반응이 향상된다는 연구 결과들이 많다. 토의가 충실하게 이루어지기 위해서는 교사의 명시적 지도, 시범 보이기와 함께 학생 스스로의 수많은 연습 활동이 필요하다. 학생들은 토의 목적과 토의 과정에 대해 교사로부터 지도와 피드백을 받을 필요가 있으며, 토의 방식은 짝이나 소그룹, 전체 학급 단위로 진행할 수 있다.

• 쓰기

쓰기는 학생들이 텍스트를 제대로 이해했는지를 파악할 수 있게 할 뿐만 아니라 텍스트에 나타난 정보와 학생의 배경지식을 통합시키는 강력한 수단이다. 쓰기는 독자가 정보와 아이디어를 능동적으로 재구성하면서 읽도록 하는 도구이자 학생들이 아이디어를 확장하고, 탐구하고, 발명하고, 평가하고, 창조하고, 숙고할 기회를 제공한다.

• 드라마 만들기

드라마도 쓰기처럼 학생들이 텍스트를 통해 구성한 의미를 확장하고 새로운 것을 생성하는 데 도움을 준다. 드라마에는 연극, 촌극,

이야기 다시 말하기, 팬터마임(무언극), 독자 극장 등이 포함된다. 드라마 만들기는 학생들이 회상, 적용, 분석, 통합, 평가, 창조 등과 같은 고차원적인 사고 활동을 하는 데 도움을 준다. 또한 학생들은 대체로 드라마를 좋아하기 때문에 동기화시키는 데도 효과적인 방법이다.

• 비언어적인 표현 활동

사람들은 매우 다양한 방법으로 자신이 알고 있는 바를 표현하고 학습한다. 여기에는 비언어적인 방법, 즉 시각 예술, 음악, 춤도 포함되어 있는데 매체 생산물(오디오 테이프, 비디오, 슬라이드 쇼), 비주얼 디스플레이(게시판, 가공품, 모델, 견본), 시각적 표상 (그래프, 지도, 차트, 나무, 다이어그램, 도식) 등이 그것이다. 예술, 음악, 춤은 텍스트에 대한 반응을 나타내는 데 활용할 수 있는 또 다른 언어이다. 텍스트에 대한 반응을 이렇게 표현할 경우 학생들의 예술적 상상력을 높이는 데도 도움을 준다. 드라마와 마찬가지로 비언어적 표현 활동들은 텍스트에서 얻은 아이디어를 보고, 듣고, 느낄 수 있도록 해 주기 때문에 학생들의 인지적, 정의적 능력을 향상시킬 수 있는 가능성이 풍부하다.

• 현실에 적용하기

앞에서 언급한 방법들은 텍스트로부터 얻은 정보나 아이디어를 다른 영역의 활동에 적용하는 것이다. 그러나 이런 방법을 이용해 독자는 텍스트로부터 정보와 아이디어를 평가하고 탐구한 뒤 실제 현실에 적용해 볼 수 있다. 학생들은 여러 가지 과학적 실험을 묘사한 에세이를 읽기는 해도 실제로 그 과정을 따라 하거나 실험해 보지는 않는다. 무언가를 읽고 나서 다음에 해야 할 일은 그것을 실제 세계에 적용해 보는 것이다. 방법에 관한 책만 실제 세계에 적용할 수 있는 것이 아니라 픽션이나 논픽션, 시 등과 같은 문학 텍스트도 다양한 종류의 개인적·사회적 행동을 촉발할 수 있다.

• 다시 가르치기

다시 가르치기는 학생들이 자신이 읽기 수행 과제를 완전히 마무리할 수 있도록 비계를 지원하는 것이다. 자신이 선택한 책을 읽고 다양한 활동을 한 후에도 읽기 목표에 도달하지 못했을 때 활용할 수 있다. 읽기 안내가 어려웠는지, 질문이 답하기 어려웠는지를 파악하기 위해 학생들과 함께 활동 과정을 점검하는 데서부터 다시 가르치기는 시작된다. 다시 가르치기는 원래 활동을 반복하기도 하지만 학생 수준에 맞는 전혀 다른 활동을 하기도 한다.

읽기 후 활동은 학생들이 텍스트 밖으로 나와 텍스트가 그들 자신의 삶 그리고 주변 세계와 어떻게 관련되어 있는지를 깨닫게 하는 데 도움을 준다. 또한 학생들이 읽은 것을 더 잘 기억하고 자기 자신을 다양한 방법으로 표현하며, 다중 지능을 계발하거나 다른 사람들이 어떻게 해석하는지를 이해하도록 돕는다.

'예측하며 읽기' 지도하기

　　읽기 활동 지원하기는 읽기 전·중·후 활동을 통해서 학생들이 읽기를 즐거워하고 잘 이해할 수 있도록 지원하는 것이다. 계획하기 단계에서 교사는 학생들의 특성이나 텍스트, 독서 목적 등을 고려해서 읽기 전·중·후 활동을 계획해야 한다. 만일 학생들에게 '예측하며 읽기' 전략을 지도하는 것이 목적이고 교과서 텍스트가 법정의 「먹어서 죽는다」라면 학생들의 특성을 고려해서 지도 계획을 짜는 것이 바람직하다.

　　독서 목적인 '예측하며 읽기'는 교육과정의 성취 기준으로 제시된 것이다. 그런데 독해를 잘하는 학생들은 이미 예측하기 전략을 잘 사용하고 있을 것이고 독해력이 부족한 학생들은 이 전략의 사용이 미흡한 상태에 있다. 따라서 독해력이 부족한 학생들에게 '예측하며 읽기' 전략을 지도하는 데 초점을 둘 필요가 있다. 읽기 능력이 뛰어난 학생과 부족한 학생을 같은 모둠으로 편성하여 동료 학습이 가능하도록 하는 것이 효과적이다.

독서 목적	'예측하며 읽기' 전략 익히기
텍스트	「먹어서 죽는다」 주장하는 글, 논쟁적인 주제
독자	중학교 1학년 학생 읽기 능력의 차이가 상당히 큰 편임 이질 집단으로 모둠 편성

독서 목적 계획하기

다만 텍스트가 학생들이 선택한 것이 아니라 교과서에 주어진 것이기 때문에 학생들의 관심을 불러일으키는 데 한계가 있다. 이런 한계를 고려해서 학생들이 텍스트의 내용에 쉽게 몰입할 수 있도록 읽기 전 학습을 기획할 필요가 있다. 그리고 주어진 텍스트는 주장하는 글이기 때문에 그 특성을 반영하여 주장, 근거를 예측하고 파악하는 데 초점을 맞춰서 활동을 기획해야 한다.

읽기 전 활동	– 예측하며 읽기 시범 보이기 – 채식주의자/육식주의자 – 주장, 근거 예측하기
읽기 중 활동	– 부분으로 나눠 소리 내어 읽기 (독자의 극장 활용)

	– 글쓴이의 주장, 근거 예측, 추론
	– 육식주의자 입장에서 근거 예측하기
	– 채식주의자 입장에서 근거 예측하기
	– 리프킨의 책 내용 예측해 보기
	– 리프킨의 책 찾아보기
읽기 후 활동	– 글쓴이의 주장과 근거 요약하기
	– 자신의 입장을 정해 반박하기
	– 리프킨의 책에서 인상적인 부분 찾아 읽어 주기

읽기 전-중-후 활동 계획

읽기 전 활동

읽기 전 활동으로는 두 가지를 할 수 있다. 하나는 학습 목표인 예측하며 읽기에 대한 학습이고 다른 하나는 본문에 대한 학습이다. 교사는 먼저 예측하며 읽기의 개념과 기능에 대해서 설명을 하고 시범 보이기를 한다.

교사   '예측하며 읽기'란 글 내용을 미리 예측하면서 읽는 것을 말해요. 그렇게 어렵지 않죠? 그런데 예측을 하려면 글 내용과 관련된 것들을 머릿속에 떠올려 봐야 해요. 예를 들어 '서울역 광장에 수많은 사람들이 몰려 있다.'라는 문장이 있다고 합시다. 여러분들은 무엇을 떠올리나요?

학생1 사람들이 표를 사려고 줄 서 있어요.

교사 왜 그런 생각을 했어요?

학생1 서울역은 기차역이니까 표 사러 왔을 거라고 생각해요.

교사 서울역에는 항상 사람들이 몰려 있나요?

학생1 명절 같은 때는 엄청 사람들이 몰려요. TV에서 봤어요.

교사 네, 그렇군요.

학생2 저는 사람들이 시위를 하려고 몰려 있는 것 같아요.

교사 왜 그렇게 생각했죠?

학생2 보통 시위할 때 사람들이 서울역에 많이 몰려 있어요.

교사 네, 이 학생은 서울역에 사람들이 붐비는 것을 보고 시위 장면을 생각했군요. 두 사람이 서로 다른 내용을 예측한 것 같죠? 그 이유는 뭘까요? 네, 맞아요. 각자가 갖고 있는 경험이나 지식이 다르기 때문이에요. 다음 문장을 더 읽어 보면 어떤 예측이 맞는지 알 수 있겠죠? 이렇게 예측하면서 읽으면 글을 더 재미있게 잘 읽을 수 있어요. 자 그럼 다음 기사 제목을 읽어 볼까요?

> "성 평등 지하철 광고, 민원 우려"
> 서울교통공사 거절 이유 '와글'

어떤 내용일지 예측해 볼까요? 그리고 각자 예측한 것을 공책에 간단히 적어 봅시다.

··· 중략 ···

네, 다들 열심히 적었군요. 자, 어떤 내용인지 발표해 볼까요?

학생3 지하철 광고 때문에 시끄럽다는 것 같아요.

학생1 성 평등 지하철 광고에 대해서 서울교통공사가 민원을 우려해서 거절했다는 이야기예요.

학생4 저는 무슨 내용인지 잘 모르겠어요.

교사 네, 좋습니다. 제목을 너무 줄여 놔서 이해하기가 어렵죠? 그래도 잘 살펴보면 어떤 내용인지 짐작이 갈 겁니다. 여러분이 다양하게 예측하고 있는데 그 예측이 맞는지 확인해 볼까요? 그럼 이 제목으로 기사를 검색해 보세요. 그리고 기사 내용을 읽어 봅시다.

이렇게 읽기 전 활동으로 읽기 전략에 대한 학습을 한 다음 본문을 읽으면서 계속해서 연습하도록 한다. 다음으로는 본문 학습을 위한 읽기 전 학습도 가능하다. 제목을 통해서 글 내용을 예측해 본 다음에 다음과 같은 핵심 개념에 대한 학습을 할 필요가 있다. 이 글은 채식과 육식에 대한 쟁점을 담고 있기 때문에 채식과 육식에 대한 개념 정리를 한 다음 학생들의 의견이나 경험을 환기하도록 한다.

채식 / 육식

채식주의자 / 육식주의자

초식남 / 육식남

채식과 육식의 개념 차이를 확인한 뒤 나아가 채식주의자, 육식주
의자와 관련된 정보나 경험을 나눈다. 그리고 이 낱말과 관련된 새로
운 어휘인 초식남 / 육식남의 개념을 같이 탐색해 본 다음 어떤 타입
의 사람을 더 좋아하는지 같이 이야기를 해 본다. 어휘와 개념 학습
만으로도 본문 내용의 상당 부분이 환기될 수 있음을 알 수 있다.

어휘 학습이 마무리되면 채식주의와 육식주의에 대한 학생들의
의견을 확인하고 근거를 탐색하도록 한다. 이 과정에서 자연스럽게
글쓴이의 주장과 근거를 예측할 수 있을 것이다. 글쓴이의 주장과 근
거가 자신이 예측한 것과 맞는지 확인하면서 읽고, 나아가 자신의 의
견과 글쓴이의 의견을 비교해서 지지 혹은 반박하는 것을 읽기 목적
으로 설정하도록 한다.

나는 _____를 지지한다.

왜냐하면 _____ 때문이다.

나는 _____를 지지하지 않는다.

왜냐하면 _____ 때문이다.

읽기 중 활동

　읽기 중 활동에서는 교사가 먼저 시범 보이기를 하면서 읽은 다음에 모둠이나 짝 활동을 통해서 학생들이 읽으면서 활동하도록 한다. 이 글을 한꺼번에 읽고 내용을 파악하도록 하면 학생들은 상당히 힘들어하기 때문에 크게 세 부분으로 나눠서 읽고 활동을 한다.

　우리나라, 한반도의 남쪽은 어디를 가나 온통 먹을거리의 간판들로 요란하다. 도심에서 조금만 벗어나면 웬 '가든'이 그리도 많은지, 서너 집 건너 너도나도 모두가 가든뿐이다. 숯불갈비집을 가든이라고 부르는 모양이다.

　사철탕에다 흑염소 집, 무슨 연극의 제목 같은 '멧돼지와 촌닭'집도 심심치 않게 눈에 띈다. 이 땅에서 이미 소멸해 버리고 없는 토종닭도 '처갓집'을 들먹이며 버젓이 간판을 내걸고 있다. 바닷가는 동해와 남해, 서해안을 가릴 것 없이 경관이 그럴듯한 곳이면 다닥다닥 횟집들로 줄을 잇고 있다.

　우리 한국인들이 이렇듯 먹을거리에, 그중에서도 육식에 열을 올린 지는 그리 오래된 일이 아니다. 1960년대 이래 산업화와 도시화에 따라 식생활도 채식 위주에서 육식 위주로 바뀌게 된 것이다. 국내산만으로는 턱도 없이 부족하여 엄청난 물량을 외국에서 수입해다 먹는다.

　국민 건강을 생각할 때, 그리고 한국인의 전통적인 기질과 체질을 고려할 때, 이와 같은 육식 위주의 식생활은 결코 바람직하지 않다.

교사가 먼저 소리 내어 읽은 다음에 생각 말하기 형태로 배경지식을 활성하도록 이끌어 준다.

교사	숯불갈비집, 촌닭…. 좋은 음식점들이 많이 나오는데 내가 좋아하는 메뉴도 있네. 그런데 글쓴이는 뭔가 불만이 있는 것 같은데. 요즘 한국 사람들이 그렇게 육식을 많이 하나? 여러분은 어때요? 글쓴이가 말하는 가든이나 고깃집 같은 데 가서 외식해 본 적 있어요?
학생1	네, 가족끼리 많이 가요.
학생2	저는 돼지갈비집이 좋아요. 삼계탕도 좋고요.
교사	네, 좋습니다. 그러면 그런 가든이나 고깃집에 대한 여러분의 생각은 어때요?
학생3	저는 고깃집이 좋아요.
학생4	저도 좋아요. 특히 레스토랑이 좋아요.
교사	그런데 글쓴이의 생각은 어떤 것 같나요?
학생1	글쓴이는 육식 위주의 식생활이 바람직하지 않다고 해요.
교사	왜 그렇게 생각하는지 예측해 볼까요? 어떤 이유가 있을 수 있을까요?
학생1	육식이 한국인 체질에 안 맞아요.
학생4	육식이 몸에 안 좋다는 것 아닐까요?
학생2	육식을 많이 하면 살쪄요.
교사	네, 그럼 여러분의 예측이 맞는지 확인하기 위해서 다음

글을 모둠별로 같이 읽어 봅시다. 모둠별로 읽을 때 한 문단씩 순서대로 읽도록 해요. 그리고 10문단까지 읽고 나서 글쓴이의 주장과 그 근거를 정리하도록 합시다.

미국의 환경운동가로 널리 알려진 제레미 리프킨은 『쇠고기를 넘어서』라는 그의 저서를 통해 개인의 건강을 위해서든, 지구 생태계의 보존을 위해서든, 굶주리는 사람들을 위해서든, 또는 동물 학대를 막기 위해서든, 산업사회에서 고기 중심의 식사 습관은 하루빨리 극복되어야 한다고 역설하고 있다.

그가 인용한 자료에 의하면, 소와 돼지, 닭 등 가축들은 지구상에서 생산되는 곡물의 3분의 1을 먹어 치우고 있다. 미국에서 생산되는 곡물의 70퍼센트 이상이 가축의 먹이로 사용된다. 초식동물인 소가 풀이 아닌 곡식을 먹게 된 것은 20세기에 일어난 일인데, 이런 사실은 농업의 역사에서 일찍이 없었던 새로운 현상이다.

오늘날 미국에서 1파운드의 쇠고기를 생산하는 데에 16파운드의 곡식이 들어간다. 곡식을 먹여서 키운 고기 중심의 식사법을 만들어 낸 생산 체계가 한정된 지구 자원을 낭비하고 파괴하고 있다.

가난한 제3세계에서는 어린이들을 비롯해서 수백만의 사람들이 곡물이 모자라 굶주리며 병들어 죽어가는 동안, 산업화된 나라들에서는 수백만이 넘는 사람들이 동물성 지방의 지나친 섭취로 인해 심장병과 뇌졸증과 암으로 죽어가고 있다.

미국 공중위생국의 한 보고서에 의하면, 1987년에 사망한 210만 명의 미국인들 중에서 150만 명의 경우는 먹는 음식과 관련되는데, 여기에는 포화지방의 과잉 섭취가 주요 원인으로 지적된다. 특히 미국에서 두 번째로 흔한 질병인 대장암은 연구 결과 육식과 직접 관계가 있다고 한다. 한 연구 보고서는, 고기 소비와 심장 질환 및 암 발생과의 높은 관련성을 보여 주고 있는데, 쇠고기 문화권의 심장병 발생률은 채식 문화권보다 무려 50배나 더 높다. 그러니 오늘날 미국인들과 유럽인들은 말 그대로 '먹어서 죽는다'고 할 수 있다.

이와 같은 연구 사례를 읽으면서 내가 두려움을 느낀 것은, 요즘 우리나라에서는 어른 아이 할 것 없이 전통적인 우리 식사 습관을 버리고 서양식 식사 습관을 그대로 모방하고 있기 때문이다. 병원마다 초만원을 이루고 있는 그 원인이 어디에 있는지 우리는 곰곰이 되돌아보아야 한다. 먹어서 죽는 것은 미국인과 유럽인들만이 아니다. 우리도 먹어서, 너무 기름지게 먹어서 죽을 수 있다.

교사	10문단까지 읽어 보니까 왜 글쓴이가 육식을 하면 안 된다고 했는지 알 수 있었나요?
	그럼 모둠별로 정리한 내용을 발표해 봅시다. 선생님이 모둠별로 찾은 내용을 확인해 볼게요.
	자 그럼 글쓴이가 왜 육식을 반대하는지 그 근거를 하나씩 말해 봅시다.
학생1	가축들이 곡식을 너무 많이 먹는다고 해요.
교사	그렇군요. 가축이 곡식을 너무 많이 먹는 게 왜 문제죠?

학생2	한정된 지구 자원을 낭비하기 때문에 문제예요.
교사	왜 지구 자원이 낭비된다는 거죠?
학생3	예를 들면 채식을 하면 곡식 100kg이 필요한데 육식을 할 경우 고기 100kg을 얻으려면 곡식 1,000kg 정도가 필요한 거죠. 그러니 육식을 할 경우 자원의 낭비가 심하다는 것입니다.
교사	그렇군요. 그럼 '근거 1. 육식을 하면 지구 자원의 낭비가 심하다.' 이렇게 정리할 수 있겠네요. 그런데 근거가 이것뿐인가요?
학생2	아뇨, 육식을 많이 하면 대장암이나 심장병 발병률이 높다고 해요.
교사	왜 육식을 많이 하면 대장암이나 심장병에 걸린다는 거죠?
학생1	동물성 지방의 과잉 섭취가 원인라고 해요.
교사	네 그렇군요. 그런데 글쓴이의 이러한 주장에 근거는 있나요?
학생2	네, 미국 공중위생국의 보고서 연구 결과를 인용해서 말하고 있어요.
교사	미국 공중위생국의 보고서는 믿을 만한 자료인가요?
학생2	아무래도 정부에서 공식적으로 발표한 연구 결과니까 믿을 만하지 않을까요?
교사	네 그 정도 자료면 신뢰성이 있다고 볼 수 있군요. 그런데 글쓴이가 그 자료를 어떻게 볼 수 있었죠?

학생3	글쓴이가 직접 본 것 같지는 않아요.
교사	그럼 자료를 어디서 갖고 온 것일까요?
학생3	글쓴이는 주로 리프킨의 『쇠고기를 넘어서』라는 책을 인용하고 있기 때문에 아마도 거기에 담겨 있는 내용인 것 같아요.
교사	그럼 리프킨의 책을 보면 더 많은 자료가 있을 것 같군요. 리프킨의 책 내용이 어떤 것인지 궁금하지 않나요?
학생3	네, 궁금해서 검색을 해 봤어요. 책 목차가 나오니까 내용을 예측할 수 있을 것 같아요.
교사	그렇군요. 리프킨의 책은 일단 목차까지 같이 살펴보고 나중에 본격적으로 보도록 합시다. 자, 그럼 근거 '2.육식은 대장암, 심장병 등과 같은 질병을 유발한다.' 이렇게 정리할 수 있을 것 같네요. 다음에 또 어떤 근거가 있는지 모둠별로 읽고 정리해 봅시다.

동물들의 사육장에 대한 기록을 읽으면서 우리 인간이 얼마나 잔인하고 무자비한 존재인가를 같은 인간으로서 부끄러워하지 않을 수 없었다. 어린 수송아지들은 태어나자마자 좀 더 순종적으로 되고 그 고기의 질을 개선하기 위해 거세시킨다. 또 짐승들끼리 비좁은 우리 안에서 서로 상처를 입히지 않도록 쇠뿔의 뿌리를 태워 버리는 화학 약품이 마취도 하지 않은 채 사용된다.

뿐만 아니라, 최소한의 시간 안에 최대한의 무게를 얻기 위해서 사육 관리자들은 성장촉진 호르몬과 사료 첨가물을 포함한 여러 가지 약제들을 소들한테 투여한다. 사육장에서 기르는 미국 소 전체의 95퍼센트가 현재 성장촉진 호르몬을 투여받고 있다는 것이다. 또 가두어 기르는 사육장 안에서 발생하기 쉬운 질병을 예방하기 위해 항생제를 쓰는데, 특히 젖소들에게 많이 투여된다. 사람들이 먹는 쇠고기에 항생제 잔류물이 들어 있을 것은 묻지 않아도 뻔하다.

거세되고 유순해지고 약물을 주입받으며 소들은 여물통에서 옥수수와 사탕수수와 콩 같은 곡물을 얻어먹으면서 긴 시간을 보내는데, 그 곡물들은 온통 제초제로 절여진 것들이다. 현재 미국에서 사용되고 있는 모든 제초제의 80퍼센트는 옥수수와 콩에 살포된다고 한다. 말 못하는 짐승들이 이런 곡식을 먹고 난 다음 그 제초제들은 동물의 몸에 축적되고, 그것은 또 수입 쇠고기라는 형태로 고기를 즐겨 먹는 이 땅의 소비자들에게 그대로 옮겨진다. 미국 학술원의 국립조사위원회에 의하면, 쇠고기는 제초제 오염의 제1위이고, 전반적인 살충제 오염으로서는 제2위를 차지한다. 제초제와 살충제로 인한 발암 위협이 따르는 것은 더 말할 필요도 없다.

이와 같은 리프킨의 글을 읽으면서 요즘 육식 위주의 우리 식생활이 얼마나 어리석고 위태로운 먹을거리인가를 되돌아본다. 일찍이 우리가 농경 사회에서 익혀 온 식생활이 더없이 이상적이고 합리적이라는 사실을 깨우쳐 주고 있다. 우리는 그릇되게 먹어서 죽는 어리석음에서 벗어나야 한다.

교사	모둠별로 정리해 봤죠. 이제 내용을 쉽게 정리할 수 있을 거예요. 자 어떤 근거가 제시됐죠?
학생1	동물을 잔인하게 거세한대요.
학생2	동물들에게 성장 촉진 호르몬을 투여합니다.
학생3	쇠뿔을 태워 버립니다.
학생4	제초제로 절여진 옥수수를 먹어요.
학생5	쇠고기를 먹으면 동물 몸에 축적되어 있던 제초제나 호르몬을 사람이 먹게 돼요.
교사	그럼 이것들을 한 문장으로 어떻게 정리할 수 있을까요?
학생5	육식은 몸에 안 좋다.
학생2	그 내용은 앞에서 다룬 거잖아.
학생1	동물을 잔인하게 키운다. 이게 좋은 것 같아요.
학생3	동물들에게 살충제, 제초제 같은 발암물질을 먹이는 것 같아요.
교사	네, 그럼 근거 3. 동물에게 발암물질을 먹여서 키운다. 네, 좋습니다. 그럼 이제 글쓴이의 주장과 근거를 정리할 수 있겠죠?

주장 : 육식 위주의 식생활은 바람직하지 않다

근거 : ① 육식을 하면 지구 자원의 낭비가 심하다.

② 육식은 대장암, 심장병 등과 같은 질병을 유발한다.

③ 동물에게 발암물질을 먹여서 키운다.

읽기 후 활동

읽기 중 활동을 통해서 글쓴이의 주장과 근거를 잘 파악할 수 있어야 내용 요약이 가능하다. 학생들은 읽기 중 활동을 바탕으로 글쓴이의 주장과 근거를 요약하고, 이에 대한 자신의 생각을 글쓰기로 정리한 다음 발표한다. 본격적으로 글쓰기를 하기 전에 먼저 차트 형태로 자신의 논거를 정리해 보도록 한다. 글쓰기를 위한 차트는 다음과 같이 교사가 제시한다.

	읽기 전 나의 의견	읽기 중 글쓴이의 의견	읽기 후 나의 최종 의견
주장			
근거			

학생들이 읽기 전에 정리했던 자신의 의견과 읽은 후의 의견을 비교하게 한 다음 글쓴이의 의견이 어떤 영향을 미쳤는지 확인해 보도록 한다. 최종 의견에서는 반드시 글쓴이의 의견에 대한 평가를 바

탕으로 자신의 의견을 전개하도록 한다. 즉, 글쓴이가 제시한 근거에 대해서 찬성 혹은 반대 근거를 밝혀서 자신의 주장을 펼칠 수 있도록 안내할 필요가 있다.

학생들이 좀 더 충실한 논거를 갖고 자신의 주장을 전개할 수 있도록 관련된 자료를 찾아 정리할 수 있는 기회를 제공하는 것이 바람직하다. 다만 자료를 활용할 경우 반드시 출처를 밝히고 인용 표시를 하도록 안내한다. 그러나 모든 학생들이 반드시 글쓰기로 마무리할 필요는 없다. 모둠별로 작업을 진행하되 학생들에 따라서는 차트 형식이나 만화, 비디오나 녹음 자료로 결과물을 발표할 수 있다.

[참고 문헌]

김선희 외(2016), 자유학기제 2016 교과별 수업 · 평가 자료집-국어, 연구자료 CRM 2016-117-01, 교육부 · 한국교육개발원.

허진무(2018), 성평등 지하철광고, 민원 우려" 서울교통공사 거절 이유 '와글', 경향신문, 2018. 5. 30,

Clark, K. F. & Graves, M. F.(2005), Scaffolding students' comprehension of text, *The Reading Teacher 58*, pp. 570-580.

Graves, M. F. & Graves, B. B.(2003), *Scaffolding reading experiences : designs for student success 2nd ed*, Christopher-Gordon Publishers.

Graves, M. F., Juel, C. & Graves, B.(2007), *Teaching Reading in the 21st Century 4th edition*, Pearson Education, Inc.

6장

다른 독자들과
토론하기

왜 다른 독자들과 토론해야 하는가?

영화를 보고 나서 친구들과 영화에 대한 감상이나 평가를 나눠 본 경험이 있을 것이다. 재미있는 영화였다면 무엇이 재미있었는지, 재미가 없었다면 왜 재미가 없었는지에 대해서 이야기를 나누다 보면 자신이 놓친 장면을 새롭게 이해하게 되기도 하고 주인공의 성격이나 사건의 결말에 대해 다양한 견해가 있다는 것을 알게 된다. 만약 영화가 재미있었다면 친구들과의 대화로 인해 그 즐거움은 배가 될 것이고 설혹 영화가 재미없었다고 해도 친구들과 함께 이야기를 나누고 나면 충분히 위로가 된다.

책을 읽고 이야기를 나누는 것도 이와 비슷하다. 책에 대한 자신의 느낌과 생각을 자유롭게 이야기하다 보면 각자 중요하게 생각한 부분이 다를 때도 있고 공감하는 부분이 서로 비슷할 때도 있다. 서로 공감을 확인할 경우 그들의 생각은 더욱 공고해지고, 서로 다른 것을 확인할 경우에는 자신과 다른 관점에서도 생각할 수 있다는 것을 배우게 되기 때문에 사고의 폭은 더욱 확장될 것이다. 이처럼 어떤 경우라도 다른 독자와의 대화는 텍스트에 대한 독자의 이해를 심화시키고 다양한 관점에서 생각을 발전시킬 수 있는 기회를 제공한다.

비고츠키의 이론에 따르면 학습과 지식은 사회적 상호작용을 통해서 발전한다. 이를 독서토론에 적용해 보면 읽은 내용에 대한 반응을 나눔으로써 학생 서로가 텍스트에 대한 이해를 높이는 비계 역할을 하게 되는 것이다. 따라서 학생 상호 간의 대화가 많아질수록 텍스트에 대한 학생들의 이해력이 높아질 뿐만 아니라 전반적인 읽기 성취도 높아진다. 실제로 독서토론을 수행한 학생들이 그렇지 않은 학생들보다 문학작품에 대한 이해가 더욱 높았으며, 심지어 독서토론 시간이 가장 짧은 집단도 토론을 하지 않은 집단보다는 높은 성취를 보였다. 또한 읽기 부진 학습자가 장기간에 걸쳐 독서토론에 참여하면서 점차 토론에서 주도적인 역할을 수행하는 유능한 독자로 성장한 사례도 있다(김주환, 2013).

독서토론은 독자의 정서적인 영역에도 영향을 미친다. 최근에 읽은 책에 대한 다양한 경험을 나누게 될 경우 학생들은 자신이 읽지 않은 새로운 책에 대한 관심이 높아져서 스스로 찾아 읽게 된다. 학생들의 책 선택에 가장 큰 영향을 미치는 요인이 친구, 부모님, 선생님이라는 사실이 이를 입증한다. 따라서 책에 대한 이야기를 많이 나눌수록 동기화된 몰입 독자가 될 가능성이 높아진다고 할 수 있다. 샘웨이(Samway)에 따르면 독서토론에 참여한 독자들이 그렇지 않은 독자들에 비해 문학작품에 더 강하게 몰입하고 감상의 즐거움도 더 잘 느꼈다(Samway at al., 1991).

독서토론은 책을 매개로 다른 독자들과 나누는 대화라고 할 수 있다. 이 대화는 중층적인 구조로 이루어져 있다. 먼저 독자는 텍스트를 읽으면서 필자와 대화를 나누게 된다. 그리고 이 대화를 통해 생성한 반응을 바탕으로 다른 독자와 대화를 나누게 된다. 그런데 텍스트와의 상호작용을 통해서 형성된 반응은 독자마다 다르기 때문에 의견의 차이가 발생한다. 이러한 의견 차이는 독자들 간의 갈등 요소로 작용하지만 그 차이로 인해 독자들 간의 인식의 지평 또한 넓어지게 된다. 따라서 독서토론에서는 공감을 확인하는 것도 중요하지만 서로 다른 차이를 확인하고 이를 조정하는 과정이 매우 중요하다.

독자 간의 해석의 차이나 갈등이 토론의 효과를 높이는 핵심적인 요소라는 점은 독서토론의 효과에 대한 연구 결과를 통해서도 확인된다(김주환, 2011b). 이 연구에서는 고등학교 2학년 세 개 학급 학생들에게 안톤 체홉의 「귀여운 여인」을 읽히고 서로 다른 세 가지 활동을 한 다음 감상문을 쓰도록 했다. A학급에서는 마인드맵을 그렸고 B학급에서는 감상 의견을 간단히 적어서 자유롭게 토의를 했다, 그리고 C학급에서는 글을 읽고 난 다음 주인공의 태도가 바람직한가 혹은 바람직하지 않은가에 대해 토론을 한 다음에 감상문을 썼다.

그 결과를 살펴보면 먼저 마인드맵 활동을 한 학급에서는 많은 학생들이 줄거리를 제시한 다음 자신의 느낌과 생각을 간단히 정리하는 방식으로 감상문을 썼다. 학생들이 써 왔던 일반적인 감상문의 틀에서 크게 벗어나지 않은 결과물이었다. 마인드맵 활동은 자신의 감상 의견을 다양하게 표현할 수 있는 장점이 있다. 그러나 실제로 마인드맵 활동만 한 학급의 학생들은 줄거리를 정리하는 데 많은 시간을 들인 반면에 자신의 느낌이나 생각을 전개할 때는 상대적으로 적은 시간을 할애하였다. 이는 마인드맵 활동만 했을 경우에는 텍스트와의 상호작용이 활발하게 이루어지지 않는다는 것을 의미한다.

자유토의를 한 학급에서는 줄거리를 다시 소개하지 않고 인물에 대한 자신의 반응과 그 이유를 좀 더 자세히 서술하였다. 학생들의 반응을 보면 주인공이 왜 그렇게 사랑에 집착하게 되었는지를 좀 더 깊이 생각해 보는 한편 자신이나 주변 인물과 관련지어 생각을 더욱 확장시키고 있다. 이는 토의 학급에서는 자신의 감상 의견을 발표한 뒤 다른 학생들의 감상 의견을 들을 기회가 있었기 때문이다. 다른 학생들과의 상호작용을 통해서 주인공에 대한 해석을 좀 더 정교하게 하려고 노력한 것으로 보인다.

찬반 토론을 한 학급에서도 토의 학급과 마찬가지로 줄거리를 다시 소개하지 않고 자신의 감상 의견 위주로 감상문을 썼다. 그러나 토론 학급의 감상문을 보면 자신의 입장이 명확하게 드러나 있을 뿐만 아니라 그 의견을 뒷받침하기 위한 논거들을 좀 더 다양하게 제시하였다. 이것은 토론 학급에서는 찬성과 반대 입장을 먼저 선택하고 토론을 진행했기 때문이다. 토론 과정을 거친 학생들은 반대 입장을 고려해야 하기 때문에 자신의 의견을 정당화하기 위해 좀 더 논증적으로 감상문을 썼다.

이와 같은 결과를 통해서 보면 마인드맵 같은 개인적 활동보다는 자유토의나 찬반 토론처럼 다른 독자와 상호작용하는 활동이 인물의 행동이나 사건에 대해 더 깊이 생각할 수 있는 기회를 제공한다는 것을 알 수 있다. 나아가 쟁점 토론 없이 자유롭게 감상을 나누는 자유토의 방식보다는 찬반 토론처럼 쟁점을 분명히 하고 주장의 타당성을 검증하도록 했을 때 학생들이 좀 더 텍스트에 몰입하게 된다는 걸 알 수 있다. 이는 학생들이 자기 의견의 타당성을 입증하기 위해서 텍스트를 정밀하게 읽고 관련된 논거를 찾아내려고 하기 때문이다.

독서토론의 핵심적인 요소가 의견 대립에 있기 때문에 디베이트 형식을 독서토론에 적용하려는 시도가 한동안 유행했었다. 많은 교사들이 토론 대회에서 널리 활용되고 있는 반대 신문식 토론(CEDA)을 독서토론에 적용했다. 그러나 그 결과는 크게 성공적이지 못했던 것으로 보인다. CEDA는 전국 단위의 토론 대회에서 사용되는 토론 형식이기 때문에 절차와 과정이 까다로울 수밖에 없다. 이 형식을 토론에 익숙하지 않은 학생들에게 적용할 경우 대부분의 학생들은 토론을 싫어하게 된다.

독서토론이라고 해서 특별한 형식을 갖춰서 거창하게 해야 하는 것은 아니다. 영화를 보고 수다를 떠는 것처럼 책 수다를 나누는 데서부터 출발해 좀 더 깊이 있는 사고를 할 수 있도록 활동 수준을 높여 가는 것이 바람직하다. 이를 위해서는 먼저 학생들이 토론하기에 적합한 쟁점이 포함된 텍스트를 선정해야 하고, 다음으로는 학생 개인의 감상 의견을 정리할 기회를 제공해야 한다. 학생들은 간단히 메모한 자신의 감상 의견을 바탕으로 대화를 나눌 수 있다. 감상 나누기만으로도 상당한 효과를 볼 수 있지만 좀 더 깊이 있는 사고를 이끌어 내기 위해서는 쟁점 토론으로 발전시켜 나갈 수 있도록 하는 것이 좋다.

예를 들어 모둠별로 서로 감상을 나누다 보면 자연스럽게 입장의 차이나 관점의 차이가 나타나게 된다. 이 차이를 쟁점으로 발전시켜서 모둠 토론을 적극적으로 진행하는 방식이다. 모둠별로 쟁점을 찾아서 토론을 전개할 수도 있고 필요한 경우에는 교사가 쟁점을 부각시켜서 토론을 유도할 수도 있다. 더 나아가 모둠별로 하나의 쟁점을 정해서 토론하는 것이 아니라 모둠원들이 각자 자신의 의견을 밝히면 다른 친구들이 질문을 통해서 의견의 타당성을 검증하도록 하는 다원적 토론 방식도 활용할 수 있다. 이렇게 할 경우 한 사람 한 사람의 의견을 잘 듣고 검토할 수 있는 장점이 있다.

또한 텍스트 선정 방식에 따라 독서토론의 형태가 달라질 수도 있다. 텍스트의 선택은 독서 지도의 목적에 따라 결정되는데, 교실 수업에서는 대부분 교사가 토론할 텍스트를 하나 선택해서 다 같이 읽고 토론하는 경우가 일반적이다. 하나의 텍스트를 읽고 토론을 할 경우에는 같은 내용에 대해서 서로 다른 독자들이 어떻게 서로 다르게 이해했는지를 공유할 수 있다. 그러나 이와는 다르게 서로 다른 텍스트를 선택해서 읽고 토론하는 것도 가능하다. 각자 자기가 읽은 것에 대해서 이야기를 하고 다른 친구들이 질문을 하는 방식으로 토론을 진행하는 것이다. 서로 다른 책을 읽고 토론을 할 경우에는 다른 독자들에 의해서 새로운 정보를 접할 수 있는 장점이 있다.

물론 이 두 가지 방법을 통합해서 운영하는 것도 가능하다. 예를 들어 교과서 텍스트를 학습해야 하는 경우 하나의 텍스트를 같이 읽고 전체 토론 방식으로 토론을 한 다음 관심 분야를 나눠서 새로운 읽기 자료를 찾아 읽도록 하는 것이다. 문학 독서의 경우 한 작가의 작품을 같이 읽은 다음에 작가의 다른 작품들을 각자 찾아서 읽고 토론하는 것도 가능하다. 또 정보 텍스트를 같이 읽었을 때는 관련 주제의 다른 텍스트를 찾아서 읽고 토론하는 것이 가능할 것이다. 어느 쪽이든 교사가 텍스트를 선택해서 주는 방식보다는 제한적인 텍스트 중에서라도 학생들이 선택할 수 있도록 하는 것이 동기 유발을 위해서 효과적이다.

이처럼 독서토론은 텍스트, 독자, 독서 목적 등에 따라 다양한 방식으로 진행할 수 있다. 따라서 교사는 독서토론을 기획할 때 여러 가지 요소들을 고려해서 적절한 방식을 선택해야 한다. 그리고 학생들에게 제시되는 토론 방식 또한 한 가지로만 제한할 것이 아니라 다양한 방식을 제시하고 선택할 수 있도록 한다면 독자의 참여도를 더욱 넓힐 수 있을 것이다. 무엇보다 중요한 것은 독자들이 자신의 의견을 자유롭게 나눌 수 있으며, 어떤 이유로도 공격받지 않는다는 것을 느끼도록 독자 공동체의 분위기를 조성하는 것이다.

협력적 대화를 위한 규칙 만들기

학생 중심의 수업이 활성화되면서 많은 수업에서 모둠 활동이 이루어지고 있다. 그러나 정작 모둠 활동에서 어떻게 토의해야 하는지 토의 방법에 대한 연습과 훈련은 충분히 이루어지지 않고 있다. 토론에서 어떻게 대화를 하는 것이 좋은지 가르치고 배우지 않은 채 토론이 진행될 경우 학생 간의 갈등이 빚어질 가능성이 높다. 독서토론은 물론 텍스트에 대한 이해를 깊이 있게 하기 위한 것이 목적이지만 토론을 통해서 자신과 상대방을 더 깊이 이해하게 되는 효과도 있다. 따라서 서로가 상대방에게 도움을 주는 토론이 될 수 있도록 해야 하며, 이를 위해 대화의 규칙을 정해서 연습하고 실천하는 것이 필요하다. 협력적 대화의 규칙에는 다음과 같은 것이 있다(Fisher, et al, 2015).

- 불필요한 디테일은 피하라.
- 상대방이 답하기 전에 또 다른 질문을 하지 마라.
- 상대방이 말하고 있을 때 끼어들지 마라.
- 특별히 중요한 것이 아니면 반박하지 마라.

- 모든 것을 다 말하려고 하지 마라.

- 네가 항상 이야기의 주인공이 되려고 하지 마라.

- 서로가 관심이 있는 주제를 선택하라.

- 잘 듣는 사람이 되어라.

- 대화는 주위 환경과 조화를 이루어야 한다.

- 과장하지 마라.

- 인용을 정확하게 하라.

- 재치를 발휘하라.

질문과 대답하는 방식에 대해서도 사전 지도가 필요하다. 학생들에게 서로 질문을 하라고 하면 어떤 질문을 해야 할지 몰라서 엉뚱한 질문을 하는 경우도 적지 않다. 발표자를 당혹스럽게 하거나 화가 나게 하는 질문으로 갈등이 발생하기도 한다. 예를 들어 한 학생이 "나는 올렌카가 집착이 심한 여자 같아."라고 말했다면, 상대방은 "올렌카가 집착이 심하다고 생각한 이유는 무엇이니?"라고 질문을 해서 발표한 학생이 자신의 생각을 구체화할 수 있도록 도와줄 필요가 있다. 그런데 여기에다가 대뜸 "너는 그렇게 생각해? 나는 올렌카가 그리 나쁜 여자 같지는 않아."라고 한다면 두 사람의 대화는 생산적으로 진행되기 어려울 것이다.

한 사람이 자신의 감상 의견을 이야기하면 '왜 그렇게 생각하니?', '어떤 부분에서 그런 걸 느꼈어?', '너라면 어떻게 행동했을까?', '주인공과 비슷한 경험이 있었니?' 등과 같은 질문을 던져서 발표자의 생각을 명확하게 이해하는 것이 중요하다. 이를 위해서는 발표자의 말을 주의 깊게 잘 듣고 설명이 부족한 부분이 없는지, 증거가 요구되는 것은 무엇인지를 파악해야 한다. 이렇게 질문과 대답을 통해서 한 사람의 의견이 충분히 개진된 다음에는 순서를 바꾸어서 다른 사람이 의견을 말하도록 한다. 이 과정에서 토론자는 어떤 경우라도 상대방을 비방하거나 비꼬는 등의 발언을 하지 않고 존중해야 한다.

독서토론에서 가장 어려운 것 중의 하나가 반대 의견을 말하는 것이다. 많은 사람들이 상대방과 다른 의견을 말하기를 꺼려한다. 그 이유는 반대 의견을 말하는 것이 상대방을 무시한다고 여기기 때문이다. 따라서 독서토론에서는 다른 관점, 다른 의견이 존중되어야 한다는 점을 강조할 필요가 있다. 다른 관점이나 의견이 논의를 더욱 풍부하게 하기 때문이다. 그러나 "논쟁하려 들지 말고 논증하도록 노력해야 한다."라는 말처럼 자신의 생각을 논리적으로 표현하고 상대방의 의견에 대해 불쾌하지 않게 반박하는 방법을 익힐 필요가 있다. 다음과 같은 구문을 반복 연습함으로써 상대방이 불쾌하지 않게 반대 의견을 논리적으로 제시하는 훈련을 미리 할 필요가 있다.

나는 _____에 동의하지 않는다.

왜냐하면 _____ 때문이다.

내가 _____을 신뢰하는 이유는

_____ 때문이다.

내 생각을 입증할 수 있는 사실은 _____이다.

그러므로 내 의견은 _____ 이다.

나와 네 의견의 차이점은 _____ 이다.

    이와 같은 논증적인 말하기 연습은 글쓰기 활동과 병행해서 할 수 있다. 상대방의 의견이 자신과 어떻게 다른지를 논리적으로 제시할 경우 상대방을 불쾌하게 하지 않으면서도 반대 의견을 적극적으로 개진할 수 있다. 많은 학생들이 자신의 주장을 반복하면서 상대방의 의견을 틀렸다고 한다든지 무시하는 경우가 많은데, 이는 논쟁도 아니고 토론도 아니다. 독서토론의 궁극적인 목적은 자신이 다른 사람과 어떻게 다른지를 인식하는 데 있다. 이를 위해서는 상대방의 의견이나 주장, 관점이 나와 어떻게 다른지를 정확하게 이해해야 한다. 결국 독서토론은 텍스트에 대해 그리고 자신과 상대방에 대해 좀 더 깊이 이해하는 과정이라고 할 수 있다.

독서토론의 다양한 방식들

짝 독서토론

토론 그룹을 조직하는 데는 크게 두 가지 방식이 있다. 두 명씩 짝을 지어 토론을 할 수도 있고, 4~5명이 하나의 그룹으로 토론을 진행할 수도 있다. 우리나라에서는 모둠 활동은 활성화되어 있는 반면에 2명씩 하는 짝 활동은 크게 활성화되어 있지 않다. 그런데 모둠 활동에서는 유능한 학생이 발표를 주도하고 나머지 학생들은 소외되지만 두 명이 하는 짝 활동에서는 서로가 균등하게 역할을 나눠서 수행할 수 있기 때문에 개개인이 충분히 자기 이야기를 할 수 있다는 장점이 있다.

파트너 리딩(partner reading), 버디 리딩(buddy reading), 페어드 리딩(paired reading) 등으로 불리는 짝 독서 활동은 '두 명이 번갈아 가면서 음독이나 묵독으로 책을 읽고 대화를 나누면서 의미를 구성하는 독서 방법'이라고 할 수 있다. 짝 독서는 주로 두 명이 함께 읽는데 학생과 학생, 어머니와 아이, 교사와 아동, 자원 봉사자와 아동, 상급생과 하급생, 지역의 유명 인사와 학생 등 여러 형태로 운영이 가능하다. 독서 능력 면에서 우수한 학생과 우수한 학생, 우수한 학생과 부진한 학생, 부진한 학생과 부진한 학생 등으로 구성할 수도 있다. 우수한 학생과 우수한 학생의 경우에는 의미 구성에 있어서 수월성을 발휘할 수 있다. 우수한 학생과 부진한 학생이 짝이 되면 우수한 학생이 부진한 학생의 의미 구성을 도와주고 모델이 되어 줄 수 있다. 부진한 학생과 부진한 학생이 짝이 되더라도 '소리 내어 읽기'와 같은 기초적인 읽기 활동을 함께하면서 읽기에 재미를 느끼게 되고 점점 자신감을 가질 수 있다(천경록, 2013).

버디 리딩은 짝끼리 서로 소리 내어 읽기를 하는 활동이다. 이는 저학년이나 읽기 부진아, 다문화 학생들의 읽기 유창성 발달에 도움이 될 뿐만 아니라 읽기의 즐거움을 나누는 데 도움이 된다. 짝 독서 활동에서는 보통 한 학생이 문장이나 문단 혹은 펼쳐진 한쪽을 소리 내어 읽고(read aloud), 떠오르는 생각을 말한다. 그러면 다른 학생은 잘 듣고 필요한 질문을 던지고 또한 자신의 의견도 제시하여 자연스럽게 토론이 진행될 수 있도록 한다. 이렇게 서로 교대로 읽고 이야기하게 되면 좀 더 집중적으로 텍스트를 이해할 수 있게 된다.

짝 독서에서는 두 명이 책을 함께 읽으면서 해독하기, 띄어 읽기, 낭독하기, 단어 이해, 배경지식 활성화, 예측하기, 추론하기, 점검하기, 연결하기, 시각화하기, 평가하기, 감상하기 등과 같은 다양한 읽기 방법과 글의 내용에 대해서 서로 피드백해 줄 수 있다. 이 과정에서 학생들은 혼자서 읽는다면 할 수 없었던 다양한 생각을 할 수 있을 뿐만 아니라 상대방으로부터 반응과 함께 긍정적인 피드백을 받을 수 있기 때문에 읽기에 대한 긍정적인 태도 형성이 가능하다.

최근에 학교 현장에서 소개되어 독서토론의 방법으로도 활용되는 하브루타 학습법도 짝 독서 활동의 일종이라고 할 수 있다. 하브루타 독서토론에서는 한 사람이 글을 읽고 자신의 의견을 말하면 상대방은 잘 듣고 질문을 한다. 이 질문에 대해 말한 사람이 대답을 하면 다시 반박하고 재반박하는 과정을 통해서 논쟁을 발전시키는 것이다. 하브루타 독서토론은 '듣기와 말하기', '초점 맞추기와 탐색하기', '지원하기와 도전하기'의 세 단계로 이루어진다(Kent, 2010).

하브루타 토론의 과정

• 듣기와 말하기|listening and articulating

듣기는 상대방의 주장을 주의 깊게 듣고 관심을 갖는 것을 의미한다. 표현하기는 자신이 이해한 바를 명확하게 소리 내어 말하는 것이다.

• 초점 맞추기와 탐색하기|focusing and wondering

텍스트의 어떤 부분에 주의를 집중하고 다양한 가능성을 탐색한다. 텍스트의 의미를 해석하기 위해 깊이 있게 탐구하는 과정이다.

• 지지하기와 도전하기|supporting and challenging

지지하기는 아이디어를 명확하게 하고 좀 더 풍부한 근거를 갖추도록 도와주는 것이다. 도전하기는 제시된 아이디어의 문제점을 찾아보고, 놓친 부분이나 반대되는 것 혹은 모순이 되는 것이 있는지를 검토하는 것이다.

두 사람의 짝 활동은 텍스트를 같이 읽는 데서부터 시작해서 텍스트에 대한 자신의 해석을 명확하게 드러내고 상호간의 질문과 대답을 통해서 각자의 생각을 더욱 명확하게 발전시키는 데 목적이 있다. 서로 반대 의견이 있을 경우 그 의견이 어떻게 다른지, 그 이유는 무엇인지를 서로 탐구하게 된다. 어쨌든 짝 활동도 다양한 방식으로 진행할 수 있기 때문에 두 사람의 대화와 토론을 어떻게 진행할지 미리 규칙을 정해 놓고 시작하는 것이 좋다. 교사는 토론의 규칙을 명확히 제시하고 학생들의 토론 과정을 점검하면서 피드백을 제공해야 한다.

모둠 독서토론

한 학급에 25~30명의 학생이 있다면 거기에 있는 학생들은 관심이나 능력, 주의 집중 시간, 개성, 읽기 기능 등에서 모두 다르다. 서로 다른 아이들이 전체로서 학급 활동에 참여하기는 쉽지 않은데 그런 아이들을 하나의 그룹으로 묶어 수업을 하게 되면 교사는 결국 중간 수준의 관심, 능력, 주의 집중 시간, 개성, 읽기 기능에 맞추어 가르치게 된다. 그렇게 되면 이 범위 밖에 있는 학생들의 요구를 반영하기는 어렵다. 더구나 전체 학급에서 교사는 설명 위주로 하다가 가끔 질문을 던지는데 오직 1~2명의 학생들만 반응하기 때문에 대부분의 학생들은 수동적인 역할을 할 수밖에 없다.

그러나 학생들을 소그룹으로 나누게 되면 대그룹보다 과제를 수행하는 것이 훨씬 쉽고, 더 많은 학생들이 더 오랫동안 수업에 몰입할 수 있다. 또한 소그룹은 교사가 학생들의 특수한 요구를 반영하여 지도할 수 있을 뿐만 아니라 읽기 프로그램을 개별화하는 데도 도움을 준다. 마지막으로 소그룹은 더 많은 학생들이 학습활동에 참여할 수 있도록 해 준다. 예를 들어 5명의 그룹에서는 수업 시간 안에 모든 참여자들이 질문하고 반응하는 것이 가능하다.

이런 이유 때문에 읽기 지도에서는 소그룹 활동이 자주 활용된다. 그러나 모든 소그룹 활동이 학생들에게 긍정적인 영향을 미치는 것은 아니다. 미국에서는 학생들을 전통적으로 상 집단, 중 집단, 하 집단의 동질 집단 구성을 통해서 독서 지도를 해 왔다. 그런데 최근에는 교사와 연구자들이 이러한 능력 중심의 동질 집단 구성이 특히 하 집단에게 많은 해악을 끼친다는 것을 발견했다. 다른 그룹과 비교했을 때 하 수준 학생들은 읽을 시간이 더 적고 학습지를 하는 데 더 많은 시간을 소비하며, 능동적으로 지도 받는 시간이 더 적고 수준 높은 질문을 덜 받는 것으로 나타났기 때문이다. 더구나 하 수준 학생들은 모둠 활동에서 자존감 저하, 성공 동기 저하, 읽기에 대한 부정적 태도 등을 더 자주 느낀다고 한다. 또한 유치원이나 초등학교 1학년에서 하 그룹에 속한 학생들은 초등학교 시절 내내 하 그룹에 머물러 있기 쉽다는 연구 결과도 있다.

이런 결과를 통해서 볼 때 교사들이 모둠 구성을 할 때는 학생들의 상호작용이 원활하게 이루어질 수 있도록 독서 목적, 텍스트, 학생들의 특성 등을 고려해서 이질 집단 구성과 같은 다양한 집단 구성 방식을 활용할 필요가 있다. 다양한 독서 그룹은 학생들에게 자신과 다른 사람들과 서로 상호작용하면서 배울 수 있는 기회를 제공한다. 학생들의 그룹을 조직할 때는 다음과 같은 형식을 활용할 수 있다.

- 능력별 동질 집단 구성homogeneous groups

  성취 수준이 비슷한 학생들끼리 같은 모둠으로 조직하는 방법이다. 동질 집단 구성은 학습의 효율성을 기할 수 있는 장점은 있으나 부정적인 요소가 있기 때문에 단기적으로만 운영하는 것이 좋다.

- 능력별 이질 집단 구성heterogeneous groups

  이질 집단 구성은 성적이 우수 한 학생과 부진 학생들을 한 모둠으로 조직하는 방법이다. 우수한 학생이 부진 학생을 도와서 협력 학습을 할 수 있도록 특별히 조직하여 활용할 수 있다.

- 협력적 집단 구성cooperative groups

  서로 협력하고 지원하는 방법을 익히기 위해서 소그룹별로 정보를 수집하거나 학습 과제를 해결하도록 하는 방법이다. 서로 다른 학생들과 협력하는 방법을 익히는 것이 그룹 활동의 중요한 목표이다.

- 관심 그룹 구성interest groups

  관심사가 같은 학생들끼리 모둠을 구성하는 방식이다. 주제 중심의 학습이나 토론에서 관심 있는 같은 주제를 선택한 사람들로 모둠을 조직할 경우 학생들은 좀 더 적극적으로 참여하게 된다.

• 문학 서클literature groups or literature circles

같은 책을 읽고 토론하기 위한 문학 그룹이다. 학생들이 텍스트를 선택할 수 있도록 한다면 같은 책을 선택한 학생들끼리 독서토론이 가능하다.

• 프로젝트 그룹project groups

동영상이나 드라마 제작 등과 같이 특별한 프로젝트를 하기 위해서 조직된 그룹이다.

　학습의 목적에 따라 다양한 그룹을 활용하는 것이 하나의 그룹을 장기적으로 운영하는 것보다는 효과적이다. 학생들은 대체로 서로 비슷하거나 친한 학생들끼리 어울리려고 하는 경향이 있다. 그래서 친하지 않거나 서로 다른 학생들과 한 팀이 되는 것을 싫어한다. 그러나 친한 친구들하고만 어울릴 경우 항상 배제되는 학생이 발생하기 때문에 교사는 모둠 구성의 원칙을 정해서 운영할 필요가 있다. 예를 들어 '가능하면 학급 구성원 모두와 한 번 이상 그룹으로 활동하도록 한다.', '학습 목표나 활동의 특성에 따라 그룹을 항상 새롭게 구성한다.', '모둠 구성원들끼리 서로 존중하고 협력한다.' 등과 같은 규칙을 제시하여 운영할 필요가 있다.

　그레이브스 등(Graves, M. F., Juel, C. & Graves, B., 2007)은 그룹을 조직

할 때 교사가 고려해야 할 요소들을 다음과 같이 제시하였다.

- 일반적인 교수 지도 목표
- 개별 학생을 위한 특수한 목표
- 학생들이 읽어야 할 독서 자료
- 학생들의 개인적인 성취 수준
- 그룹에서 다른 사람들과 협력하는 능력
- 교사가 성공적으로 운영할 수 있는 학생 수와 그룹의 형태
- 어떤 학생도 한 그룹에 반복해서 배정되어서는 안 된다는 절대적인 규칙

소그룹의 논의 방식은 매우 다양하지만 크게 보면 '토의식', '질의 응답식', '토론식' 등의 진행 방식으로 구분해 볼 수 있다. 토의식 진행 방식은 한 사람의 사회자를 중심으로 각자 자신의 감상 의견을 자유롭게 이야기하는 것이다. 5명이 한 모둠이라면 5명 모두 한 번씩 발표를 하고 나서 공통된 주제를 선정해서 집중적인 토의를 할 수 있다. 질의 응답식은 한 사람이 의견을 발표하면 다른 사람들이 잘 듣고 있다가 필요한 질문을 하고 대답을 하는 방식으로 진행한다. 한 사람씩 자신의 의견을 충분히 이야기할 수 있다는 면에서 장점이 있다. 토론식은 쟁점을 이끌어 내어 찬성과 반대 입장을 정해서 토론을 진행하는 것을 말한다.

전체 학급 토론

소그룹 토론을 하고 나면 전체 학급 차원에서 의견을 발표하거나 나누는 과정이 필요하다. 학생들은 소그룹 차원에서 발전시킨 자신의 생각을 전체 학급에서 발표해야 한다. 전체 학급에서 모든 학생들이 프리젠테이션 형태로 발표하는 데 한계가 있다면 다른 다양한 방법을 활용할 수 있다. 앞에서 소개한 읽기 후 활동에서 7가지 방식이 있었던 것처럼 학생들은 글쓰기나 프리젠테이션, 그림이나 비디오 형태, 음악이나 댄스의 형태 등 매우 다양한 방식으로 자신의 느낌과 생각을 발표할 수 있다.

발표 방식을 다양화해서 학생들이 선택할 수 있다면 학급 전체 차원의 발표가 지루하지 않고 흥미롭게 진행될 수 있을 것이다. 같은 발표 방식을 선택한 학생들이 2명 혹은 4명씩 팀을 이루어서 공동의 발표를 준비할 수도 있다. 어떤 학생은 감상문을 써서 발표할 수도 있고 어떤 학생은 프리젠테이션을, 또 다른 학생들은 그림이나 음악으로 표현할 수 있다. 문제는 시간적인 제약으로 인해서 몇몇 학생들의 의견만 발표하고 끝나는 경우가 많다는 것이다. 이렇게 될 경우 나머지 학생들의 독서 동기는 급속히 약화될 가능성이 높다. 자신이 존중받고 있다는 느낌이 들 정도로 모든 학생들이 발표에 참여하고 동료와 교사의 피드백을 받을 수 있어야 한다.

전체 학급에서 개인적으로 발표할 수도 있지만 모둠별로 발표하는 것이 효과적일 경우가 많다. 특히 모둠 활동을 할 경우 그 결과를 전체 학급에서 공유하는 것이 필수적이다. 모둠 활동의 내용을 전체 학급에서 발표하는 방법에는 여러 가지가 있지만 독서토론의 방법으로 적극적으로 활용할 수 있는 것이 배심원 토론과 어항식 토의이다. 배심원 토론은 모둠별로 찬반 대립식 토론을 진행하고 나머지 학생들은 배심원 역할을 한다. 반면에 어항식 토의는 모둠별로 자유 토의를 진행하고 나머지 학생들은 경청하면서 질문을 한다. 이처럼 모둠별로 발표 내용을 준비해서 전체 학급에서 발표할 경우 모든 학생들이 발표에 참여할 수 있을 뿐만 아니라 다른 학생들의 발표를 통해서 배울 수 있는 장점이 있다.

배심원 토론	30명의 학생을 6명씩 한 팀으로 묶어 모두 5개의 토론 팀을 구성한다. 각 토론 팀들은 3 : 3으로 나누어서 디베이트 형식의 토론 준비를 한다. 그리고 한 팀씩 토론을 진행하고 나머지 학생들은 배심원이 되어서 토론 팀에 대한 질문과 평가를 한다.
어항식 토의	어항식 토의에서도 토론 팀을 각각 구성한 다음 한 토론 팀이 가운데서 토의를 진행하면 나머지 학생들은 원으로 둘러앉아서 토론 진행 과정을 지켜본 다음 질문을 한다. 어항식 토의에서는 학생들이 디베이트 형식으로 논쟁을 벌이는 것이 아니라 자유롭게 주제에 대한 토의를 진행한다. 나머지 학생들은 토론 과정을 지켜보면서 토론을 어떻게 하는 것이 좋은지를 배우게 된다.

교실 독서토론의 방법

짝 활동이나 모둠 활동, 전체 학급 활동을 연계해서 운영하는 방법도 있다. 프롭스트(Probst, R. E., 2004)는 『반응과 분석』이라는 책에서 텍스트를 읽고 개인적 반응을 간단히 메모해서 토론으로 발전시키는 방법을 소개하고 있다. 학생들은 먼저 읽기를 마치는 즉시 5~10분 동안 읽은 것에 대한 최초의 반응을 독서 기록장이나 공책에 기록한다. 의미 있게 읽었던 부분에 대한 질문이나 새롭게 받아들였던 내용을 간단히 쓸 수 있고, 마음에 떠오른 것을 메모할 수도 있다. 작가에 대한 추측이나 떠오르는 아이디어 혹은 작가의 의견에 대한 비판이나 공감 등을 메모할 수도 있다. 학생들은 자신의 반응을 언어로 표현함으로써 텍스트에 대한 자신의 인상과 느낌을 구체화하고, 나아가 그것을 발전시키고 탐구해야 할 필요를 느끼게 된다.

다음으로 교사는 5분 반응을 수합하여 어떻게 토론 그룹을 구성할지 계획을 세워야 한다. 처음에 학생들은 짝을 지어서 서로 상대방의 감상 의견을 읽고 반응하도록 한다. 짝을 지을 때는 서로 관점이 근본적으로 다른 학생들을 함께 하도록 해서 서로의 관점에 대해 주의 깊게 듣고 배울 수 있도록 하는 것이 좋다. 학생들은 먼저 상대방의 의견에서 동의하거나 칭찬할 만한 것, 예를 들면 글씨가 깔끔하다는 것 등을 찾아서 대화를 좀 더 즐겁게, 협력적으로 시작하는 것이 좋다.

짝 활동이 끝난 다음에는 두 개의 짝을 묶어서 네 명의 그룹을 만들어서 토론을 진행하고, 나중에는 더 큰 그룹으로 묶어서 토론을 진행할 수 있다. 소그룹 토의는 학급 전체 토의보다 편안하기 때문에 소심한 학생들도 자신의 생각을 좀 더 체계적으로 발전시킬 수 있다. 따라서 소그룹 토의를 통해서 자신의 의견을 발전시키고 정리한 다음에 전체 학급에서 발표하도록 한다. 학생들은 2명, 4명, 8명으로 인원을 늘려 가면서 토론을 진행하기 때문에 자신의 의견을 체계화시킬 수 있을 뿐만 아니라 다른 독자들과 능동적으로 소통하는 연습도 하게 된다.

전체 토론을 마무리한 다음에 교사는 학생들로 하여금 처음의 기록을 보고, 토론 과정에서 어떤 변화가 있었는지 살펴볼 수 있다. 다음과 같은 질문은 처음의 의견과 토론 후 자신의 생각이 어떻게 변화했는지를 살펴보는 데 도움을 준다.

- 여러분의 원래 아이디어가 바뀌었는가?
- 여러분은 다른 관점으로 작품을 볼 수 있었는가?
- 여러분의 처음 반응은 여전히 확고한가?
- 여러분 자신과 친구들에 대해 새롭게 알게 된 것이 있는가?

학생들은 토론 전후의 변화 과정을 살펴본 다음 두 번째 감상 의견을 정리하도록 한다. 처음 메모한 의견은 학생들이 어떻게 느끼고 무엇을 생각했는지를 되새기게 해 주는 준거로서의 기능을 한다. 첫 번째 기록과 두 번째 기록을 살펴보면 학생들이 토의에서 무엇을 배웠는지, 토의가 효과적이었는지, 텍스트가 적절했는지를 판단할 수 있다. 두 번째 기록에서 학생들이 다른 사람의 의견을 존중하면서 들고 자신의 생각을 발전시킨다는 것을 확인하게 된다면 독서토론은 성공적이라고 할 수 있다. 그러나 처음 반응이 무미건조하고 핵심과 동떨어져 있고, 토의 후에 쓴 노트에도 별 내용이 없으면 읽기 자료나 토의 방법을 재고해 봐야 한다.

배심원식 독서토론 사례 - 「꺼삐딴 리」

독서토론이라고 해서 반드시 책을 한 권 정도는 읽어야 하고 또 일정한 격식을 갖춰서 해야 한다고 생각한다면 그것은 교사나 학생 모두에게 부담스러운 일이다. 책을 다 읽기 어려운 경우에는 핵심 내용을 발췌해서 같이 읽고 토론하는 것도 가능하다. 뿐만 아니라 인터넷에서 발견한 재미있는 내용의 글 혹은 신문이나 잡지 등에서 흥미있는 기사를 같이 읽고 이야기하는 것도 가능하다. 마치 드라마를 보고 수다를 떠는 것처럼 마음껏 책 수다를 떨 수 있도록 해야 텍스트에 대한 이해도 깊어지고 토론에 대한 흥미도 높아질 것이다.

그런 면에서 하브루타 토론이나 반대 신문식 토론을 충분히 준비되지 않은 학생들에게 무리하게 적용하는 것은 부정적 결과를 초래할 가능성이 높다. 토론의 절차와 형식은 단순한 것이어야 하며 학생들이 쉽게 활용할 수 있어야 한다. 중요한 것은 토론의 형식과 절차가 아니라 학생들이 텍스트를 읽고 자유롭게 자신의 이야기를 아무런 방해 없이 할 수 있어야 한다는 것이다. 토론의 절차와 형식은 텍스트와 독자, 독자와 독자 간의 상호작용을 더욱 활발하게 하도록 도와주는 데 목적이 있다.

독서토론을 교실에서 효과적으로 하기 위해서는 크게 네 가지 요소를 고려해서 계획을 짜는 것이 좋다. 첫째는 학생들의 수준에 맞고 토론할 만한 쟁점이 내포된 텍스트를 선정하는 것이다. 지나치게 쉽고 단순한 주제라면 토론이 깊이 있게 전개되기 어렵고 또 지나치게 어렵고 복잡한 주제라면 학생들이 주장을 전개하기 어렵다. 따라서 좋은 텍스트는 학생들이 적극적으로 반응을 생성할 수 있는 텍스트라고 할 수 있을 것이다. 둘째는 텍스트를 읽고 개인적인 반응을 생성하는 것이다. 독서 기록장을 이용해서 학생들이 읽고 나서 생각하고 느낀 것들을 일정한 형식 없이 자유롭게 메모하도록 하는 것이 좋다. 학습 목표에 따라서 필요하면 적절한 활동지를 활용해서 반응을 정리할 수도 있다. 이러한 개인적인 반응 기록은 토론의 바탕이 되기 때문에 매우 중요하다.

셋째는 개인적인 감상을 서로 나누는 단계이다. 학생들은 개인적으로 생성한 반응을 서로 자유롭게 나눌 수 있다. 이 과정에서 듣는 사람들은 적절한 질문을 해서 발표자가 더 깊이 있는 사고를 할 수 있도록 지원할 수 있다. 이때 질문은 발표자의 생각을 더 명확하게 하도록 도와주기 위한 것이지 공격하기 위해 하는 것이 아니다. 넷째는 쟁점을 찾아서 집중적인 토론을 하는 것이다. 쟁점 토론은 모둠별로 진행할 수도 있고 전체 학급 토론의 형태로 진행할 수 있다. 만일 모둠별로 토론을 했다면 그 결과를 전체 학급에서 공유할 수 있도록 해야 한다.

텍스트 선정	학생들의 수준에 맞고 토론할 만한 쟁점이 내포된 텍스트 선정
개인적 반응 생성하기	주제에 대한 자신의 의견이나 경험, 인물, 사건, 배경 혹은 작가의 스타일에 대해 간단한 감상 의견을 정리한다.
감상 나누기	학생 각자의 감상 의견이 존중되고 공유되도록 해야 한다. 듣는 사람은 반드시 질문을 하도록 한다. '왜 그렇게 생각해?', '어디서 증거를 찾을 수 있어?' 등의 질문.
쟁점 토론하기	모둠별로 쟁점을 정해서 토론할 수도 있고 전체 학급 토론으로 진행할 수도 있다.

독서토론의 과정

여기서는 배심원 토론 방식을 활용해서 독서토론을 진행한 사례를 소개하고자 한다. 배심원 토론은 모든 학급 학생들을 토론 모둠으로 편성한 다음 한 팀씩 토론을 하고, 다른 팀들은 배심원 역할을 맡아서 토론을 관찰, 참여, 평가하는 방식의 토론이다. 학생들은 토론자로도 참여하고 배심원 역할도 하면서 다양한 토론을 경험할 수 있는 장점이 있다. 배심원 토론은 CEDA처럼 절차와 과정이 엄격하지 않기 때문에 학생들이 쉽게 참여할 수 있다(김주환, 2007).

배심원식 독서토론을 하기 위해서는 먼저 텍스트와 토론 팀을 선정해야 한다. 교사는 학생들이 읽을 만한 다양한 텍스트를 제공한 다

토론 수업의 과정	활동 내용	시간 (총10차시)
① 토론 주제와 모둠 정하기	− 1차시에는 작품을 읽는다. − 2차시에는 작품별로 토론 주제를 정한 다음 학생들이 선택하도록 한다. − 선택한 학생들이 6~8명이 되면 토론 팀을 확정하고 다시 3~4명으로 찬성과 반대팀으로 나눈다.	2차시
② 자료 수집과 토론문 작성	− 각자 작품을 읽고 찬성과 반대 논거를 정리한다. − 모둠별로 토론 전략을 짜고 자료 수집을 한다. − 수집된 자료를 논거별로 정리하여 토론문을 작성한다.	3차시
③ 토론 진행	− 교실을 토론 대형으로 재배치한다. 　(토론 교실을 이용해도 좋다.) − 네 개의 토론 팀이 번갈아 가면서 토론을 하고 나머지 팀은 배심원 역할을 맡는다. − 교사는 사회자 역할을 하고 배심원들은 토론 과정을 기록하고 판정을 내린다.	4차시
④ 비평 글쓰기	− 자기가 토론한 작품에 대해 비평하는 글을 쓴다. − 작품을 보는 서로 다른 관점을 제시한 다음 자신의 관점을 세워 분석 및 평가한다.	1차시

배심원식 독서토론 수업 과정

음 모든 학생들이 텍스트를 검토할 수 있도록 한다. 그런 다음에 토론하고 싶은 텍스트를 선택하면 그 텍스트를 선택한 학생들끼리 한 토론 모둠이 된다. 같은 책을 선택한 학생들끼리 토론 모둠이 되기 때문에 학생들의 참여도가 훨씬 높다. 학생들은 모둠별로 같은 책을 읽고 개인적인 반응을 생성한 다음 감상 나누기를 한다. 감상 나누기를 통해서 토론의 쟁점이 선정되면 찬성 팀과 반대 팀으로 나눠서 토론을 준비한다. 토론 준비 과정까지는 모둠별로 진행되지만 실제 토론은 전체 학급 차원에서 진행된다.

고등학교 2학년 학생들을 대상으로 수행한 배심원식 독서토론 수업에서 모둠별로 선정된 텍스트와 토론 주제는 다음과 같다.

작품	토론 주제
「꺼삐딴 리」	이인국은 기회주의자인가?
「변신」	그레고르의 죽음은 가족에게 책임이 있는가?
「내 그물로 오는 가시고기」	노동자의 살인 행위는 정당한가?
「모래톱 이야기」	목적이 옳다면 수단도 정당화되는가?

텍스트와 토론 주제

이 수업에서는 학생들이 작품을 선택했지만 토론 주제까지 학생들이 도출해 내지는 못했다. 그래서 이 토론 주제들은 교사가 적절하다고 판단해서 제시한 것이다. 학생들은 이 주제를 받아서 찬성 팀과 반대 팀으로 나눠 자료 준비를 한 다음에 학급 전체 토론을 진행했다. 토론을 진행해 본 결과 「꺼삐딴 리」와 「변신」의 경우에는 상당히 토론 내용이 좋았으나 「내 그물로 오는 가시고기」와 「모래톱 이야기」는 그다지 성공적이지 못했다. 토론 팀의 수준과 텍스트, 토론 주제들이 서로 맞지 않았기 때문이다.

학생들에게 제공한 텍스트는 그리 길지 않아서 읽기에 큰 부담이 있는 것은 아니었다. 「꺼삐딴 리」의 경우에는 주인공 이인국의 기회주의적인 행동 방식을 현대 사회에서도 쉽게 찾아볼 수 있기 때문에 학생들이 쉽게 논의에 집중할 수 있었던 것으로 보인다. 「변신」 또한 가족 문제를 다루고 있기 때문에 가족해체 시대를 살고 있는 학생들은 나름대로 할 말이 많았다. 또한 두 작품 모두 서술자가 인물들을 묘사하는 데 객관적인 태도를 유지하고 있어서 찬성, 반대 의견이 활발하게 나올 수 있었다.

독서토론이 절반의 성공으로 끝난 것은 교사가 학생들에게 제공한 텍스트가 지나치게 교과서의 정전에 속하는 작품들이었기 때문이다. 교실에는 이러한 텍스트를 소화할 수 있는 학생들도 있는 반면에 그렇지 못한 학생들도 있다. 이런 학생들을 고려해서 다양한 수준의 텍스트를 제공할 필요가 있다. 좀 더 쉽고 현대적인 텍스트를 제공할 경우 다양한 수준의 학생들을 만족시킬 수 있었을 것이다. 토론 주제 또한 교사가 제시하는 방식에서 벗어나 학생들끼리 논의해서 결정했다면 좀 더 수준에 맞는 주제를 선정할 수 있었을 것이다. 교사 중심의 텍스트 선정이나 주제 선정은 모든 학생들의 수준이나 관심사를 반영하기 어렵다는 것을 잘 보여 준 사례인 셈이다.

토론의 형식도 모든 토론 팀이 찬반식 토론을 하도록 했기 때문에 매우 획일적이었다. 찬반식 대립 토론을 할 수도 있지만 어항식 토의처럼 진행할 수도 있다. 즉, 2 : 2 나 3 : 3 토론 형식이 아니라 자유롭게 각자의 의견을 발표하고 이에 대해 질문하고 답하는 방식으로 진행할 수도 있었을 것이다. 교사가 학생들이 선택할 수 있도록 다양한 토론의 형식들을 소개해 주고 모둠별로 선택해서 진행하도록 했다면 좀 더 생산적인 토론이 되지 않았을까 싶다. 만일 학생들이 다양한 토론 형식을 경험한다면 토론에 대한 이해의 폭을 더 넓힐 수 있을 것이다.

독서토론의 효과를 확인해 보기 위해서 실험 연구를 실시해 보았다(김주환 · 이순영, 2015). 경기도 지역 인문계 고등학교의 한 선생님께서 「꺼삐딴 리」를 읽고 배심원 토론을 한 다음 사전, 사후 평가를 실시했다. 이 학교는 남녀공학인데 남학생과 여학생이 각각 다른 반으로 편성되어 있었다. 그래서 남녀 각각 한 반씩을 선정해서 먼저 작품을 읽게 한 다음 개인적인 반응을 확인하였다. 그리고 나서 찬성과 반대 각각 3 : 3으로 토론 팀을 구성해서 배심원 토론을 진행했다. 토론 주제는 '이인국을 어떻게 볼 것인가?'로 정했다.

작품을 읽고 나서 주인공에 대한 반응을 확인해 본 결과 긍정적인 인물이라고 해석한 학생들이 18%로 나타난 반면에 부정적인 인물이라고 해석한 학생들은 82%로 나타났다. 부정적으로 보는 이유로는 일본에 붙고 소련에 붙는 등 공동체의 이익보다 사리사욕을 추구한 기회주의적인 인물, 자신의 이익만을 추구하는 속물적이고 자기중심적인 인물이라는 평가가 많았다. 반면에 긍정적인 인물로 보는 이유로는 상황 대처 능력이 뛰어나고 의사로서 유능한 인물이라는 응답이 가장 많았고, 그 다음으로는 부정적인 시대에 살아남기 위해 노력한 사람이라는 동정적인 해석도 있었다.

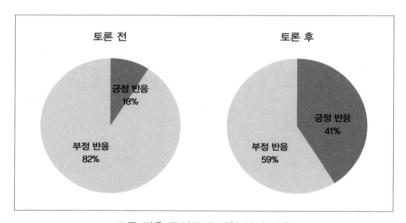

토론 전후 주인공에 대한 평가 반응

토론 후 주인공에 대한 평가 반응을 확인해 본 결과 주인공에 대한 긍정적인 평가가 41.3%, 부정적인 평가가 58.7%로 나타났다. 토론 전 주인공에 대한 긍정 평가가 18%, 부정 평가 82%와 비교해 보면 주인공 이인국에 대한 긍정 평가는 23.3% 높아진 반면에 부정 평가는 23.3% 낮아졌음을 알 수 있다. 토론 후 입장의 변화 여부를 확인해 본 결과 변화가 없었다는 응답이 63.5%, 변화가 있었다는 응답이 36.5%로 나타났다. 입장이 변한 학생들 중에서 부정 평가에서 긍정 평가로 변한 학생이 33.3%였다.

생각이 달라졌습니다. 왜냐하면 토론하는 것을 보면서 친구들이 준비해 온 얘기들이 새로운 관점으로 보이게 되어서 내 생각이 중요한 건 맞지만 다른 아이들의 생각도 정말 중요하다고 생각했습니다.

이인국 박사를 무조건 나쁘게만 봤었는데 더 객관적으로 바라보니 능력 있는 사람이라는 것과 배울 점이 있다는 것을 알았습니다.

학생들의 응답 반응을 보면 토론 과정에서 찬성과 반대 측에서 제시한 논거들이 주인공에 대한 평가 의견을 바꾸는 데 기여했다는 것을 알 수 있다. 학생들의 반응에 나타난 "객관적으로 바라보니", "새로운 관점으로 보이게 되어서" 등과 같은 표현을 통해서 보면 상대측의 토론을 통해 주인공을 보는 시각이 달라졌다는 것을 알 수 있다. 학생들이 작품을 읽은 다음에 주인공에 대해 평가했을 때는 일면적이었다고 한다면 반대 의견을 접하고 난 다음에는 양면적인 혹은 다면적인 관점에서 평가한 후 입장을 정했다는 것을 알 수 있다. 이러한 관점의 변화는 입장 변화가 없다고 응답한 학생들의 반응에서도 확인할 수 있다.

주인공에 대한 생각은 같지만 좀 더 폭넓고 깊이 알게 되었다.

조금은 달라졌다. 토론하는 도중에 그렇게 행동할 수밖에 없는 이유
(생존의 이유)를 알게 되었기 때문이다. 하지만 이기적인 사람이라는
생각은 바뀌지 않았다.

달라지지 않았습니다. 찬성 측에게 반론을 제기하고 토론해 본 결과
자신의 삶을 유지하기 위해 노력한 것은 인정하나, 환자의 모습을 갖고
장난쳤다는 점에서 특히 비인간적인 모습이 돋보였습니다.

입장이 달라지지 않았다고 응답한 학생들도 상대방의 의견에 어
느 정도 공감을 하고 있다는 것을 알 수 있다. 그런데 흥미로운 것
은 주인공에 대한 평가 반응에는 토론 경험의 유무가 영향을 미치
는 것으로 나타났다. 토론 경험이 있는 학생들의 경우 긍정 평가가
48.1%, 부정 평가가 51.9%로 긍정과 부정이 비슷하게 나타난 데 반
해서 토론 경험이 없는 학생들의 경우 긍정 평가 9.1%, 부정 평가
90.9%로 부정 평가에 대한 편중 현상이 두드러졌다. 이것은 토론 경
험이 없는 학생들은 입장을 거의 바꾸지 않았지만 토론 경험이 있는
학생들은 입장을 많이 바꿨다는 것을 의미한다. 토론 경험이 많을수
록 반대 의견을 수용하는 데 있어서 좀 더 적극적이고 유연한 태도를
갖는다고 할 수 있다.

이처럼 독서토론은 학생들로 하여금 작품 속 인물에 대한 깊이
있는 이해를 가능하게 한다. 특히 다양한 관점을 가진 학생들이 함께

토론하여 서로에 대한 이해를 넓힐 수 있도록 하는 것이 중요하다. 그런 점에서 찬반 토론은 학생들의 인식의 지평을 넓혀 주는 데 도움을 준다. 물론 찬성이나 반대 두 가지가 아닌 여러 가지 관점에서 토론이 가능하다. 어떤 토론은 자유롭게 시작해서 쟁점을 발견하면 논쟁으로 발전할 수도 있다. 중요한 것은 자신의 주장을 논리적으로 밝힐 수 있도록 하고, 상대방의 의견을 잘 듣고 존중하도록 하는 것이다.

따라서 독서토론을 하는 본질적인 목적을 고려해서 교실 상황에 맞게 다양하게 운영하는 것이 중요하다. 다양한 토론의 형식이나 독서토론 전략들은 교사들의 아이디어를 풍부하게 해 주는 데 기여한다. 특정한 토론의 절차와 과정을 절대적인 규칙으로 여기고 그 틀에 맞추어 토론을 진행하려 하면 오히려 토론이 어렵고 힘들어질 수 있다. 독서토론은 텍스트에 대한 다른 독자들의 다양한 관점을 이해함으로써 궁극적으로 자신과 세상에 대해 더 잘 이해할 수 있도록 하는 데 목적이 있다.

[참고 문헌]

김주환(2011a), 배심원 토론 수업의 교육적 효과, 교육연구 50, pp. 73-101.

김주환(2011b), 독서토론이 고등학생의 감상문 쓰기에 미치는 영향, 새국어교육 88, pp. 5-25.

김주환 · 이순영(2015), 독서토론이 고등학생의 작품 이해에 미치는 영향, 화법연구 27, pp. 37-66.

정선영 · 최현정(2018), 이스라엘 하브루타 원리에 기초한 온라인 토론활동의 상호작용패턴 분석, 학습자중심교과교육연구 18, pp. 351-373.

천경록(2013), 짝 독서의 개념과 효과에 관한 고찰, 독서연구 30, pp. 337-363.

Fisher, D., Brozo, W. G., Frey, N. & Ivey, G.(2015), *50 Instructional Routines to Develop Content Literacy 3rd,*, Pearson Education.

Graves, M. F., Juel, C. & Graves, B.(2007), *Teaching Reading in the 21st Century 4th edition*, Pearson Education, Inc.

Kent, O.(2010), A Theory of Havruta Learning, *Journal of Jewish Education 76(3)*, pp. 215-245.

Probst, R. E.(2004), *Response & analysis : teaching literature in secondary school 2nd ed*, Heinemann.

Samway, K. D., Whang, G., Cade, C., Gamil, M., Lubandina, M. A., & Phommachanh, K.(1991). Reading the Skeleton, the Heart and the Brain of a Book: Students's Perspectives on Literature Study Circles. *Reading Teacher, 45(3)*, pp. 196-205.

7장

정보 텍스트
읽고 토론하기

정보 텍스트를 읽는 이유

우리가 하는 대부분의 독서는 정보를 얻기 위한 것이다. 중고등학교에서 학생들은 매일 교과서나 참고 자료들을 읽는다. 성인들 또한 매일 신문이나 잡지를 읽고, 인터넷에서 검색을 하고, 홍보물이나 각종 매뉴얼을 읽는다. 그리고 때때로 우리는 관심 있는 분야의 책, 과학이나 사회, 역사, 인물에 관한 이야기들을 찾아 읽기도 한다. 이처럼 우리들의 일상생활에서 수행하는 대부분의 독서가 정보와 관련되어 있다. 최근에는 다양한 지식 정보를 소개하는 일반 출판물도 쏟아져 나오고 있을 뿐만 아니라 카페나 블로그, 인터넷 사이트 등을 통해서 엄청나게 많은 정보들을 접할 수 있다.

그러나 이처럼 수많은 정보 자료들이 우리 주변에 널려 있지만 그 모든 자료를 우리가 다 읽지는 않는다. 우리는 이들 다양한 정보 자료 중에서 관심이 있는 분야를 중심으로 찾아 읽게 된다. 예를 들어 우리가 외국 여행을 계획할 경우에는 그 나라의 역사나 문화, 환경, 관광지 등에 대한 정보를 얻기 위해서 다양한 자료를 찾아서 읽는다. 또한 무언가를 새로 만들거나 특별한 과제를 수행하기 위해서 읽기도 한다. 새로운 요리를 시도할 경우 우리는 다양한 사이트에서 레시피를 찾아보면서 조리 방법을 연구하고, 대학이나 회사의 면접을 준비하기 위해서 관련 학과나 회사에 대한 정보를 찾아 읽기도 한다.

특히 학교에서 교과서나 참고 자료들을 잘 읽고 이해할 수 있는 능력은 학생들의 성공적인 학교생활을 결정짓는 핵심적인 요인이다. 사회나 과학 등 대부분의 교과 학습은 정보 텍스트 읽기를 바탕으로 이루어지기 때문에 정보 텍스트 읽기 능력이 뛰어난 학생들은 좋은 성적을 받을 가능성이 높다. 예를 들어 과학 교과에서 '환경오염'이라는 단원에 대해서 공부를 할 경우, A학생은 그냥 교과서를 읽고 나서 "환경오염에는 이러저러한 것이 있구나." 하고는 책을 덮고 만다. 그러나 B학생은 "환경오염이란 정확히 무엇을 말하는 걸까?, 환경오염의 원인과 그 영향은 무엇일까?"라고 하는 질문을 던지면서 교과서를 읽고, 다 읽고 나서도 환경오염의 개념, 종류, 원인, 영향 등 세부 항목으로 나누어서 내용을 조직화한다.

과연 이 두 학생 중에서 누가 더 해당 내용을 잘 이해하고 오래 기억할까? A학생처럼 대충 내용을 이해하는 수준으로 끝나는 경우 관련 자료를 더 찾아서 탐구하고 정리할 가능성은 매우 낮다. 그러나 B학생처럼 질문을 던지고 교과서 내용을 구조화해서 이해하려고 할 경우 교과서 내용이 충분치 않다는 것을 발견하게 될 것이다. 다시 말하면 교과서 설명만으로는 충분히 이해하기 어렵다는 것을 알아차리게 되는 것이다. 이런 경우 B학생은 자신이 제대로 이해하지 못했다는 것을 확인하고 관련 자료를 더 찾아서 이해하려고 노력한다.

교실에서 이런 학생들을 만나게 되면 교사들은 대체로 B학생이 A학생보다 머리가 좋기 때문이라고 생각하기 쉽다. 그러나 학생들 간의 격차를 이처럼 선천적인 능력의 문제로 돌리게 되면 교육의 역할은 그만큼 약화되게 마련이다. 만일 교사가 B학생이 사용하는 읽기 전략을 A학생도 사용할 수 있도록 도와줄 수 있다면 두 학생 간의 격차는 상당히 줄어들 것이다. 나아가 A학생과 B학생 모두에게 자신의 읽기 수준을 평가하고 점검할 기회를 제공하고 더 나은 읽기 전략을 사용할 수 있도록 교사가 지원한다면 두 학생의 읽기 능력은 이전보다 훨씬 더 향상될 가능성이 높다.

학생들이 앞으로 살아갈 미래는 다양한 지식 정보들이 넘쳐나는 사회이다. 이런 사회에서 성공적인 삶을 살기 위해서는 자신에게 필요한 정보를 찾아서 읽고 깊이 있게 이해하는 능력, 정확한 정보와 신뢰할 수 없는 정보를 판단하는 능력, 해당 주제에 대한 자신의 이해를 점검 및 조정하는 능력 등을 갖추어야 한다. 미래 사회 교육에서 강조하는 논리적 사고력이나 창의력, 의사소통 능력 등과 같은 고차원적 사고 능력은 텍스트를 깊이 있게 이해하는 힘에서 비롯되기 때문이다.

이러한 능력은 저절로 발달하는 게 아니라서 학교 교육을 통해 체계적으로 길러 줄 필요가 있다. 그러나 학교에서 이루어지는 정보 텍스트 읽기 교육의 현실을 보면 학생들에게 읽기 과제를 부여하고, 이를 교사가 평가하는 차원에서 크게 벗어나지 않고 있다. 학생들이 정보 텍스트를 읽고 부족한 독해 전략을 습득하도록 연습이나 훈련을 시키는 일은 많지 않다. 더구나 주제를 깊이 있게 이해하고 탐구할 수 있는 질문을 제공하거나 좀 더 도전적인 활동을 하도록 지원하는 일은 거의 없다.

이는 교과서의 정보 텍스트 읽기 활동이 어떻게 구성되어 있는지만 살펴봐도 잘 알 수 있다. 다음은 2015 교육과정에서 개정된 초등학교 3학년 1학기 읽기 교과서에 실린 정보 텍스트와 관련된 학습활동이다. 이 단원의 학습 목표는 '생략된 내용 추론하며 읽기'이다.

우리나라에서는 사라져 가는 반딧불이 서식지를 천연기념물로 정하고 있습니다. 전라북도 무주군 설천면 남대천 일대가 바로 그곳이에요. 여기서는 매년 반딧불이 축제가 열립니다.

수십, 수백 마리의 반딧불이가 반짝거리는 모습이란 말로는 설명이 안 될 정도로 황홀하답니다.

반딧불이가 반짝반짝 빛을 내는 것은 서로 의견을 나누기 위해서랍니다. 다른 동물처럼 소리를 내거나 냄새를 잘 맡지 못하기 때문에 빛으로 서로의 생각을 전달하지요.

특히 암수가 서로 짝을 찾을 때 그 불빛이 큰 역할을 해요. 수컷이 암컷에게 사랑을 고백하는 뜻으로 빛을 깜박이면 암컷도 반짝거리며 대답합니다. 빛으로 어떻게 얘기할까 싶지만 빛을 빠르게 또는 천천히 깜박이거나, 점점 밝게, 점점 약하게 조절하는 방법으로 여러 가지 생각을 표현하지요.

도대체 반딧불이는 뭘 먹고 그토록 아름다운 빛을 내는 걸까요? 어른이 된 반딧불이는 이슬을 먹고, 반딧불이의 애벌레는 다슬기나 달팽이를 먹고 삽니다.

반딧불이 애벌레는 달팽이 전문 사냥꾼이라고 불릴 정도로 먹성이 대단해요. 입에서 나오는 독으로 달팽이를 마비시킨 다음, 달팽이가 움직이지 못하면 그때부터 살살 녹여서 먹는답니다.

이야기를 듣다 보니 직접 반딧불이를 보고 싶지요? 그러나 반딧불이를 만나기는 그리 쉽지 않아요. 반딧불이는 애벌레의 먹이가 많고 물이 깨끗한 곳에서 살거든요.

반딧불이가 밝을까?

개똥벌레가 밝을까?

정답은 '둘 다 똑같다'입니다. 반딧불이와 개똥벌레는 같은 곤충이거든요. 반딧불이가 흔히 부르는 이름이고, 개똥벌레는 경기도 지역에서 반딧불이를 일컫는 또 다른 이름이에요. 그런데 반딧불이에게 왜 '개똥'이라는 단어가 붙었을까요?

우리나라 말에서 '개똥'이 들어가는 말은 보잘것없고 천한 것을 뜻합니다. '개똥참외'라고 하면 저절로 자라는 흔한 참외를 말하지요. 이것으로 미루어 볼 때, 옛날에는 반딧불이가 너무 많아 지천으로 깔려 있다는 뜻으로 개똥벌레라고 했을 수 있습니다.

— 김태우·함윤미, 「반딧불이」

[학습 문제]

1. 생략된 내용을 짐작하며 「반딧불이」를 읽고 물음에 답해 봅시다.

(1) 반딧불이가 반짝반짝 빛을 내는 까닭은 무엇인가요?

(2) 반딧불이는 무엇을 먹고 사나요?

(3) 반딧불이는 어떤 곳에서 볼 수 있나요?

2. 「반딧불이」의 밑줄 그은 부분을 읽고 우리나라에서 반딧불이가 사라져 가는 까닭을 짐작해 봅시다.

(1) 어떻게 하면 내용을 짐작할 수 있는지 생각해 보고 〈보기〉에서 알맞은 말을 찾아 빈칸에 써 보세요.

〈보기〉

자신의 경험 떠올리기	글에서 찾을 수 있는 단서 확인하기

우리나라에서는 사라져 가는 반딧불이 서식지를 천연기념물로 정하고 있습니다.	나도 환경오염이 심한 도시에서는 밤에 반딧불이를 본 적이 없어.
반딧불이는 애벌레의 먹이가 많고 물이 깨끗한 곳에서 살거든요.	
옛날에는 반딧불이가 너무 많아 지천으로 깔려 있다는 뜻에서 개똥벌레라고 했을 수 있습니다.	

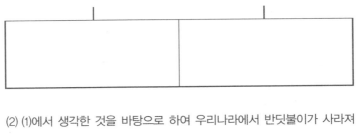

(2) (1)에서 생각한 것을 바탕으로 하여 우리나라에서 반딧불이가 사라져
　　가는 까닭을 짐작해 써 보세요.

```
┌─────────────────────────────────────────┐
│                                         │
│                                         │
│                                         │
│                                         │
│                                         │
└─────────────────────────────────────────┘
```

　이 단원에서는 「반딧불이」라는 글을 읽고 생략된 내용을 추론하
는 활동을 하도록 구성되어 있다. '추론하며 읽기'는 학생들이 습득
해야 할 매우 중요한 읽기 능력이다. 그런데 이 교과서에서는 추론하
기가 무엇인지, 추론하기를 어떻게 해야 할 것인지에 대한 안내나 연
습이 없고 그저 본문을 읽고 질문에 답하는 활동만을 하고 있을 뿐이
다. 문제는 이 학습활동의 문제를 통해서는 학생들이 '생략된 내용을
추론하기' 능력을 기르기 어렵다는 것이다.

　우선 학습활동 1의 세 가지 질문은 학생들의 추론을 전혀 필요로
하지 않는다. 해당 질문에 대한 답이 본문에 그대로 기술되어 있기
때문이다. 답을 본문에서 가져오면 '(1)반딧불이가 반짝반짝 빛을 내
는 것은 서로 의견을 나누기 위해서랍니다. (2)어른이 된 반딧불이는

이슬을 먹고, 반딧불이의 애벌레는 다슬기나 달팽이를 먹고 삽니다. ⑶반딧불이는 애벌레의 먹이가 많고 물이 깨끗한 곳에서 살거든요.' 이렇게 정리할 수 있다. 추론 능력보다는 오히려 기억력이 필요한 질문들이다. 학습활동 2도 상황을 복잡하게 기술해 놨지만 〈보기〉의 내용을 연합하기만 하면 '우리나라의 환경오염이 심해서 반딧불이가 살기 어렵게 되었다.'는 답을 생성할 수 있다. 따라서 주어진 몇 가지 정보를 연합하는 낮은 수준의 추론 능력만 발휘하면 된다.

추론하는 능력은 텍스트의 기본적인 단서를 바탕으로 독자가 능동적으로 배경지식을 활성화해서 의미를 구성하는 능력을 말한다. 텍스트의 정보는 항상 불충분하기 때문에 독자는 늘 자신의 배경지식을 동원해서 빈칸을 채워 가면서 의미를 구성해야 한다. 예를 들어 '그는 문을 열었다. 발밑에서 사각 소리가 났다.'라는 글을 읽는다면 화자가 문밖으로 나와서 어딘가를 향해서 걷고 있다는 것을 눈치채야 한다. 이 내용은 텍스트에 제시된 것이 아니라 독자가 자신의 배경지식을 이용해 구성한 것이다. 이러한 추론 능력은 단순한 문장의 이해에서부터 텍스트 전체의 구조, 작가의 관점에 이르기까지 다양한 수준에서 이루어질 수 있다.

그러나 교과서의 학습활동은 이러한 추론 능력이 크게 필요 없거나 아주 낮은 수준의 추론 능력만을 요구할 뿐 텍스트 전체에 대한 깊이 있는 이해를 요구하지 않는다. 무엇보다 심각한 문제는 텍스트 전체의 구조를 추론하거나 주제를 깊이 있게 이해하도록 학생들을 지원하지 않고 세부적인 사실에만 집중하게 한다는 점이다. 앞의 교과서 필자는 '환경오염의 심각성'을 강조하여 활동을 구성하고 있지만, 정작 이 「반딧불이」라는 텍스트는 반딧불이의 생태에 초점이 있기 때문에 환경 문제는 세부 요소의 하나에 불과하다.

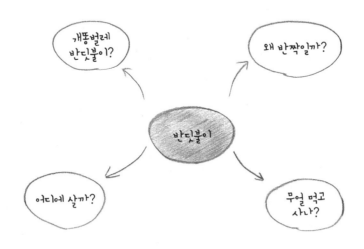

이 글은 반딧불이가 빛을 내는 이유, 먹이, 서식지, 이름 등 네 가지의 하위 요소로 구성되어 있다. 그런데 첫 번째 항목은 자세히 기술되어 있는 반면에 먹이, 서식지는 매우 간략히 기술되어 독자들에게 궁금증을 남기다가 뜬금없이 이름에 대한 이야기로 넘어간다. 전체적으로 이 글은 매우 허술한 구조로 되어 있는데, 그 이유는 아마도 원저자의 글이 교과서 필자에 의해서 의도적으로 편집되었기 때문인 것으로 보인다.

텍스트 전체에 대한 깊이 있는 이해를 위해 교사는 먼저 학생들이 텍스트 전체의 구조를 파악할 수 있도록 안내할 필요가 있다. 마인드맵을 그려서 텍스트의 구조를 파악하는 것도 하나의 방법이다. 텍스트의 구조도를 그린 다음에는 필자가 이야기하지 않았지만 학생들이 궁금해하는 내용이 무엇인지에 대해 이야기하는 것이 필요하다. 이 과정을 통해서 학생들은 「반딧불이」에 대한 전체적인 이해를 시도할 수 있을 뿐더러 저자의 한계를 인식함으로써 능동적인 이해와 평가가 가능하기 때문이다. 교사가 할 일은 이처럼 학생들이 텍스트 전체를 깊이 있게 이해하고 고차원적 사고를 하도록 지원하고 자극하는 일이다.

교과서식 텍스트 읽기는 학생들의 관심과 흥미를 발달시키는 데도 도움이 되지 않는다. 대부분의 사람들이 정보 텍스트를 찾아 읽는 이유는 무언가에 대한 관심 때문이다. 따라서 교사는 학생들이 다양한 주제에 대한 관심과 흥미를 갖도록 지원하고 자극해야 한다. 이 단원에서는 '반딧불이의 생태'라는 주제를 선택했지만 이것에 관심을 갖지 않는 학생들도 있을 것이다. 그런데 교과서에는 그런 학생들에 대한 배려가 없다. 만약 반딧불이에 대한 관심을 갖고 이 글을 읽는다고 해도 학생들이 궁금하게 여기는 것이 교과서의 질문과는 다를 수 있음에도 이를 발전시킬 수 있는 여지도 없다.

대학이나 사회에서 요구하는 읽기 능력은 관심 분야에 대한 지식 정보를 탐색하여 지식을 재구성하는 능력이다. 이러한 읽기 능력을 발달시키기 위해서는 학생들의 관심사를 다양하게 확장하고 새로운 정보를 탐색하고 재구성하는 능력을 발달시킬 수 있도록 지원해야 한다. 예를 들어 '반딧불이의 생태'라는 주제를 탐구하기로 했다면 교사가 먼저 곤충에 대해 아는 것을 이야기해서 학생들의 반응을 이끌어 낼 필요가 있다. 좋아하는 곤충이나 싫어하는 곤충, 자신이 잘 알고 있는 곤충 혹은 좀 더 알고 싶은 곤충 등에 대해 이야기를 하다 보면 자신의 관심사를 발견하게 되고, 이러한 관심사를 바탕으로 관련된 글을 찾아 읽고 정리할 수 있다.

관심사가 비슷한 학생들끼리 모둠을 구성해서 함께 관련 정보를 탐색하고 정보 자료를 읽고 정리하도록 할 경우 자연스럽게 생략된 내용을 추론하는 능력도 발달하게 마련이다. 각 모둠별로 탐구한 내용을 발표하면서 공부하게 되면 학생들이 접하는 정보의 양은 교과서 글 하나를 읽는 것과 비교할 수 없을 만큼 어마어마한 양이 될 것이다. 이러한 활동을 통해서 학생들은 서로의 관심사가 매우 다양하다는 것을 이해하게 될 뿐만 아니라 다양한 분야에 대한 지식과 정보에 접근할 수 있게 된다. 이 과정에서 학생들은 책이나 인터넷에서 유용한 정보를 탐색하는 방법, 핵심 정보를 파악하여 정리하는 방법, 이것을 다른 사람에게 전달하는 방법 등 다양한 능력을 발달시킬 수 있다.

정보 텍스트의 구조 이해하기

　　정보 텍스트 읽기를 지도할 때는 학생들이 정보 텍스트의 구조와 특징을 잘 이해하고 친숙해질 수 있도록 지원해야 한다. 정보 텍스트는 교과서에서 흔히 볼 수 있는 줄글 형식의 연속적 텍스트도 있지만 표나 그래프, 이미지 등 다양한 시각 자료를 활용해서 정보를 전달하는 비연속적 텍스트도 있다. PISA 2015 읽기 평가 결과를 통해서 보면 우리나라 학생들은 표나 그래프와 같은 시각 정보와 글 정보를 통합해서 이해하는 능력이 부족한 것으로 나타났다. 따라서 이런 비연속적 텍스트를 활용하여 정보를 이해하고 표현하는 데 익숙해지도록 지원할 필요가 있다.

　　정보 텍스트의 내용 조직 방식은 서사 텍스트와는 차이가 있다. 서사 텍스트는 특정한 배경에서 등장인물이 당면한 사건을 해결해 나가는 단일한 구조로 구성되어 있지만 정보 텍스트의 조직 방식은 매우 복잡하다. 또한 조직 방식이 다양하기 때문에 이러한 정보 텍스트의 구조에 익숙해지지 않으면 정보를 효과적으로 이해하고 기억하는 데 어려움이 따른다.

정보 텍스트의 외적 구조 파악하기

정보 텍스트는 독자의 몰입과 이해를 돕기 위해서 그림과 이미지들을 사용한다. 많은 정보들이 그림이나 그래프, 다이어그램, 지도나 카툰, 그리고 캡션을 통해서 표현되며, 때로는 중요한 내용이나 핵심 아이디어를 드러내기 위해 표제와 부제를 사용하기도 한다. 이런 책들을 살펴보면 용어 해설이나 색인 같은 것이 들어 있어 필요한 부분을 학생들이 직접 찾아볼 수 있다. 또한 정보 텍스트에서는 정보의 정확성과 신뢰성이 매우 중요하므로 독자는 인쇄 날짜를 확인할 필요가 있다. 인쇄 날짜를 보면 책의 정보가 얼마나 최신 정보를 담고 있는지 알 수 있다. 그리고 정보의 신뢰성을 판단하기 위해서는 저자가 얼마나 전문성을 갖춘 사람인지를 파악해야 한다.

• 초등학교 저학년 학생

초등학교 저학년 학생들의 경우에는 정보 텍스트를 읽을 수 있는 기초적인 능력과 자신감을 기르는 것이 중요하다. 초등학생들은 그림이나 다른 그래픽 정보를 텍스트의 내용과 관련시키는 것을 힘들어한다. 요즘 책들은 그래픽이 다양하게 배치되어 있는 경우가 많다. 따라서 텍스트와 그래픽, 캡션의 관계를 잘 파악하도록 학생들과 텍스트의 편집 체제를 탐구하는 것이 좋다. 이에 대한 지도가 제대로 이루어지지 않을 경우 어린 독자들은 정보 텍스트의 다양한 특징을 인식하지 못하고 지나칠 가능성이 높다.

학생들이 정보 텍스트에 익숙해질 수 있도록 사회나 과학 시간에 다양한 책과 잡지를 전시해 놓고 매주 한 권 혹은 그 이상의 책을 소개하는 것도 도움이 된다. 이렇게 하면 학생들은 자기 선택적 독서를 통해 정보 텍스트를 읽게 된다. 학생들에게 활동지를 제공하는 것도 효과적이다. 목차나 그림, 지도, 용어 해설 등과 같은 정보 텍스트의 요소들을 학생들이 주의 깊게 보도록 체크리스트를 제공하고 책에서 배운 것들이나 책에 대한 자신의 생각을 정리하도록 한다면 학생들이 좀 더 주의 깊게 책의 다양한 요소들을 살펴보게 될 것이다.

● 초등학교 고학년 학생

초등학교 고학년의 경우에는 교과서와 다양한 읽기 자료를 사용하여 학생들이 정보 텍스트를 미리 살펴보게 하는 것이 필요하다. 학생들에게 텍스트를 미리 훑어보도록 하면 배경지식을 활성화하고 관심사를 넓히는 데 도움이 된다. 교사는 학생들이 텍스트의 내용을 예측하며 읽을 수 있도록 '내용 목차 예측하기'와 같은 활동지를 준비할 필요가 있다. 학생들은 내용 목차를 활용해서 정보 텍스트가 어떻게 조직되어 있는지 알 수 있어야 한다. 예를 들어 낮은 학년의 학생들은 동물 책의 목차에는 어떤 것(특징 묘사, 습관, 음식, 가족 등)이 있는지를 예측할 수 있어야 하고 높은 학년 학생들은 지구의 구성 요소(혹성, 동물, 지질학, 인간의 삶 등)에 어떤 하위 영역이 있는지 혹은 전기문이 어떤 요소(어린 시절, 학습 과정, 고난, 성취 등)로 이루어져 있는지를 알 필요가 있다.

• 중학생

중학생들은 교과서의 단원과 잡지의 논문에 드러난 외적 구조를 활용하여 공책 정리를 할 수 있어야 한다. 학생들은 교과서 글이나 논문을 본격적으로 읽기 전에 대충 훑어본 뒤 정중앙에 제목을 두고 각각의 소주제를 그물망처럼 엮는 방식으로 그래픽 조직자나 의미 지도를 만든다. 그리고 글을 읽으면서 소주제와 관련된 내용을 메모하면서 읽도록 한다. 이렇게 외적 구조를 활용하면 관련된 정보에 초점을 맞춰 가며 읽을 수 있어서 내용을 구조화하는 데 도움을 준다.

학생들이 외적 구조를 잘 활용할 수 있도록 도움을 주는 방법에는 학급 학생들이 장별로 읽고 협력하는 학습 전략인 다양한 직소 모형이 있다. 먼저 학생들이 미리 보기를 통해서 텍스트를 부분으로 나누면 교사는 이를 칠판에다 기록한다. 그리고 학급 학생들을 팀으로 나눠서 각 팀별로 한 단원씩 읽고 핵심 내용을 시각적 리포트로 작성하게 한다. 학생들은 각 그룹에서 정리한 내용을 원래의 그룹으로 돌아가서 교사처럼 알려 준다. 이와 같이 각 단원별로 정리된 시각 자료를 바탕으로 읽으면 내용을 더 선명하게 이해할 수 있다. 특히 정보 내용이 많은 텍스트의 경우 각 장별로 나눠서 읽고 정리하는 것이 훨씬 도움이 된다.

또한 정보 텍스트를 읽을 때는 시각적으로 표현된 정보들을 적절히 통합해서 읽는 것이 매우 중요하다. 예를 들어 2페이지에 걸쳐서 여러 개의 이미지가 제시되면서 여기저기 캡션이 달려 있는 복잡한 정보 텍스트를 읽을 때는 각 부분의 정보를 통합하면서 읽을 수 있어야 한다. 이런 복잡한 텍스트를 읽을 때는 먼저 학생들이 이것을 어떻게 읽는지를 질문한 뒤에 잘 듣고 관찰할 필요가 있다.

교사는 다음과 같은 질문으로 텍스트에 대한 학생들의 몰입도를 평가할 수 있다.

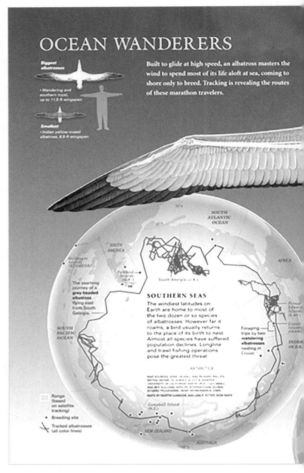

정보 텍스트의 예

• 이런 텍스트를 읽을 때 어디서부터 읽기 시작하는가?

• 글을 읽으면서 시각적 표상 정보를 함께 읽는가?

• 시각적 표상 정보를 언제 읽는가?

• 텍스트를 읽어 나가면서 시각적 정보를 통합하는가?

• 그래프나 그림 혹은 캡션들을 읽는가?

• 그래프나 그림 혹은 캡션들을 중요하게 생각하는가?

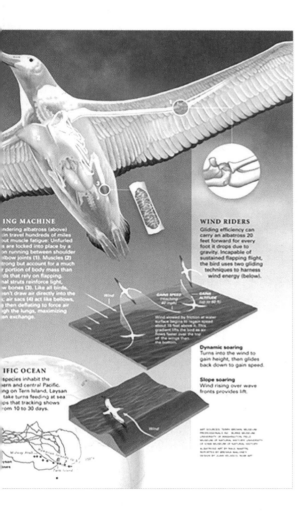

이런 평가를 바탕으로 교사는 텍스트에 담긴 정보의 중요성에 대해 이야기할 수 있다. 교사가 그룹별로 복잡한 텍스트를 읽는 방법을 생각 말하기 방식을 활용해서 시범 보이기를 해 주면 학생들이 보다 잘 이해할 수 있다. 예를 들어 '이 텍스트에서는 화살표의 방향이 매우 의미심장한 것 같은데? 이걸 보면 내용이 더 잘 이해되는군.'과 같은 시범보이기를 할 수 있다. 또한 텍스트의 편집 체제와 그래픽의 특징들을 탐구하는 사고 과정을 보여 주면서 '왜 작가는 이 그림을 사용했을까?', '여기서 이 그림의 역할을 무엇일까?'와 같은 질문을 던진다면 학생들이 시각 표상 자료의 중요성을 인식하는 데 도움이 된다.

정보 텍스트의 내적 구조 파악하기

정보 텍스트를 읽고 배우는 데 있어서 가장 핵심적인 것은 작가에 의해 조직된 방식에 익숙해지는 것이다. 우리는 서사 텍스트의 패턴에는 어느 정도 익숙해져 있다. 서사 텍스트를 읽을 때 우리는 인물이 누구인가, 해결해야 할 문제가 무엇인가, 이야기 속의 인물들은 어떻게 문제를 해결하는가를 파악하는 데 초점을 두며 읽는다. 그리고 마지막에는 그들의 승리를 함께 즐긴다. 반면에 정보 텍스트의 구조는 이런 패턴과는 완전히 다르다. 정보 텍스트는 다양한 방식으로 조직되어 있어 미숙한 독자들에게는 이러한 조직 방식이 매우 어렵게 느껴질 수 있다. 따라서 정보 텍스트의 글쓰기 패턴을 학생들이 이해하고 활용할 수 있도록 지원하는 것이 중요하다.

스키마 이론에 따르면 구조화된 정보는 잘 이해되지만 정보들이 산만하게 흩어져 있을 경우 이해와 기억이 어렵다고 한다. 정보 텍스트에는 다양한 세부 정보들이 제시되어 있는데, 이러한 정보들을 구조화해서 이해하지 않으면 단기 기억 속에서만 잠시 머물다가 장기 기억으로 넘어가지 못한 채 사라지고 만다. 정보 텍스트의 구조화 방식은 매우 다양한 편이긴 하지만 실은 우리가 이미 배경지식으로 갖추고 있는 것들이다. 문제는 그러한 구조에 대한 지식을 정보 텍스트를 읽고 쓰는 데 활용하지 않는다는 데 있다.

정보를 구조화하는 능력은 저절로 발달하는 것이 아니기 때문에 교사의 안내에 따라 어릴 때부터 연습할 필요가 있다. 또한 정보 텍스트를 구조화해서 이해하는 능력은 국어 교과의 학습뿐만 아니라 타 교과 학습의 바탕이 되기 때문에 이를 충분히 연습할 수 있는 기회를 제공해야 한다. 외국의 경우 대부분의 읽기 프로그램에 정보 구조를 익히는 활동이 포함되어 있는 것을 쉽게 확인할 수 있다. 반면에 우리나라에서는 정보의 구조가 아니라 여전히 형식 문단 요약하기에 집중하는 경향이 있다. 형식 문단을 요약해서 주제를 파악하는 전략은 피상적이어서 정보의 논리적 구조를 이해하는 데 크게 도움을 주지 못한다. 따라서 형식 문단 요약하기보다는 정보 텍스트의 구조 파악과 훈련에 좀 더 많은 시간을 투자할 필요가 있다.

정보 텍스트에서 작가들이 정보를 조직하기 위한 기초적인 방법에는 대략 6가지 정도 일반화된 패턴이 있다. 미국의 읽기 교재는 대부분 이러한 패턴을 훈련하도록 예문과 활동이 배치된다. 그러나 현재 우리나라의 국어과 교육과정에서는 이러한 교육 내용을 제대로 다루지 않고 있다. 다만 중학교 과정에 '설명의 방법을 활용하여 읽기' 성취 기준이 있는데 13가지의 다양한 설명 방법을 한 번에 학습해야 한다. 다양한 설명의 방법을 하나의 단원에서 제대로 가르친다는 것은 쉽지 않은 일이다. 따라서 보편적인 내용 조직 방식을 선정해서 학생들이 이 패턴을 이해하고 활용할 수 있도록 훈련하는 것이 필요하다.

미국의 읽기 교재에서 제시하고 있는 일반적인 정보 조직의 6가지 패턴은 다음과 같다.

- **나열하기**description using categories of information with no particular ordering

  특별한 기준 없이 정보를 범주화하여 기술하는 것

- **비교와 대조**comparison/contrast

  두 가지 대상의 비슷한 점과 차이점을 밝히는 방식으로 기술하는 것

- **서사**sequence of events

  어떤 사건의 시작과 끝의 전개 과정을 기술하는 것

- **문제와 해결**problem and solution

  어떤 문제를 제시하고 그것이 왜 문제가 되는지, 해결 방안은 무엇인지를 다루
  는 것

- **과정**process description

  업무의 처리 과정 혹은 어떤 물건의 제작 과정을 설명하기 위한 것

- **원인과 결과**cause and effect

  어떤 현상의 원인과 결과를 중심으로 기술하는 것

미국의 읽기 교재를 보면 먼저 짧은 텍스트를 제시한 다음에 이러한 정보 조직의 패턴을 파악하도록 연습하는 예문을 다양하게 다루고 있다. 예를 들면 문제 - 해결 구조에 대해 안내한 다음에 글을 읽고 문제 - 해결에 해당하는 내용을 재구성해 보도록 하는 것이다. 자, 그러면 중학교 2학년 국어교과서에 실린 글을 읽고 문제 - 해결에 해당하는 내용이 무엇인지 정리해 보도록 하자.

냉장고는 현대 문명의 혜택 중 가장 생활 깊숙이 자리 잡은 필수품이다. 요즘 사람들은 냉장고 없이 사는 것은 아예 상상도 해 보지 않았을 것이다. 현대인들에게 냉장고는 매 끼니 음식을 하거나 음식 재료를 사야 하는 번거로움에서 벗어나게 해 주고, 먹고 남은 음식을 버려야 한다는 죄책감에서 해방시켜 준 그저 고맙기만 한 저장고인 것이다. 그래서 냉장고로 인해 소중한 것들이 사라져 가고 있다거나 일부 심각한 문제들이 발생하고 있다는 생각은 하지 못한다.

냉장고가 생활의 필수품으로 자리 잡으면서 발생한 심각한 손실은 우선 음식을 통해 주고받던 우리네 인정이 사라져 가고 있다는 데 있다. 냉장고가 없던 시절에는 식구가 먹고 남을 정도의 음식을 만들거나 얻게 되면 미련 없이 이웃과 나누어 먹었다. 그런데 냉장고가 생기면서 이런 풍습이 사라졌다. 냉장고에 넣어 두면 일주일이고 한 달이고 천천히 내 식구만 먹는 것이 가능해졌기 때문이다.

장기간 다량의 음식을 보관할 수 있게 되면서, 냉장고가 자꾸 커지고 냉장고의 종류나 개수가 하나둘 늘어 가는 것도 문제이다. 이러다 보면 당장 소비할 필요가 없는 것들을 사게 되고, 냉장고 안에는 불필요한 음식들이 하나둘 쌓이기 시작하기 때문이다. 당장 필요하지 않거나 필요한 양 이상의 것을 사들이는 우리의 습관은 냉장고가 있기에 가능한 것이다. 그리고 이제 서너 달에서 길게는 일 년 넘게 냉장고에 보관되어 있는 음식을 찾아내는 것 정도는 어려운 일이 아니다.

게다가 냉장고 안에 오랫동안 넣어 두고 먹는 음식들은 대부분 우리의 건강을 위협하는 것들이라는 사실도 문제이다. 냉장고 안에 보관하는 음식들에는 서양 사람들이 즐겨 먹는 고기, 빵, 음료수를 비롯한 각종 가공식품들이 있다. 그리고 이들은 우리의 건강에 좋지 않은 영향을 주는 음식들로 잘 알려져 있다. 한 연구 결과에 따르면, 냉장고 안에 보관하는 고기와 정제·가공된 음식을 즐기는 여성은 그렇지 않은 여성보다 결장암에 걸릴 위험이 1.5배나 높다고 한다. 그것은 음식을 가공하는 과정에서 각종 해로운 물질이 생성될 뿐 아니라 몸 안의 유해 물질을 배출하는 데 도움이 되는 섬유질과 같은 성분이 제거되기 때문이다.

내가 이처럼 냉장고에 대해 비판적인 이야기를 하는 것은 냉장고를 당장 버리자고 주장하기 위해서가 아니다. 그리고 냉장고 없이 지내자는 주장이 어느 정도의 설득력을 가질지에 대해서도 의문이다. 다만 습관적으로 냉장고 안에 불필요한 물건들을 쌓아 놓는 태도나 가공식품을 냉장고에 가득 재어 놓고 사는 습관에 대해서는 한 번쯤 생각할 필요가 있지 않을까 하는 반성에서 풀어 놓은 생각이다. 거창한 환경 운동을 하는 것보다 이런 것을 생활 속에서 실천하는 것이 더 중요하지 않을까?

– 박정훈, 「냉장고의 이중성」

이 글은 오늘날 우리가 사용하고 있는 냉장고의 문제점을 제시한 글이다. 필자는 우리가 일상에서 편리하게 사용하고 있는 냉장고의 문제점을 크게 세 가지로 제시했다. 첫째, 이웃 간의 인정이 사라지고 있다. 둘째, 불필요한 음식들을 쌓아 놓게 된다. 셋째, 냉장고의 음식들은 건강을 위협한다. 이러한 냉장고의 문제점을 해결하기 위해 필

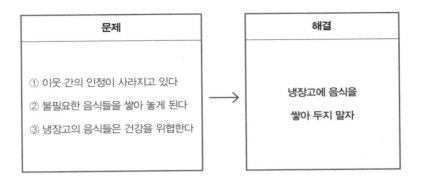

문제	해결
① 이웃 간의 인정이 사라지고 있다 ② 불필요한 음식들을 쌓아 놓게 된다 ③ 냉장고의 음식들은 건강을 위협한다	냉장고에 음식을 쌓아 두지 말자

자가 제시한 해결 방안은 냉장고에 음식을 쌓아 두지 말자는 것이다.

형식 단락별로 요약할 경우 이 글은 상당히 복잡하게 느껴진다. 그러나 이 글을 문제 – 해결 구조로 파악하면 필자의 주장을 훨씬 명료하게 이해할 수 있다. 뿐만 아니라 필자의 주장이 타당한지를 평가하는 비판적인 이해가 가능하다. 예를 들면 필자가 제시한 문제 하나하나에 대해서 타당성을 검토해 볼 수 있고, 필자가 제시한 해결 방안이 적절한지, 아니면 더 나은 해결 방안은 없는지에 대해서 생각해볼 수도 있다. 이처럼 정보 텍스트의 내적 구조를 활용하는 전략은 내용을 정교하게 이해하는 데 큰 도움을 준다.

정보 텍스트의 내적 구조를 지도하기 위한 방법으로 학생들에게 같은 주제를 다룬 여러 가지 책들을 골라 구조를 비교하도록 하는 방법도 있다. 블라쇼비츠와 오글(Blachowicz, C & Ogle. D, 2001)은 주간 잡지를 활용하여 텍스트의 내적 구조를 지도한 교사의 사례를 소개하고 있다. 이 교사는 먼저 글의 제목을 통해서 내용이 어떻게 조직되어 있는지 학생들이 예측해 보도록 하였다. 교사가 소개한 잡지에서는 옐로우스톤 국립공원에 다시 나타난 늑대에 대해서 다루고 있는데, 첫 번째 글의 제목은 "옐로우스톤의 늑대들, 그들이 무엇을 할까?"(문제와 해결)이다. 두 번째 글에서는 늑대와 개를 비교(비교와 대조)하고 있으며, 또 다른 글은 늑대 가족의 패턴, 먹이, 습관(나열하기)에 대해 다루고 있다. 작가가 독자와 소통하기 위해서 사용한 이러한 패턴들에 주의를 집중하면 다른 자료의 패턴을 이해하는 데에도 도움이 된다.

또 다른 교사는 아이디어 조직 방식을 각 면에 표시한 큐브를 만들어 수업에 활용하였다. 읽기 전 활동에서 교사는 이 큐브를 활용해서 학생들에게 질문을 한다. 예를 들어 '이민'에 관한 단원이 시작되면 교사는 학생들이 이민에 대해서 알고 있는 것을 브레인스토밍하게 한다. 만일 교사가 큐브를 돌려서 '비교와 대조'가 나오면 학생들은 비교와 대조의 방법으로 생각한 뒤 응답한다.

그것은 동물의 이주 같은 것이라고 봐요. 나비가 북쪽에는 먹이가 없어서 겨울을 나기 위해 멕시코로 가는 경우 같아요.

이민과 적응은 같다고 생각해요. 무엇을 하게 될지 확실히 알 수 없기 때문에 매우 위험 부담이 큽니다.

교사가 다시 큐브를 돌려서 '문제와 해결'이 나오면 학생들은 문제와 해결 방법을 사용하여 생각한 뒤 응답한다.

가끔은 원치 않는 이민자들이 있어요. 멕시칸들이 텍사스로 가기 위해서 국경을 넘는 것처럼요.

가끔은 많은 이민자들이 아프리카처럼 음식을 구하기 힘든 경우도 있어요. 신문에서 읽었는데 우간다에는 음식과 물이 부족하다고 해요.

또한 교사는 텍스트의 내적 구조를 사용하여 학생들이 읽기 중에 질문을 생성하도록 할 수 있다. 예를 들어 '행성'에 관한 단원을 학습하는 중이라면 "만일 우리가 천왕성에 대한 책을 읽는다면 작가에게 어떤 질문을 할 수 있을까?"라는 질문을 던질 수 있을 것이다. 학생들은 다음과 같이 응답할 수 있다.

지구와 비교해서 얼마나 떨어져 있나요?
얼마나 크고 과학자들은 그것이 무엇과 같다고 생각하나요?
위성들이 있는지 혹은 특징은?
기후는 어떤가요?

이러한 방법으로 책 읽기를 안내하면 학생들은 정보 텍스트를 예측할 때 작가가 수행하고자 하는 큰 그림에 대해 생각할 수 있게 된다. 그리고 자신들의 예측과 실제 작가가 쓴 것을 비교해 볼 수 있다. 행성에 대한 서로 다른 글을 몇 편 읽어 보면 학생들은 과학자들이 그들의 글에서 무엇을 중요하게 생각하는지를 명확하게 이해할 수 있게 된다. 이처럼 독자로서의 기대는 학생들의 기억에 있는 정보를 예측하고 정리하는 데 도움을 준다. 그리고 이들 기대는 행성에 대한 학생들 자신의 생각과 필자들의 의견을 비교해 볼 수 있도록 해 준다.

정보 텍스트 읽기 전략

　정보 텍스트 읽기와 서사 텍스트 읽기의 확실한 차이점은 정보 텍스트를 읽을 때는 처음부터 읽지 않고 필요한 부분을 선택해서 읽는다는 것이다. 정보 텍스트를 읽을 때 우리는 대체로 작가가 제공한 모든 것에 관심을 갖지는 않는다. 대신 우리에게 필요한 특별한 정보를 찾거나 우리 자신의 주도권에 따라 검색하기를 원한다. 대부분의 정보 텍스트는 플롯을 갖고 있는 것이 아니기 때문에 일정한 순서 없이 읽을 수 있다. 만일 왕나비가 얼마나 오래 사는지 알고 싶다면 왕나비에 관한 책을 갖고 와서 목차나 찾아보기에서 관련 부분을 찾으면 된다. 그러나 많은 학생들은 첫 문장에서 시작해서 텍스트 전부를 한 단어 한 단어씩 읽는 방법만 알고 있는 경우가 많으므로 교사의 지도가 필요하다.

　학생들이 정보 텍스트를 상황에 맞게 검색하여 필요한 내용을 찾아 읽는 것, 즉 내비게이션 기술을 읽기에 사용하려면 먼저 자신이 어떤 목적으로 텍스트를 읽고 있는지, 무엇을 성취하려고 읽는지를 알아야 한다. 자신의 목적을 분명하게 알고 있어야만 텍스트의 일정

부분만 읽을 것인지, 글이나 책 전부를 읽을 것인지를 결정할 수 있기 때문이다. 특별한 질문에 대한 답을 찾기 위해서 읽는 것과 일반적인 지식을 습득하기 위해서 읽는 것은 차이가 있다. 비록 다른 사람들이 여러 번 읽을 만한 가치가 있는 텍스트라고 해도 때로는 일부만 취하고 버릴 수 있는 사람이 성숙한 독자이다.

K−W−L 활용하기

학생들이 정보 텍스트를 능동적으로 읽을 수 있도록 지원하는 방법에는 여러 가지가 있는데, 이 중 대표적인 것이 K−W−L(Know, Want to know, Learned)이다. 학생들은 새로운 학습에 대해 관심을 갖고 있을 때 읽기에 좀 더 몰입할 수 있다. K−W−L은 학생들이 정보 텍스트에 능동적으로 몰입하도록 교사가 안내하고 시범을 보이는 과정이자 학생들이 학습을 즐겁게 시작하고 결과를 나누기 위해 지식과 정보를 사용하는 그룹 활동이다. 능숙한 교사는 몇몇 학생들이 알고 있는 것들을 발표하면 그 내용을 칠판에 써서 정리한다. 교사가 칠판에 발표 내용을 글로 정리하는 것은 읽기와 쓰기에 자신감이 부족한 학생들에게 큰 도움이 된다. 이것은 학생들이 나중에 텍스트에서 만나게 될 핵심어를 미리 학습할 수 있도록 해 줄 뿐만 아니라 학생들이 그들 자신의 활동지나 학습장에 기록해야 할 것에 대한 시범 보이기 역할을 한다.

교사와 학생들은 주제에 대해 그들이 알고 있는 것을 함께 브레인스토밍함으로써 읽기와 학습 과정을 시작한다. 교사는 학생들이 자신의 지식을 탐구하는 과정에서 때로 모순되거나 파편적인 진술을 하더라도 격려해 줄 필요가 있다. 예를 들어 그룹 구성원들이 늑대에 대해 알고 있는 것을 브레인스토밍할 때 어떤 학생이 "늑대는 북한산에도 살고 있어."라고 하거나 혹은 다른 학생이 "내 생각에 늑대는 우리 동네 뒷산에도 살고 있어."라는 식으로 엉뚱하게 말해도 제지하지 말고 "그들이 어디에 사는지 알고 있는 다른 사람들이 더 있나요?", "우리가 더 찾을 수 있도록 질문할 사람 있나요?"라고 말하며 학생들이 자신의 생각을 자유롭게 표현할 수 있도록 격려해 준다.

그 다음에 교사는 학생들이 안다고 생각한 것들을 그들이 제안한 대로 칠판이나 컴퓨터에 적는다. K-W-L 활동지의 'K-아는 것' 칸에 적으면 된다. 여기에서 교사의 역할은 고치거나 평가하는 것이 아니라 학생들이 폭넓게 생각할 수 있도록 격려하고 자극하는 것이다. 이렇게 브레인스토밍-토의하기 과정을 거치다 보면 몇몇 질문들이나 불확실한 것들이 표면으로 드러난다. 이것을 교사는 중간의 'W-알고 싶은 것' 칸에다 적는다.

교사의 역할은 학생들이 그들의 지식을 활성화하고 토픽에 대한 관심을 발전시키도록 하는 데 있다. 학생들이 자신의 아이디어를 말하거나 쓸 때 그것들은 임의적이거나 학습 내용과 관련되지 않은 것처럼 보일 수도 있다. 이때 교사는 학생들이 좀 더 깊이 생각할 수 있게 전문가들이 정보를 조직하는 방법을 적용하도록 질문을 던지면

K-W-L 활동지		
K – 아는 것	W – 알고 싶은 것	L – 배운 것과 알아야 할 것

우리가 사용할 수 있는 정보의 범주		정보를 어디에서 찾을 것인가?
A.	E.	1.
B.	F.	2.
C.	G.	3.
D.	H.	4.

정보 텍스트 읽기 전략

되는데, 학생들이 이미 직관적으로 알고 있는 정보의 범주에 초점을
맞추어서 질문을 해야 한다. "K칸에 우리가 정리한 것들을 살펴보자.
이 중에 어떤 것들이 서로 연결되지? 예를 들면 사막에 살고 있는 동
물들에 대한 것들이 세 개 있어. 이 범주에 속하는 다른 것들이 있는
지 찾을 수 있을까?"와 같은 식으로 질문하면 된다. 교사는 또한 화제

에 대해 일반적인 질문을 할 수도 있다. "우리가 사용할 수 있는 기본적인 정보의 범주는 무엇일까?" 혹은 "만일 여러분들이 이 주제에 대한 내용의 목차를 쓰려고 한다면 어떤 것을 포함시킬 수 있을까?"와 같은 질문이 그것이다.

다양한 아이디어들이 공유되면 교사는 쉽게 학생들이 무엇을 알고 싶어 하는지 질문을 제기할 수 있도록 격려한다. 여기서도 실제 질문을 생각해 내는 것은 학생들의 역할이고 교사는 단지 학생들이 말한 것을 기록하기만 하면 된다. 이 질문들은 활동지의 두 번째 칸에 채워진다. 만일 학생들이 질문을 생성하는 데 익숙하지 않다면 교사가 처음에 몇 가지 질문을 시범으로 보여 준다. 또한 학급 학생들이 만들어 내는 의견을 받아서 질문으로 확장시킬 수도 있다. 예를 들면 사막에 대한 수업을 시작하는데 누군가가 사막에 사는 식물인 '선인장'에 대해 이야기했다면 교사는 "사막의 선인장을 사람들이 어디에다 사용하는지 모르겠네."라는 질문을 던져 사고의 범위를 확장시킬 필요가 있다. 교사는 이것을 W칸에다 쓸 수 있다.

교사는 "사막에 사는 동물에 대해 더 알고 싶은 것은 없나요?", "우리는 어떤 동물을 보호해야 할까요?", "만일 사막에서 하이킹을 한다면 어떤 동물을 보게 될까요?" 등과 같은 질문을 학생들이 자기 수준에 맞는 질문을 할 수 있을 때까지 계속해야 한다. 이 과정에서 무엇보다 개인과 학급 학생들의 관심을 활성화하는 것이 중요하다. 텍스트를 미리 읽는 것으로부터 시작하는 것이 아니라 학생들로부터 시작하는 이 과정은 학생이 새로운 학습의 중심에 설 수 있도록 하는 과정이기에 다른 어떤 전략보다 도움을 준다. 여기서 교사의 역할은 능동적인 청자나 기록자가 되는 것이다.

이 과정을 시작할 때 교사는 브레인스토밍의 규칙을 만드는 것이 좋다. '모든 아이디어가 다 허용된다', '자기 마음속에 먼저 떠오르는 것을 말하라', '나중에 이 아이디어들은 확인되고 편집되거나 수정될 것이다.'와 같은 것들이다. 학생들 또한 서로의 말을 잘 듣되 각각의 아이디어의 질을 평가하지 말아야 한다. 이 활동은 주어진 시간에 가능한 한 서로 다른 많은 아이디어를 얻는 것이 목표이기 때문이다. 주제에 대해 토의를 할 때 학생들이 활동지나 학습 기록장에 알고 있는 것이나 알고 싶은 질문을 기록하도록 하는 것도 유용하다.

이렇게 사전 토의를 하게 되면 어떤 텍스트가 학생들에게 유용한 것인지 판단하는 데 도움이 된다. 학급 학생들이 알고 있는 것을 브레인스토밍해 보면 학생들이 주제에 대해 얼마나 알고 있는지를 확인할 수 있다. 만일 학생들이 교사가 선택한 텍스트보다 더 많은 것을 알고 있다면 좀 더 높은 수준의 텍스트로 바꿔야 한다. 반면에 학생들의 배경지식이 예상보다 낮은 수준이라면 좀 더 쉬운 텍스트를 선정할 필요가 있다. 만일 텍스트가 적절하다면 학생들은 읽고 자신이 배운 것들, 그리고 질문에 대한 대답들 또는 기대하지 않았지만 그들이 생각할 때 흥미 있고 중요한 정보를 정리하면 된다. 학생들이 더 많은 질문을 공유하게 되면 활동지에 그것들을 추가할 수 있다.

질문하기 전략

대부분의 읽기 교재나 교과서는 학생들의 독해 활동을 도와주기 위해서 몇 가지의 질문을 제공하고 있다. 교사들 또한 학생들이 읽은 것을 잘 이해하도록 하기 위해 질문을 종종 활용한다. 교사가 질문을 하면 학생은 답을 하고 교사는 다시 그에 대한 평가를 한다. 많은 이들이 학생을 가르칠 때뿐만이 아니라 자녀의 학습을 도와줄 때도 이렇게 한다. 이러한 대화 형태를 I－R－E(Initiation, Response, Evaluation)라고 하는데, 이 방법은 학생들의 독해 능력을 실질적으로 향상시켜 주는 것이 아니라 학생들에 대한 교사의 평가를 도와줄 뿐이다. 교사가 던지는 질문 또한 대부분 매우 텍스트 중심적이다. 학생들의 독해력 향상을 위해서라면 최소한 학생들이 사고 활동에 깊이 몰입할 수 있는 질문을 제공해야 할 것이다.

교사는 텍스트 중심의 질문뿐만 아니라 다양한 방식으로 질문을 활용해야 한다. 읽기 전이나 읽기 중에는 사고 과정을 보여 주기 위해서 질문을 활용할 수 있다. 예를 들면 학습을 시작하거나 이야기를 소개할 때 주제에 대해 학생들이 이미 알고 있는 것이 무엇인지 질문할 수 있는데, 이러한 종류의 질문은 평가가 아니라 학생들 자신의 사고를 촉진하기 위한 것이다. 미국의 상업적인 읽기 프로그램들의 경우 이러한 질문을 제공하여 학생들의 사고 과정을 지원하는 경우가 많다.

또한 교사들은 학생들이 읽은 것과 자신이 생각한 것을 통합하도록 하기 위한 질문을 던질 수 있다. 이러한 질문들은 생각하기에 따라 매우 다양할 수 있다. 글을 읽고 나서 교사들이 던지는 질문은 앞에서 본 것처럼 대체로 텍스트 중심적(literal)인 경우가 많다. 그러나 읽은 후에도 깊은 사고를 요구하는 반성적 질문을 던질 수 있다. 그렇다면 어떻게 학생들이 읽은 것에 대해 반성적 사고를 하도록 이끌어 주는 질문을 던질 수 있을까? 이를 위해서는 교사가 학생들에게 제공하는 질문의 종류나 질문을 통해서 촉진하려고 하는 대화의 본질을 평가해 보는 것이 필요하다.

질문의 성격을 규정하고 유형화하는 방법은 매우 다양하다. 가장 많이 사용하는 것은 블룸(Bloom)과 그의 동료들이 1950년대에 개발한 것이다. 블룸의 분류는 본래 학교의 교육 목표와 성취도를 측정하기 위해 교육적 대상을 분류한 것이었으나 교사들에게 그 가치를 인정받으면서 교실의 질문을 평가하기 위한 도구로도 사용되었다. 우리나라에서도 교사들이 시험 문항을 개발하면 항상 작성하는 것이 이원목적분류표이다. 이원목적분류표는 학교마다 조금씩 다르긴 하지만 '지식, 이해, 적용' 등의 항목으로 구성되어 있어 블룸의 교육 목적 분류표를 바탕으로 한 것임을 알 수 있다. 블룸의 교육 목적 분류표는 '지식, 이해, 해석, 적용, 분석, 종합, 평가'라고 하는 일곱 가지 수준으로 구성되어 있는데, 그레이브스(Graves) 등 다른 연구자들이 이를 수정 보완해 '기억, 이해, 적용, 분석, 평가, 창의, 초인지'라는 일곱 가지의 분류표를 새로이 제시했다.

독해와 읽기 평가에 대한 연구에서 보면 이들 일곱 가지 수준들

아기 돼지 삼형제(The Three Little Pigs)	
기억	아기 돼지 삼 형제는 무엇으로 집을 지었나요?
이해	왜 짚은 좋은 건축 재료가 되지 못할까요?
적용	만일 집을 짓는다면 어떤 재료로 짓고 싶나요?
분석	어떤 점에서 벽돌집이 짚이나 나무로 지은 집보다 낫나요?
평가	첫 번째 아기 돼지가 짚으로 집을 지으려고 결정한 것에 대해서 어떻게 생각하나요? 왜 그렇게 생각하나요?
창의	첫 번째 아기 돼지가 늑대로부터 더 안전한 집을 만들기 위해 필요한 것들은 무엇일까요?
초인지	아기 돼지 삼 형제에 대해 읽는 것을 배울 때 얼마나 어려울 거라고 생각하나요? 그 이유는 무엇일까요?

그레이브스의 질문 예시

을 정의하기는 매우 어렵다. 학생들의 읽기 수준을 일곱 가지 수준으로 정확하게 구분하기가 어렵기 때문이다. 그래서 읽기를 기술하는 일반적인 방법은 독해를 '문자적, 해석적, 적용적, 비판적 이해'로 구분하는 것이다. 이들 질문의 종류는 텍스트와의 관계에서 비롯된다. 우리나라의 경우 수학능력 시험의 읽기 영역에서 사용하고 있는 것은 '사실적 이해, 추론적 이해, 비판적 이해'이고 국어과 교육과정에서는 '사실적 이해, 추론적 이해, 비판적 이해, 창의적 이해'로 구분하

아기 돼지 삼형제		
분석적 사고	왜 짚은 좋은 건축 재료가 되지 못할까요?	
창의적 사고	첫번째 아기 돼지가 늑대로부터 더 안전한 집을 만들기 위해 필요한 것들은 무엇일까요?	
실천적 사고	만일 집을 짓는다면 어떤 재료로 짓고 싶나요?	

스턴버그의 질문 예시

고 있다. 또한 스턴버그(Sternberg) 등은 '분석적 사고, 창의적 사고, 실천적 사고' 세 가지로 구분하였다.

그러나 독해력을 사고 과정에 따라 분류하는 방식들에 대해 많은 비판이 제기되었다. 이러한 비판은 의미를 구성하는 과정을 세분화하는 것이 가능한 것인가에 초점이 맞춰졌다. 그 결과 사고 과정을 분류하는 질문 대신에 학생들에게 "무엇이 일어날 거라고 예측하는가?", "무슨 일이 일어났는가?", "이것을 보고 무엇을 생각하였는가?"와 같은 질문을 제시해야 한다고 주장하는 사람들이 나타나기 시작했다.

라파엘(Raphael, 1986)은 학생들이 정보의 근거에 대해 생각할 수 있도록 네 가지 범주의 질문을 개발하였다. '바로 거기(right there)', '작가와 자신(auther and you)', '생각하고 탐구하기(think and search)', '자신의 것(on my own)' 등이 그것이다. 이와 같은 분류는 매우 실제적인 정의이기 때문에 학생들이 자신의 반응 전략을 계획하고 텍스트에

책에서 묻고 답하기	자기 머릿속에서 묻고 답하기
바로 거기에 답은 텍스트 안에 있어서 찾기 쉽다. 질문을 만드는 데 사용되는 단어들과 질문에 답하는 데 사용되는 단어들이 같은 문장 안의 바로 거기에 있다.	**작가와 자신** 답은 이야기 안에 있지 않다. 자신이 이미 알고 있는 것과 작가가 텍스트 안에서 말하는 것을 적절히 통합해야 한다.
생각하고 탐구하기 답은 이야기 안에 있으나 서로 다른 부분을 통합해야 답을 찾을 수 있다. 질문을 위한 단어와 답을 위한 단어는 같은 문장에 있지 않고 텍스트의 다른 부분들에 있다.	**자신의 것** 답은 이야기 안에 있지 않다. 이야기를 읽지 않고도 문제에 대한 자기 자신의 경험을 사용하여 답을 할 수 있다.

라파엘의 정보 텍스트 읽기 전략

대한 반응을 스스로 점검하고 평가하는 데 효과적이다.

질문을 제시하는 기준과 방법에는 여러 가지가 있다. 어떤 방법을 사용하든 독자들이 그들이 읽은 것에 대해서 개인적인 반응을 하고, 그들 자신의 목적을 세우고 달성하기 위해서 읽도록 하려면 교사가 먼저 적절한 질문 양식을 제공해야만 한다. 중요한 것은 학생들이 텍스트와 상호작용을 활발하게 하고 보다 높은 수준의 사고 활동을 하도록 자극할 필요가 있다는 점이다. 따라서 교사들은 활동 전에 미리 학생들에게 어떤 질문을 제공할 것인지 충분히 고민해야만 한다.

작가에게 질문하기(QtA)

　작가에게 질문하기는 학생들이 텍스트를 저자 입장에서 보다 깊이 있게 읽도록 하기 위한 교수 학습 방법이다. 교사는 학습자들이 능동적으로 읽기를 요구하지만 학습자들은 대부분 수동적인 태도에서 벗어나지 못할 때가 많다. 이런 경우 학습자들은 교사의 해석을 기다리거나 자신의 반응이 합당한지의 여부를 교사로부터 확인 받고 싶어 한다. 또한 학습자들이 텍스트를 읽고 반응을 나타내는 경우에도 저자의 의도를 파악하고 평가하기보다는 대부분 자신의 경험을 표현하는 데서 그치는 경우가 많다.

　벡과 맥권(Beck & Meckwoen, 2006)은 학습자들이 독자의 입장이 아닌 저자의 입장에서 텍스트를 읽도록 함으로써 수동적인 태도에서 벗어나 텍스트를 능동적으로 읽도록 하였다. 저자 역시 특별한 존재가 아니라 보통 사람이기 때문에 실수를 할 수도 있고, 독자에게 말하고자 하는 바를 효과적으로 표현하지 못할 수도 있다. 따라서 독자는 저자가 말하고자 하는 바가 무엇인지, 그것을 제대로 표현하고 있는지, 다른 더 좋은 표현 방법은 없었는지 등을 생각하면서 읽으면 된다. 이렇게 저자 입장에서 읽도록 할 경우 학생들은 텍스트를 보다 능동적으로 깊이 있게 읽을 수 있다.

　저자에게 질문하기 전략은 읽기 후에도 할 수 있지만 읽기 중 시간을 활용해서 학생들이 텍스트를 능동적으로 읽도록 훈련하는 것이 바람직하다. 교사는 먼저 학생들에게 저자가 완전하지 않다는 것, 그래서 저자 입장에서 자신이 쓴 글을 수정한다는 자세로 읽어야 함을 설명해야 한다. 사실 독자 입장에서 수동적인 태도로 텍스트를 읽어 왔던 학생들이 갑자기 저자 입장이 되어 읽는 것은 어려운 일이다. 그렇기 때문에 저자 입장에서 읽는 것이 어떤 것인지를 교사가 시범 보이기로 보여 줘야 한다.

먼저 텍스트의 특정한 부분을 읽다가 멈추어서 "여기서 저자가 말하고 싶은 바가 뭐지?"라는 개시 질문을 던진 다음, 이 질문에 대한 답을 교사가 생각 말하기 형태로 제시하면서 학생들의 반응을 유도한다. 그리고 이어서 "이 표현을 통해서 저자가 말하고자 하는 의미는 무엇인가?", "어떻게 이것이 저자가 말하고자 하는 바와 연결이 되지?" 등과 같은 후속 질문을 던져 더 깊이 있는 생각을 하도록 이끌어 주면 학생들은 이들 질문에 대해서 서로 토의하면서 저자의 의도와 표현 효과에 대해서 추론하고 상상한다.

개시 탐구 질문	후속 탐구 질문
• 여기서 저자가 말하려고 하는 것은 무엇인가요? • 저자는 우리들이 무엇을 알기를 원하고 있나요? • 저자는 무엇에 대하여 말하고 있나요? • 이 부분에서 가장 중요한 중심 어휘는 무엇인가요?	• 저자는 바로 이 부분에서 무엇을 말하고 싶었을까요? • 저자가 말한 것은 'ㅇㅇㅇ'입니다. 여기에서 저자가 정말 전하고자 했던 것은 무엇일까요? • 이 부분은 저자가 앞서 말한 것과 어떻게 연관되나요? • 이 부분은 저자가 앞서 말한 부분과 잘 어울리나요? • 저자는 왜 이렇게 말했을까요?

개시 탐구 질문과 후속 탐구 질문의 예

저자에게 질문하기는 교사의 비계 지원을 통해서 학생들이 보다 능동적으로 읽도록 하는 것으로 크게 세 단계로 이루어져 있다.

1. 입장 세우고 텍스트 읽기
2. 탐구 질문 만들기
3. 토론하기

첫 번째 단계는 '입장 세우고 텍스트 읽기'이다. 이것은 '저자'처럼 읽는 활동이다. 교사는 이 과정에서 학습 독자에게 자신이 텍스트를 쓴 저자라고 상상하며 읽도록 유도한다. 두 번째 과정인 '탐구 질문 만들기'는 텍스트를 읽으면서 더 알고 싶은 내용이나 자신이 이해하지 못하는 부분 혹은 자신의 생각과 비슷하거나 다른 부분에 대하여 질문을 생성하는 활동이다. 이러한 질문들은 보통 텍스트의 특정 부분에 집중하여 이루어지나, 전체 내용에 대해서도 만들 수 있다. 세 번째 단계는 '토론하기' 활동이다. 학생들은 질문에 대한 답을 찾기 위해서 토론을 해야 한다(이향근, 2013).

「나비 박사 석주명」 추론하며 읽기

정보 텍스트는 인간과 사회, 자연의 다양한 지식, 정보를 다루기 때문에 그 종류는 매우 다양하다. 그리고 인물 이야기도 사람에 대한 정보를 소개한다는 점에서 중요한 정보 텍스트 가운데 하나이다. 많은 사람들이 살아가는 이 세상에서 남다른 업적을 이루었거나 성공한 사람들의 이야기는 언제나 독자의 관심과 흥미를 불러일으킨다. 사람들은 그 인물이 어떻게 살았으며, 어떤 고난과 역경을 이겨 내고 그처럼 뛰어난 성취를 이루었는지 궁금해한다.

인물 이야기는 교훈과 감동을 주기 때문에 교과서에서 즐겨 다루는 텍스트이다. 그러나 교과서에서 다루는 인물 이야기는 언제 봐도 재미가 없다. 소설이나 드라마에서는 흥미롭게 느껴지던 인물도 교과서 텍스트로 활용되면 재미가 없어진다. 왜 그럴까? 그 이유를 파악하기 위해서는 먼저 인물 이야기를 교과서에서는 어떻게 다루고 있는지 살펴볼 필요가 있다. 다음은 초등학교 3학년 읽기 교과서에 실려 있는 「나비 박사 석주명」에 관한 이야기이다.

나비 박사 석주명

석주명이 나비를 채집하려고 지리산에 갔을 때의 일입니다. 저만치 흑갈색 바탕 위에 흰 무늬가 있는 날개를 단 나비가 눈에 띄었습니다.

'처음 보는 나비인데……'

석주명은 숨을 죽인 채 살금살금 다가갔습니다. 그 순간 나비는 팔랑 거리며 날아가 버렸습니다.

'저것은 지금까지 발견하지 못한 나비야.'

나비가 나는 모습만 보아도 암컷인지 수컷인지 알 수 있는 석주명이 었습니다. 그는 가슴이 두근거렸습니다.

나비는 잡힐 듯 잡힐 듯하면서도 계속 날아갔습니다. 석주명은 있는 힘을 다해 나비를 뒤쫓았으나 나비는 어디론가 사라져 버렸습니다.

'어떻게 해서든지 저 나비를 꼭 잡아야 해.'

석주명은 나비를 찾으려고 풀숲도 헤쳐 보고 나뭇가지도 흔들어 보 며 온 산을 헤매고 다녔습니다. 여기저기 부딪혀 멍이 들고 나뭇가지에 살갗이 긁혀 피가 흘렀습니다.

그러기를 여러 시간, 그는 마침내 나비를 잡을 수 있었습니다. 우리 나라에서는 처음 발견한 나비였습니다. 석주명은 이 나비한테 '지리산 팔랑나비'라는 이름을 붙였습니다.

석주명은 어렸을 때 개와 고양이뿐만 아니라 비둘기, 도마뱀까지 기 를 만큼 동물을 좋아했습니다. 그리고 친구들과 어울려 다니며 뛰어놀 기를 좋아하는 개구쟁이이기도 했습니다.

그런데 그때는 우리나라가 일본에 나라를 빼앗긴 시대였습니다. 석주명은 독립운동가들을 도와주시는 아버지의 모습을 보며 자랐습니다. 어린 나이에 석주명은 3·1 운동에도 참가했습니다.

석주명이 나비를 연구하기로 마음먹은 것은 일본에서 공부하던 스물한 살 때였습니다. 석주명에게 일본인 선생님이 말했습니다.

"조선에서는 아직 나비에 대한 연구가 제대로 되어 있지 않아. 나비를 연구해 보게. 자네가 십 년 동안 끊임없이 연구한다면 세계에서 알아주는 나비 박사가 될 수 있을 걸세."

석주명은 선생님 말씀을 듣고 결심했습니다.

'그렇다. 나도 무엇인가를 해야 한다. 먼저 나는 우리나라 나비를 연구할 것이다. 아무도 하지 않은 이 일을 내가 반드시 해내고야 말리라.'

우리나라로 돌아온 석주명은 마음을 굳게 먹고 나비 연구를 시작했습니다. 밥 먹는 시간도 아까워서 길을 걸으며 땅콩을 먹었고, 새벽 두 시 전에는 결코 잠자리에 들지 않았습니다. 언제 어디에서나 오직 나비만을 생각하며 연구에 몰두했습니다.

십 년이라는 세월이 흘렀습니다. 그러던 어느 날, 석주명은 편지 한 통을 받았습니다.

석주명 선생님께
조선에 있는 모든 나비를 연구해 책으로 써 주십시오.
영국왕립아시아학회

석주명은 책을 쓰기로 했습니다. 그는 이 책을 쓰려고 나비를 수만 마리나 모으며 온갖 정성을 쏟았습니다. 그리고 일본 학자들이 우리나라 나비에 대해 잘못 쓴 부분들을 찾아내 바로잡았습니다. 이렇게 하여 석주명은 우리나라에 사는 나비에 대한 책을 완성해 영국왕립도서관으로 보냈습니다.

이렇듯 석주명은 나비를 연구하는 데 온 힘을 다했습니다. 그는 무려 나비 75만여 마리를 모았습니다. 그리고 일본어로 된 나비 이름을 '수노랑나비', '유리창나비'와 같은 우리말 이름으로 바꾸어 붙였습니다. 나라를 빼앗겨 어두웠던 시대에 석주명은 나비를 연구해 우리 민족의 훌륭함을 온 세계에 알렸습니다.

[학습 문제]

1. 「나비 박사 석주명」을 읽고 물음에 답해 봅시다.

(1) 석주명이 어렸을 때 좋아한 것은 무엇 무엇인가요?

(2) 석주명은 어떤 시대에 살았나요?

(3) 석주명이 해낸 훌륭한 일은 무엇 무엇인가요?

2. 「나비 박사 석주명」의 일부분을 읽고 생략된 내용을 짐작해 봅시다.

(1) 다음을 읽고 석주명이 오랫동안 몸을 다쳐 가며 나비를 잡았던 까닭을 짐작해 써 보세요.

'저것은 지금까지 발견하지 못한 나비야.'

나비가 나는 모습만 보아도 암컷인지 수컷인지 알 수 있는 석주명이었습니다. 그는 가슴이 두근거렸습니다. ……

'어떻게 해서든지 저 나비를 꼭 잡아야 해.'

석주명은 나비를 찾으려고 풀숲도 헤쳐 보고 나뭇가지도 흔들어 보며 온 산을 헤매고 다녔습니다. 여기저기 부딪혀 멍이 들고 나뭇가지에 살갗이 긁혀 피가 흘렀습니다.

그러기를 여러 시간, 그는 마침내 나비를 잡을 수 있었습니다. 우리나라에서는 처음 발견한 나비였습니다. 석주명은 이 나비한테 '지리산팔랑나비'라는 이름을 붙였습니다.

글에서 찾은 단서	자신의 경험

↓

짐작한 내용	석주명은, _____ _____, 그래서 오랫동안 몸을 다쳐 가며 나비를 잡았던 것 같습니다.

(2) 다음을 읽고 영국왕립아시아학회에서 책을 써 달라는 편지를 받았을
때 석주명이 어떤 마음이었을지 짐작해 써 보세요.

석주명 선생님께

조선에 있는 모든 나비를 연구해 책으로 써 주십시오.

영국왕립아시아학회

석주명은 책을 쓰기로 했습니다. 그는 이 책을 쓰려고 나비를 수만
마리나 모으며 온갖 정성을 쏟았습니다. 그리고 일본 학자들이 우리나
라 나비에 대해 잘못 쓴 분들을 찾아내 바로잡았습니다. 이렇게 하여
석주명은 우리나라에 사는 나비에 대한 책을 완성해 영국왕립도서관으
로 보냈습니다.

글에서 찾은 단서	자신의 경험

↓

짐작한 내용	영국왕립아시아학회에서 책을 써 달라는 편지를 받았을 때 석주명은 _____ _____

교과서에 실린 석주명의 이야기는 사실 매우 간략한 편이어서 이 내용만으로는 학생들이 석주명이라는 인물을 충분히 이해하기 어렵다. 지면의 한계로 인해 인물 이야기를 자세히 하기 어려운 까닭이다. 그렇기 때문에 학습활동을 통해서 인물에 대한 궁금증을 해소하도록 하는 것이 필요하다. 그러나 학습활동의 질문들은 텍스트 중심적인 것들로만 구성되어 있어 학생들의 깊이 있는 사고를 촉진하기에는 한계가 있다. 더구나 대부분의 질문들이 특정한 세부 내용을 이해하는 데에만 초점을 두고 있다.

먼저 학습활동 1에서는 학생들이 텍스트의 내용을 파악했는지 확인하기 위해서 세 가지 질문을 제공하고 있다. 인물의 어린 시절, 시대 배경, 인물의 성취와 관련된 질문을 제시하고 있으나 글 전체 내용을 체계적으로 이해하도록 구조화된 질문이 아니라 단편적인 질문 형태로 제시되어 있다. 학습활동 2에서는 두 개의 세부 장면을 제시하고 인물의 당시 심리를 상상해 보도록 하고 있다. 그런데 이런 활동이 석주명의 삶에 대한 학생들의 궁금증을 해소하고 이해를 넓히는 데 어떤 도움이 되는지는 알 수가 없다.

교과서에 수록된 인물 이야기는 대부분 이와 비슷하다. 인물에 대한 소개도 간략하거니와 학습활동 또한 단편적인 이해에 그치거나 심리 파악하기와 같이 감동을 강요하는 활동으로 구성되어 있다. 인물에 대한 정보도 부족할 뿐만 아니라 그나마 이 글을 읽고 석주명이라는 인물에 대해 관심을 가진 학생들조차 궁금증을 해소하고 이해를 확장할 수 있는 기회가 전혀 제공되지 않고 있다. 교과서에서 이렇게 석주명을 읽은 학생들은 석주명이 나비를 연구한 사람이라는 정보 이상을 기억하기 어렵다.

그렇다면 어떻게 해야 학생들이 인물에 대한 관심과 흥미를 갖고 인물을 보다 다채롭게 이해하도록 할 수 있을까? 가장 효과적인 방법은 텍스트로부터 시작하는 것이 아니라 학생들로부터 시작하는 것이다. 우리는 인물 이야기를 읽을 때 대체로 어떤 내용이 전개될 것이라는 예측과 기대를 갖고 읽는다. 이런 기대나 예측은 인물에 대한 이야기를 더 잘 이해할 수 있도록 해 준다. 따라서 인물 이야기를 읽을 때는 인물에 대한 기대를 갖고 읽을 수 있도록 지원해 주는 것이 좋다.

읽기 전	다양한 인물 이야기의 목차 살피기 인물 이야기 맵 만들기	모둠 활동/ 전체 활동
읽기 중	인물 이야기 맵을 바탕으로 읽기 글을 읽으면서 맵의 내용을 채워 나간다.	짝 활동/ 모둠 활동
읽기 후	각자 만든 맵의 내용을 발표한다. 전체 맵을 정리한 다음에 인물에 대해 궁금한 질문을 만든다. 모둠별로 질문을 탐구해서 발표한다.	모둠 활동/ 전체 활동

인물 이야기 수업계획

읽기 전 활동에서 어떤 인물인지 예측해 보고 이야기의 구성 방식을 미리 마인드맵으로 정리한 다음에 읽는다면 보다 능동적으로 읽을 수 있다. 교사는 "먼저 인물 이야기가 어떻게 구성되어 있을까?"라는 질문을 던져 학생들이 인물 이야기의 조직 방식을 예측하도록 한다. 인물 이야기는 대체로 태어난 배경, 어린 시절, 성장 과정, 도전과 고난, 업적의 성취, 인물에 대한 평가 등으로 구성된다. 학생들이 발표하는 내용을 모두 칠판에다 적어 놓고 비슷한 이야기는 하나의 범주로 통합해서 인물 맵을 그리도록 한다. 이 맵을 바탕으로 학생들은 텍스트를 읽으면서 해당 범주의 내용을 정리할 수 있다.

글 내용을 추론하며 읽기 능력을 기르기 위해서도 읽기 전에 학습한 인물 이야기의 구조를 활용해서 텍스트 내용을 이해하고 관련 내용을 탐구하도록 하는 것이 필요하다. 교사는 학생들이 텍스트를 읽

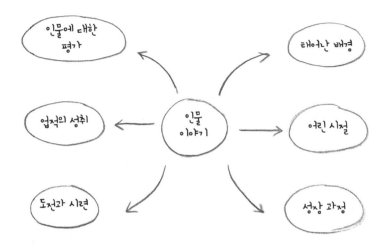

으면서 읽기 전 활동에서 만든 인물 맵을 채워 나가도록 한다. 그리고 다 읽은 다음에는 짝이나 모둠별로 학생들이 정리한 내용을 서로 나누고 그 결과를 다시 전체 학급에서 나누도록 한다. 교사는 읽기 전에 칠판에 그려 놓은 인물 맵에 학생들이 발표한 내용을 정리하면 된다.

이렇게 인물 맵으로 정리해 보면 내용이 자세한 범주가 있는 반면에 내용이 없거나 아주 소략한 범주도 있을 것이다. 이 글에서 보면 석주명의 어린 시절 이야기와 업적의 성취에 대해서는 자세히 기술하고 있지만, 인물의 배경은 매우 간략하게 기술되어 있을 뿐이고 인물이 업적을 이루는 데 어떤 고난과 역경이 있었는지는 기술되어 있지 않다. 이렇게 보면 이 글은 인물에 대한 이야기를 다루고 있지만 인물이 이룬 업적 위주로 소개하는 글임을 알 수 있다.

이렇게 전체적인 내용 구조를 파악하고 나면 이 글에서 소개한 내용을 바탕으로 인물에 대해 소개되지 않은 내용, 그래서 학생들이 인물에 대해 더 탐구하고 싶은 질문을 제기하도록 한다. 학생들은 필자가 소개하지 않은 범주의 내용을 질문할 수도 있고, 소개한 내용 중에서도 궁금한 것들 혹은 석주명과 관련해서 자신이 들은 내용 등을 바탕으로 질문을 구성할 수도 있다. 교사는 학생들이 제기한 질문들을 칠판에 정리한 다음에 이것들을 다시 범주로 묶고 모둠별로 탐구하고 싶은 질문을 선택해서 탐구 활동을 하도록 안내한다.

학생들의 질문은 결국 학생들의 관심을 반영한 것이다. 이 질문을 바탕으로 석주명이라는 인물을 좀 더 자세히 탐구할 수도 있지만 일제 시대의 유학생들에 대해서 탐구할 수도 있다. 어떤 학생들은 본문에 나온 영국왕립학회라는 곳에 대해 탐구할 수도 있을 것이다. 질문이 다양할수록 학생들의 관심과 흥미는 높아지게 마련이다. 이와 같은 활동들은 인물에 대한 이해를 크게 확장시킬 뿐만 아니라 글의 세부적인 사항뿐만 아니라 텍스트의 구조에 대한 추론 능력을 길러준다.

학생들은 자신의 질문과 관련된 정보를 석주명의 전기문이나 인터넷 사이트, 백과사전 등 다양한 곳에서 찾아 정리할 수 있다. 교사는 어디에서 자료를 찾아서 읽고 정리할 것인지를 안내해 줄 필요가 있다. 또한 학생들이 찾은 자료를 어떻게 정리해서 발표할 것인지도 안내하도록 한다. 모둠별로 학생들이 정리한 자료를 전체 학급에서 발표하고 서로 질문과 대답을 나누도록 할 경우 학생들은 교과서에서 제공한 것보다 더 많은 정보를 자신의 힘으로 얻었다는 것을 확인하게 될 것이다.

[참고 문헌]

이향근(2013), 시 텍스트 이해 학습에서 '저자에게 질문하기 방법(QtA)'의 적용, 새국어교육 95, pp. 221-247.

Beck, I. L., & McKeown, M.G.(2006), *Improving Comprehension with Questinging The Author*, NewYork : Scholastic.

Blachowicz, C. & Ogle, D.(2001), *Reading Comprehension: Strategies for Independent Learners*, Guilford Publications, Inc.

Graves, M. F., Juel, C. & Graves, B.(2007), *Teaching Reading in the 21st Century 4th edition*, Pearson Education, Inc.

Sternberg, R. J., & Spear-Swerling, L. S.(1996), *Teaching for Thinking*, Washington, DC: American Psychological Association.

Raphael, T. E.(1986), Teaching Question Answer Relationships, Revisited, *Reading Teacher 39*, pp. 516-538.

8장

문학 텍스트
읽고 토론하기

문학 텍스트 어떻게 읽을까?

사실 문학이라는 용어는 매우 모호하다. 흔히 시, 소설, 희곡, 수필 등을 문학의 범주에 포함시키고 있는데, 이들 텍스트를 관통하는 본질적인 특징을 확정하기가 어렵기 때문이다. 문학의 특징을 허구 혹은 픽션이라는 것에 둔다면 논픽션 장르들이 이의를 제기할 것이다. 그렇다면 문학은 정서를 표현하고 즐거움을 얻는 것을 목적으로 한다고 하면 어떨까? 아마 정보 텍스트에서도 필자의 정서를 느끼고 즐거움을 얻는다고 항변할 것이다. 문학이란 비유나 상징과 같은 문학적 장치를 적극적으로 사용한 텍스트라고 해도 마찬가지다. 인지 언어학에서는 모든 언어가 은유에 기초하고 있음을 밝히고 있기 때문이다. 따라서 여기에서는 문학 텍스트라는 용어를 서사 텍스트라는 의미로 한정해서 사용하고자 한다.

많은 연구에서 문학 텍스트보다 서사 텍스트라는 용어를 더 많이 사용하고 있는데, 이는 서사성을 문학 텍스트의 가장 중요한 특징이라고 보기 때문이다. 서사 텍스트는 정보 텍스트와는 달리 단일한 조직 방식으로 이루어져 있으며, 배경이 설정되고 인물이 등장하여 사건들이 연쇄적으로 일어나는 단일한 구성을 지녔다. 소설은 대표적인 서사 장르이며 시도 화자의 나레이션을 바탕으로 한 서사이고 희곡도 등장인물들의 서사라고 할 수 있다. 수필도 서사적인 수필과 비서사적인 수필로 나눌 수 있는데, 비서사적인 수필은 사실상 정보 텍스트에 가깝다.

어떤 소설가는 우리가 매일매일 이야기 속에서 살아간다고 말했다. 어릴 때 할머니에게서 듣는 옛날이야기부터 시작해서 만화나 카툰, 영화나 드라마, 게임, 광고에 이르기까지 매일 우리는 다양한 이야기에 둘러싸여 살아간다. 아이들은 학교에 들어가 전에 이미 이야기 문법을 배경지식으로 갖추고 있으며, 학교에 들어가서는 더욱 다양한 서사 장르들을 접하게 된다. 결국 서사는 우리가 세계를 인식하는 하나의 틀이라고 할 수 있으며, 우리는 이런 서사 텍스트를 통해서 삶의 지혜를 얻고 다양한 즐거움을 누린다.

따라서 학교에서 수행되는 문학 수업은 우리들의 서사적인 삶을 보다 높은 수준으로 발전시키는 데 도움을 줄 수 있어야 한다. 학생들은 다양한 장르의 서사 텍스트를 접하면서 스스로 책을 찾아 읽는 독서 습관을 들여야 할 뿐만 아니라 보다 높은 수준의 독해력을 기를 수 있어야 한다. 이를 위해서 학교에서는 학생들이 스스로 텍스트를 선택하고, 능동적으로 의미를 구성하면서 읽고, 자신의 해석을 다른 독자들과 나눌 수 있도록 지원하고 격려해야 한다. 정해진 답을 찾기 위해서 읽는 것이 아니라 텍스트와 자신의 삶이 만나는 역사적 사건(events)을 경험하도록 해야 한다.

그렇다면 학교에서의 문학 수업은 이러한 목표에 맞게 진행되고 있을까? 초등학교 교과서를 통해서 현재 학교에서 이루어지는 문학 수업의 실제를 한번 살펴보자. 초등학교 교과서는 중학교나 고등학교 교과서보다 훨씬 오랫동안 학생 중심의 활동을 강조하는 방식으로 편성되어 왔다. 따라서 읽기나 문학 수업에서도 학생들의 능동적인 의미 구성을 강조하는 방식으로 구성되어 있다. 4학년 1학기 읽기 교과서에는 '시를 읽고 생각을 나누어 보자.'라는 단원이 있다. 이 단원은 말 그대로 학생들이 능동적으로 의미를 구성하도록 성취 목표가 설정된 단원이라고 할 수 있다. 이 단원의 제재와 학습활동이 어떻게 구성되어 있는지 살펴보면 다음과 같다.

텅 빈 운동장을
혼자 걸어 나오는데
운동장가에 있던 나무가
등을 구부리며
말타기 놀이 하잔다
얼른 올라타라고
등을 내민다

내가 올라타자
따그닥따그닥
달린다

학교 앞 문방구를 지나서
네거리를 지나서
우리 집을 지나서
달린다

달리고 또 달린다
차보다 빠르다
어, 어, 어,
구름 위를 달린다
비행기보다 빠르다
저 밑의 집들이
점점 작게 보인다

"성민아, 뭐 해?"

은찬이가 부르는 소리에
말은 그만
걸음을 뚝, 멈춘다

아깝다,
달나라까지도 갈 수 있었는데

− 김철순, 「등 굽은 나무」

[학습 문제]

1. 「등 굽은 나무」를 읽고 물음에 답해 봅시다.

  (1) 성민이는 어디에 올라탔나요?

  (2) 성민이는 나무를 무엇이라고 생각했나요?

  (3) 성민이가 상상 속에서 간 곳은 어디어디인가요?

2. 「등 굽은 나무」 속 성민이가 어떤 생각을 했는지 친구들과 이야기해 봅시다.

3. 「등 굽은 나무」에 대한 자신의 생각이나 느낌을 여러 가지 방법으로 표현해
  봅시다.

  (1) 자신의 생각이나 느낌을 표현할 방법을 정해 보세요.

  (2) (1)에서 정한 방법으로 친구들 앞에서 발표해 보세요.

4. 「등 굽은 나무」 속의 성민이가 되어 가 보고 싶은 곳을 말해 봅시다.

이 시는 초등학생들이 읽고 서로 의견을 나눌 만한 이야기를 담고 있다. 서사적 특징이 비교적 잘 드러나 있어서 학생들이 해석하고 자신의 경험과 관련지을 수 있는 텍스트라고 할 수 있다. 학습활동도 작품에 대한 학생들의 생각이나 느낌을 표현하는 데 초점을 두고 있다. 이렇게 볼 때 초등학교 교과서는 학생들이 작품을 읽고 능동적으로 의미를 구성하여 친구들과 나누는 긍정적인 경험을 할 수 있도록 구성되어 있다고 볼 수 있다. 그런데 질문과 활동을 자세히 살펴보면 학

생 활동 중심의 교재나 수업이 갖고 있는 한계가 드러난다.

이 단원의 학습 목표가 시를 읽고 생각을 나누는 것이기 때문에 작품을 읽고 나서 자신의 생각을 나누도록 요구하는 것이 2, 3, 4의 핵심적인 활동이다. 문제는 학생들이 이 시를 읽고 무엇을 생각해야 하는지에 대해서는 배우지 못했다는 점이다. 선생님이 "자, 여러분, 시를 잘 읽었죠? 그러면 떠오르는 생각을 자유롭게 정리해서 발표해 봐요."라고 말해도 학생들은 아무것도 떠오르는 것이 없다. 아니, 이 것저것 떠오르는 생각은 있어도 그것을 말로 표현하기가 어렵다. 작품을 읽고 생각이나 느낌을 표현해 보도록 요구할 뿐 작품을 읽으면서 어떻게 생각과 느낌을 구성해야 할 것인지에 대한 안내나 연습을 할 수 있는 기회가 제공되지 않고 있다.

그나마 학생들이 생각을 정리할 수 있도록 도움을 주는 것이 1번 항목의 세 가지 질문이다. 그러나 이 질문들은 학생들의 능동적인 사고를 촉진하는 질문이 아니라 세부 내용을 확인하는 닫힌 질문에 속한다. 예를 들어 세 가지 질문에 대한 답은 (1)성민이는 어디에 올라탔나요? 나무에, (2)성민이는 나무를 무엇이라고 생각했나요? 말, (3)성민이가 상상 속에서 간 곳은 어디어디인가요? 구름 위. 이렇게 단답형으로 대답할 수 있을 뿐이다. 이런 질문을 통해서 학생들의 능동적인 사고를 촉진하기는 어렵다. 텍스트에 대해서 깊이 있게 생각할 수 있도록 비계를 지원하지 않고 그저 자신의 생각을 여러 가지 방법을 활용해서 발표하라는 요구만을 제시하고 있는데, 이런 경우 학생들은 대부분 텍스트에 대한 단편적인 생각이나 관련된 자신의 경험을 환기하는 차원에서 크게 벗어나지 못한다.

　사실 이 텍스트는 그렇게 단순하지 않다. 현실과 환상 두 세계가 중첩되어 있어서 학생들이 현실 세계와 환상 세계를 구분할 수 있도록 적절한 비계를 제공해야 한다. 이 시를 그림으로 표현해 보도록 하면 현실 세계와 환상 세계를 구분할 수 있는지를 확인할 수 있을 것이다. 읽을 때도 두 세계를 구분해서 소리 내어 읽어 주는 것이 효과적인 방법이다. 그래도 학생들이 이 시의 서사적 상황을 이해하는 데 어려움이 있다면 교사가 끊어 읽으면서 생각 말하기 방법으로 학생들이 상황을 상상할 수 있도록 지원할 필요가 있다. 다음과 같은 활동지를 제공해서 두 세계의 차이를 구분할 수 있도록 도와줄 수도 있다.

화자가 어디에 있는지 구분해 보세요.	
현실 세계	환상 세계
텅 빈 운동장을 혼자 걸어 나오는데 운동장가에 있던 나무가 등을 구부리며 말타기놀이 하잔다 얼른 올라타라고 등을 내민다	

현실 세계	환상 세계

　이 시는 현실에서 시작해서 상상의 세계를 경험했다가 다시 현실 세계로 나오는 구조로 구성되어 있다. 등 굽은 나무를 보고 화자는 목마를 떠올리며 그 목마를 타고 하늘을 나르는 상상을 한다. 그러다가 "성민아, 뭐 해?"라는 친구의 목소리 때문에 상상의 세계가 그만 깨지고 만다. 이렇게 시적 상황을 정확하게 파악하도록 한 다음에는 열린 질문을 제시해서 다양한 사고를 할 수 있도록 해야 한다. 예를 들면 "성민이는 왜 등 굽은 나무를 보고 이런 상상을 했을까요?", "만일 여러분이 이런 마법의 목마를 타고 있다면 어디로 가고 싶나요?",

"여러분은 평소에 어떤 상상을 하나요?" 등과 같은 질문을 통해서 다양한 이야기를 나눌 수 있을 것이다.

이처럼 학생들이 작품을 읽으면서 어떤 생각을 해야 하는지에 대해 교사가 시범을 보이거나 능동적 의미 구성을 촉진하도록 비계를 제공하는 것이 중요하다. 그래야 학생들이 읽기 과정에서 어떤 사고 활동을 해야 하는지를 이해하게 되고, 이를 실행하는 과정에서 생각을 확장시킬 수 있다. 읽기 과정에 대한 지도가 이루어지지 않은 상태에서 읽은 결과만을 발표하도록 요구하는 것은 결국 교사가 평가자의 역할만 담당하는 것이다. 결국 학생들은 아무것도 배우지 못한 상태에서 평가를 받아야 하는 상황으로 내몰리게 된다.

많은 독서 연구자들은 종종 다음과 같은 문제 제기를 해 왔다. "읽기 지도를 한다고 하면서 우리가 주로 하는 것은 읽기를 가르치는 것이 아니라 읽기를 평가하는 것일 뿐이다." 학생들에게 뭔가를 하도록 요구하고 그 결과를 평가하는 것이 읽기 지도가 될 수는 없다. 그럼에도 불구하고 우리는 종종 그런 실수를 한다. 미국에서도 이런 문제 제기가 계속되는 것을 보면 교육이라는 이름으로 평가 행위만 수행하는 일이 비단 우리나라에만 있는 현상은 아닌 것 같다. 이는 달리 말하면 읽기 과정을 지도하는 것이 그만큼 쉬운 일이 아니라는 것을 의미한다. 그러나 읽기 능력을 향상시키려면 일정 부분 독자의 노력도 필요하다. 블라쇼비츠와 오글((Blachowicz, C. & Ogle, D., 2001)은 독자의 수준과 관계없이 모든 독자들은 다음과 같은 것들을 알 필요가 있다고 말했다.

독자가 알아야 할 것들

1. 능동적으로 읽고, 읽은 것으로부터 의미를 구성하라.

2. 중요한 핵심 요소를 확인하고 읽은 것을 말이나 시각적으로 표현할 수 있도록 하라.

3. 자기가 읽은 이야기의 설정, 문제들 혹은 사건들, 그리고 인물들을 자신과 개인적으로 연결하라.

4. 텍스트에서 가장 좋아하는 부분을 찾고 왜 좋아하는지 설명하라.

5. 자신이 즐겨 읽을 수 있는 텍스트를 선정하고 좋아하는 책과 작가들을 알아보라.

6. 작가 입장이 되어서 작가가 책을 어떻게 썼는지를 생각해 보라.

7. 책들을 평가하고 책의 수준을 높이는 특징들을 파악하라.

8. 자기가 읽은 책에 대한 반응을 나누라.

9. 친구들과 책에 대해 토의하는 데 참여하라.

읽기에 몰입하도록 지원하기

    교사가 책을 읽어 주고 생각 말하기를 통해서 읽기 과정의 시범을 보이는 것은 학생들이 책 읽기에 관심을 갖도록 돕는다. 그러나 가장 중요한 것은 학생 스스로 책을 찾아 능동적으로 읽을 수 있게 하는 것이다. 이를 위해서는 학생들이 능동적으로 몰입해서 읽는 연습을 많이 해야 하며, 교사는 학생들의 읽기 활동을 관찰하여 적절한 지원을 해야 한다. 어떤 학생들은 다른 학생들보다 더 많은 지원을 필요로 하기 때문에 교사는 학생들의 반응을 주의 깊게 살펴보고 적절하게 반응하면서 지원의 수준을 판단해야 한다.

    읽기에 몰입하도록 학생들을 지원하는 방법에는 여러 가지가 있지만 여기서는 이야기 구조 파악하기, 안내된 읽기 – 생각하기 활동(the directed reading–thinking activity;DR-TA)과 이야기 문제 해결 전략을 소개하고자 한다. 이야기 구조 파악하기는 모든 학년의 학생들에게 도움을 줄 수 있다. 반면에 DR –TA는 어린 학생들에게 적합한 방법이고, 이야기 문제 해결 전략은 좀 더 높은 수준의 학생들에게 적합하다.

이야기 구조 파악하기

우리는 소설이나 이야기가 인물, 사건, 배경으로 구성된다는 것을 잘 알고 있다. 대부분의 아이들은 학교에 들어오기 전에 이미 책 읽기를 통해 그리고 텔레비전이나 영화, 드라마를 통해서 이야기의 구조를 이해하고 있다. 아이들은 이야기에는 등장인물이 있고, 이 등장인물이 당면한 문제의 해결책을 찾아 대부분 행복하게 끝난다는 것을 알고 있다. 또한 아이들은 사건이 일어나는 시간과 장소가 불분명한 민간 설화 같은 것도 있지만, 이를 제외한 모든 이야기에는 특별한 배경이 설정(setting)된다는 것도 안다.

따라서 유치원이나 초등학교 1학년생들의 경우에는 글을 읽고 나서 이야기의 특징들을 정리하도록 함으로써 이야기의 장르와 구성 요소에 대한 인식을 발달시키도록 도와줘야 한다. 이 경우 기본적인 설화의 다양한 버전들을 읽고 서로 비교 대조표를 완성하도록 하는 방법이 도움이 된다. 예를 들면 「잠자는 숲 속의 공주」 이야기를 다양한 버전으로 읽고 구성 요소별로 정리해서 비교해 보면 이야기의 특징들을 더 잘 이해할 수 있다. 좀 더 높은 학년의 경우에는 그들이 읽은 이야기의 핵심적인 요소에 초점을 맞춰서 이야기 지도 그리기를 할 수 있도록 한다.

그런데 여기서 이야기의 구성 요소를 인물, 사건, 배경이라고 하는 요소별로 분해해서 이해하는 방식은 이야기의 전체 구조를 제대로 파악하는 것을 어렵게 한다. 배경은 인물이 활동하는 특정한 공간이고 사건은 인물이 당면한 문제를 해결하는 과정이다. 따라서 이야기 구조를 파악하기 위해서는 '인물이 누구인가?', '어디에서 이야기가 전개되는가?', '인물이 당면한 문제는 무엇인가?', '인물은 이 문제를 해결하려고 어떤 시도를 했는가?', '그래서 문제가 어떻게 해결되었는가?' 등과 같은 질문을 통해서 이야기의 전체 구조를 파악하도록 하는 것이 중요하다. 이때 다음과 같은 이야기 지도 활동지를 활용하는 것이 효과적이다.

누가(who)	주인공은 누구인가?
어디서(where)	어디에서 이야기가 전개되는가?
무엇을(what)	주인공이 당면한 문제(갈등)는 무엇인가?
	• 이야기가 어떻게 시작되었는가? • 주인공은 어떻게 반응했는가? • 주인공은 문제 해결을 위해 어떤 시도를 했는가? • 어떤 일이 일어났는가?
어떻게(how)	문제가 어떻게 해결되었는가?

이야기 지도 활동지

우리가 잘 알고 있는 홍길동전을 이러한 이야기 구조에 따라 정리해 보면 다음과 같다.

누가(who) : 주인공은 홍길동이다.

어디서(where) : 홍길동은 유교적 가치관이 지배하던 조선 시대에 태어났다.

무엇을(what) : 조선시대는 양반과 노비의 신분 차별이 심했는데 길동은 서자로 태어났다.

- 사건의 홍길동이 서자라서 아버지를 아버지라 부르지 못하는 차별을 받는다.
- 홍길동은 이에 분노하여 출가한 뒤 도적 무리의 우두머리가 된다.
- 홍길동은 탐관오리들이 축재한 재물을 빼앗아 백성들에게 나눠주는 등 당시 지배 질서에 정면으로 도전한다.
- 홍길동의 무리가 나라를 혼란스럽게 만들자 임금과 신하들은 길동의 무리를 없애기 위해서 노력한다.
- 홍길동은 결국 무리를 이끌고 섬으로 가서 차별이 없는 나라를 건설하였다.

어떻게(how) : 홍길동은 신분 차별이라는 조선 사회의 부조리에 저항하였으나 이 문제를 해결하지는 못하고 섬으로 건너가서 자신만의 나라를 세웠다.

홍길동은 유교적인 조선 사회에서 서자로 태어났기 때문에 아버지를 아버지라 부르지 못하는 차별을 받았다. 이러한 적서 차별이라는 '문제'에 대해 주인공 길동은 출가해서 무리를 만들어 '저항'하는 방식을 선택한다. 그러나 길동의 저항은 나라를 바꾸는 데까지 나아가지 못한 채 무리를 이끌고 섬으로 들어가 새로운 사회를 건설하는 것으로 끝난다. 홍길동은 당면 문제를 해결하기 위해서 저항이라는 길을 선택했지만 유교적인 지배 질서를 바꾸지 못하고 섬으로 가서 자신만의 나라를 만들었기 때문에 완전히 문제를 해결했다고 보기는 어렵다.

이야기의 구조를 인물이 활동하는 공간과 문제 해결의 과정으로 파악하게 될 경우 이야기의 핵심 요소를 훨씬 더 잘 이해할 수 있다. 이야기 구조 분석을 통해서 우리는 홍길동이 당면한 문제가 무엇이 며 그 문제를 해결하기 위해서 길동이 어떤 시도를 했는지, 그 결과 문제가 어떻게 해결되었는지를 구조적으로 파악할 수 있다. 학생들 이 홍길동전의 이야기를 이렇게 파악할 경우 다양한 질문과 토론이 가능하다. 예를 들어 '왜 홍길동의 시대에는 적서 차별이 존재했는 가?', '홍길동의 해결책은 성공했는가?', '홍길동의 해결책이 성공하 지 못했다면 그 이유는 무엇일까?', '만일 네가 홍길동이라면 이 문제 를 어떻게 해결했을까?', '지금 우리 사회에는 홍길동의 시대와 같은 부조리한 문제가 없을까?' 등과 같은 질문과 토론이 가능하다.

대부분의 이야기는 세부 사건들이 긴밀하게 이어지는 형태를 띠 기 때문에 사건의 전개 과정에만 집중을 하게 될 경우 전체 구조를 제대로 파악하기 어렵다. 그렇기 때문에 등장인물이 어떤 인물인지, 그가 당면한 문제는 무엇이며 문제를 해결하기 위해서 어떤 노력을 했는지, 그 문제는 어떻게 해결되었는지 등과 같은 질문을 활용해서 이야기의 구조를 파악하도록 하는 것이 필요하다. 이야기를 문제 해

결 과정으로 파악하는 것은 등장인물의 상황을 잘 이해하도록 할 뿐
만 아니라 인물의 문제와 해결 방식을 자신의 상황과 쉽게 연결시킬
수 있으며, 비판적이고 창의적인 해석을 가능하게 한다.

안내된 읽기-생각하기 활동(DR-TA)

학생들이 문학 텍스트에 능동적으로 몰입하도록 하는 방법 중에
학생들의 읽기 활동에 비계를 제공하는 안내된 읽기-생각하기 활
동(DR-TA)이 있다. DR-TA는 스타우퍼(Stauffer, 1969)에 의해 개발
된 것으로 듣기와 읽기 활동에서 다양하게 활용되고 있다. 기본적인
DR-TA는 교사가 8~12명의 소그룹 학생들과 함께 짧은 이야기를
읽다가 교사가 선택한 지점에서 멈추어서 생각하고 예측하는 활동을
하는 것이다. 교사의 안내로 진행되는 이 활동의 목적은 학생들이 개
인적으로 읽기에 몰입하고 능동적으로 생각하도록 하는 데 있다.

DR-TA에서 제공하는 질문은 '무슨 일이 일어날 거라고 예측하
니?', '너의 예측이 어떻게 되었을까?', '네 생각을 입증할 수 있는 게
뭐지(예측을 입증하거나 못하거나)?' 등이다. 끊어 읽는 지점에서 교사는
학생들이 예측한 이야기에 초점을 맞춰서 토의를 진행한다. DR-
TA에서 교사는 특별한 사실적 질문을 하지 않는다. 교사의 역할은
학생들이 예측을 통해서 생각을 하고 그것을 입증하거나 반증하는
증거를 찾도록 돕는 것이다. 학생들이 더 깊이 읽을수록 그들의 예측

은 더욱 정확해질 것이다. 교사는 토의하는 것을 잘 듣고 필자가 의미를 구성하기 위해 사용한 증거들과 이야기 장르에 대한 배경지식을 학생들이 어떻게 사용하는지 기록한다.

DR-TA가 성공하기 위해서는 누구도 다른 사람보다 먼저 읽어서는 안 된다. 모든 사람이 예측하는 데 집중해야 다양한 추론과 토의가 가능하기 때문이다. 만일 이전에 그 자료를 읽은 학생이 있다면 그 학생은 다른 학생들이 다음 내용을 예측하고 그들의 생각을 입증하거나 바꾸는 과정을 관찰하도록 해야 한다. 대부분의 학생들은 사건의 결과에 대한 궁금증으로 빨리 읽으려고 하는 경향을 보인다. 그러나 이 활동은 이러한 궁금증을 바탕으로 예측과 추론을 하면서 작품을 풍부하게 읽도록 하는 데 목적이 있다.

DR-TA를 하기 위해서 교사가 준비해야 할 중요한 역할은 학생들이 읽기 전에 교사가 먼저 그 이야기를 미리 보고 어디서 읽기를 끊고 토론을 해야 할지를 결정하는 것이다. 처음에는 제목이나 작가, 그림 또는 첫 단락 정도만 읽으면 어느 정도 예측할 수 있다. 학생들은 다음 내용을 예측하기 위해서 읽은 내용과 자신의 배경지식에서 다양한 정보들을 이끌어 내어 통합해야 한다. 따라서 학생들이 예측하기에 필요한 충분한 자료를 모을 수 있는 부분에서 텍스트 읽기를 끊어줘야 한다. 가끔 어떤 이야기는 학생들이 예측을 잘하도록 이끄는 데 별 도움이 되지 않는 경우도 있는데, 이런 텍스트를 DR-TA 자료로 사용하면 안 된다.

교사는 DR-TA 수업을 시작할 때 참가 학생들이 지켜야 할 기본적인 규칙을 설명해 줘야 한다. 첫째, 학생들은 이야기의 주어진 부분을 반드시 읽어야 한다. 다 읽었으면 그 페이지를 접고(손가락이나 북마크를 놓고) 책을 덮는다. 그리고 다른 학생들이 다 읽기를 기다린다. 기다리는 동안 학생들은 앞으로 전개될 내용을 예측해 보고, 이 예측을 입증할 만한 증거들이 있는지 생각한 뒤에 내용을 바꾸고 싶으면 바꾸도록 한다. 만일 읽기 속도에서 큰 차이가 있다면 빨리 읽은 학생들은 그들의 생각을 그리거나 간단히 메모하고, 나중에 토론할 때 활용할 수 있도록 흥미로운 부분이나 새로운 단어를 기록하도록 안내한다. 둘째, 이 활동에서 틀린 답은 없다. 좋은 생각을 하는 것이 중요하기 때문에 학생들이 다양한 가능성을 자유롭게 이야기할 수 있도록 해야 한다. 셋째, 학생들은 어떤 일이 실제로 일어날지 모르기 때문에 서로의 아이디어를 잘 들어야 한다. 다른 학생들의 예측을 잘 듣고 자신의 예측과 어떻게 다른지, 어떤 증거가 더 필요한지 생각해 봐야 한다. 교사는 읽기 전에 예측한 것들을 요약해서 제시하고, 학생들은 그 예측들 중의 하나를 선택해서 발표한다. 토의 과정에서 학생들은 자신의 선택을 언제든지 바꿀 수 있다.

독서토론을 할 때 중요한 것은 끊어 읽을 때마다 두세 가지 서로 다른 기대나 예측들이 도출되어야 한다는 것이다. 다양한 아이디어들이 제시되면 교사는 '좋은 예측들이 제시되었는데 여러분은 무엇이 가장 비슷할 거라고 생각하는가?', '여러분은 그 일이 일어날 거라는 데 얼마나 동의하는가?', '여러분은 그 일이 일어날 가능성이 있다고 생각하는가?'와 같은 질문을 던져 학생들이 대안에 대해서 깊이 숙고하도록 안내한다. 그리고 학생들이 예측한 것을 발표한 다음에는 모든 학생들이 서로 자신의 의견을 나눌 기회를 제공해야 한다. 만일 몇몇 학생이 발표하는 것을 부끄러워 한다면 다른 사람의 예측에 대해 평가하도록 함으로써 누구나 토론에 쉽게 참여할 수 있도록 하는 것이 좋다.

DR-TA는 문학 텍스트 읽기뿐만 아니라 정보 텍스트 읽기에도 활용할 수 있다. 정보 텍스트나 논픽션 텍스트의 절차와 과정은 조금 차이가 있지만 둘 다 학생들이 저자의 이야기를 생각해 봄으로써 쉽게 몰입할 수 있다. 논픽션 텍스트에서는 '무슨 일이 일어날 거라고 생각해?'가 아니라 '다음에 더 알고 싶은 것이 무엇이니?', '저자가 다음에 설명하려고 하는 것이 무엇이라고 생각하니?' 등과 같은 질문을 제공할 수 있다. 학생들이 읽은 정보를 바탕으로 관련된 정보를 더욱 깊이 있게 탐구할 수 있도록 질문을 해야 한다.

이야기 문제 해결하기

독자들이 읽기에 몰입하도록 하는 중요한 활동 중의 하나는 이야기에서 제기한 문제를 해결하도록 노력하는 것이다. 장르와 상관없이 문제 해결은 모든 이야기의 핵심이다. 어떤 사람들은 미스터리물을 좋아하는데 그 이유는 이 장르가 등장인물들 혹은 탐정들이 수많은 범죄의 증거를 다루는 데 특별히 초점을 맞추기 때문이다. 미스터리물 독자들은 작가가 해결책을 내놓기 전에 스스로 문제를 해결하는 것을 즐긴다. 그들은 심지어 책을 읽지 않을 때도 증거들에 대해 생각하면서 실제로 무엇이 일어날 것인지 예측한다.

학생들이 문제를 해결하는 데 중요한 것은 우선 생각할 시간을 충분히 가져야 한다는 것이다. 어린 독자들은 이야기의 문제를 해결하기 위해서 깊이 생각하면서 천천히 읽는 것에 익숙하지 않다. 그래서 어떤 중학교 문학 교사는 짝과 함께 문제를 해결하는 활동을 통해서 학생들이 읽는 동안 깊이 생각할 수 있도록 도와주었다. 짧은 미스터리물에서 등장인물과 배경 설정, 그리고 문제가 소개된 다음에 끊어 읽고 생각하기 활동에 활용할 수 있도록 '문제 해결 생각 활동지'를 제공한 것이다. 짝과 함께 이 활동지의 안내에 따라 제공된 정보를 활용하여 문제를 해결할 수 있는 세 가지 방법을 마련하도록 한 다음 브레인스토밍을 통해 가장 가능성이 높은 해결책을 선택하고 그 이유를 말하도록 했다.

이렇게 문제 해결 워크시트를 정기적으로 적용해 천천히 읽고 생각하도록 한 결과 학생들이 중요한 정보에 집중하고 이해력을 발전시키는 데 도움이 되었다고 한다. 그러나 어떤 남학생 그룹은 활동이 너무 느려서 흥미롭지 못했고, 어떤 그룹은 열혈 독자들이라서 빨리 이야기로 이동하기를 원했다. 그러므로 이와 같은 전략은 어떤 학생들에게는 유용하지만 어떤 학생들에게는 도움이 되지 못할 수도 있다. 이 문제 해결 과정은 초등학생부터 고등학생들까지 골고루 적용이 가능하다.

학생 스스로 읽고 토론하기

북클럽(Book Club)

　과거의 독서 지도는 교사가 질문을 하고 학생이 답하는 교사 주도적인 방식이 대부분이었다. 그러나 최근에는 학생 중심 교육이 강조되면서 독서 지도에서도 학생 중심의 소그룹 토론이 널리 활용되고 있다. 소그룹 토론에서는 학생들이 토론을 이끌어 가고 교사는 촉진자의 역할을 한다. 학생들이 주도하는 소그룹 토론에는 여러 가지가 있으나 여기서는 문학 토론에서 널리 활용되고 있는 북클럽(Book Club)과 문학 서클(Literary Circle)에 대해서 소개하고자 한다.

　북클럽은 라파엘과 맥마흔(Raphael & Mcmahon, 1994)에 의해 개발되었다. 라파엘과 맥마흔의 프로그램에서는 학생들이 다양한 책들 중에서 자신이 읽을 책을 선택한다. 교사는 몇 주 동안 교실에서 탐구할 주제 단원과 관련이 있되 다양한 관심과 수준을 보여 주는 3~4권의 책을 선정한다. 학생들이 대강 훑어본 뒤 가장 좋아하는 책을 선택하면 교사는 같은 책을 선택한 학생들을 중심으로 북클럽을 만든다. 북클럽은 교사가 선정한 책들 중에서 학생들이 읽고 싶은 것을 선택한다는 점이 특징이다.

북클럽에서는 학습 단원과 교사에 의해 책 선정이 이루어지고, 그룹의 모든 학생들은 같은 책을 읽고 함께 그것에 대해 토의한다. 학생들은 텍스트에 몰입하여 깊이 있게 읽기 위해서 다양한 활동을 하게 되며, 활동을 통해서 이끌어 낸 다양한 반응들을 그들이 갖고 있는 독서일지에 기록한다. 그런 후에 학생들은 자기가 속한 북클럽에 모여서 함께 토의를 하는데, 그들이 공책에 정리한 것들이 토의의 기초 자료로 활용된다. 교사 역시 토의 그룹의 구성원으로서 학생들이 텍스트에 대해 생각하도록 안내하는 역할을 한다. 북클럽은 대체로 다음과 같이 읽기, 쓰기, 토의하기, 나누기와 같은 활동 요소를 포함한다.

• 읽기

자기가 읽은 것에 대한 학생들의 심미적 반응을 촉진하기 위해서 평가하기, 개인적 반응, 다른 텍스트와 비교하기 등과 같은 활동을 한다. 유창성이나 읽기 어휘, 독해 전략, 문학의 장르 등에 대한 문제도 주어진다.

• 쓰기

읽은 것에 대한 이해와 반응을 확장하기 위해서 쓰기 활동이 필요하다. 여기에는 계획하기, 수정하기, 출판하기가 포함된다.

• 북클럽

북클럽은 학생 주도의 토의를 가리킨다. 북클럽의 목표 중 하나는 학생들이 토의를 준비하는 방법을 습득하도록 하는 것이다. 그리고 또 다른 목표는 학생들이 책에 대해 이야기하는 방법을 배우는 것이다. 교사는 학생들의 흥미와 지도 목표에 맞는 수준 높은 문학 텍스트를 선정해야 한다.

• 학급 나누기

학급 나누기는 교사가 학급 전체로 학생들을 만나는 시간이다. 학급 나누기 시간은 학생들이 책을 선택하기 전과 후에 실시한다. 읽기 전에 교사는 학생들이 읽기 준비를 할 수 있도록 배경지식을 활성화하거나 읽을 책의 구조에 대해 토의하는 활동을 한다. 북클럽 토의 후에는 서로 다른 북클럽 학생들이 책에 대한 그들의 생각을 나누거나 읽기 활동에서 제기되었던 주제에 대해 토론한다. 또한 그들의 책에서 해결하지 못했던 혼란스러웠거나 난감했던 점들에 대해 이야기를 나눈다. 교사의 설명이나 보여 주기, 비계 제공 등과 같은 미니 레슨도 여기에 포함된다.

북클럽 토의는 학생들이 기록한 독서일지를 바탕으로 진행된다. 따라서 학생들이 텍스트를 읽으면서 독서일지를 충실하게 기록해야 북클럽 토의가 활발하게 이루어질 수 있다. 교사는 학생들이 북클럽 토의 전에 어떤 활동을 해야 하는지, 무엇을 독서일지에 기록해야 할 것인지를 자세히 안내할 필요가 있다.

독서일지에 기록해야 할 내용들

- **작가의 개성적인 표현** : 작가들은 특별한 낱말이나 문장을 사용하여 독자의 마음에 특별한 감흥을 불러일으킨다. 독자의 마음을 움직이는 재미있는 말이나 진짜 좋은 대화를 메모한다. 그래서 그 이야기를 좋아하는 이유를 말할 때 예를 들어 설명할 수 있도록 한다.

- **비판적인 요소** : 독자들은 텍스트를 읽으면서 가끔 '이건 정말 놀라운 걸!', '내가 만일 작가였다면 다르게 했을 텐데.'란 생각을 하게 된다. 작가가 잘한 것이 무엇인지 또는 다르게 했으면 좋았을 것이라고 생각된 부분들을 메모한다.

- **비교와 대조** : 독자는 두 가지를 서로 비교하면서 같은 점과 다른 점에 대해 말할 수 있다. 두 등장인물이나 두 책, 자신과 등장인물, 책과 영화 등 동질성과 차별성을 나눌 수 있는 어떤 두 가지라도 좋다.

- **상호 텍스트성** : 독자는 텍스트를 읽으면서 가끔 이미 읽은 책이나 전에 본 영화 등 다른 텍스트를 떠올리기도 한다. 읽으면서 떠올린 책이나 영화, 드라마 등을 기록한다.

- **낱말들** : 책을 읽다가 새로운 낱말이나 정확하게 알지 못했던 낱말 등 자신이 배우고 싶은 낱말을 발견하기도 한다. 이런 낱말들을 페이지를 달아서 리스트를 만들어 독서일지에 기록한 뒤 그룹 토의에서 그 의미가 무엇인지에 대해 함께 이야기할 수 있다.

- **제목 설명** : 독자는 새 책이나 장의 제목을 볼 때마다 그 책이나 장의 내용을 예측하기 위해 노력한다. 책을 읽은 다음에는 어떤 독자는 작가가 왜 그 제목을 사용했는지에 대해 다른 생각을 갖기도 하는데, 읽기 전과 읽은 후에 책 제목에 대해 어떻게 생각했는지 쓸 수 있다. 또한 작가들은 가끔 장의 제목을 붙이지 않는 경우도 있는데, 각 장의 제목을 스스로 붙이고 그 이유를 설명할 수 있다.

- **놀라운 표현들** : 독자는 진정 놀라운 표현들을 발견할 수 있다. 새롭고 엉뚱하고 묘사적인 혹은 혼란스러운 말이나 문장을 찾아 쓰고 왜 그 문장을 선택했는지 말할 수 있다. 그리고 다시 찾을 수 있도록 페이지를 메모해야 한다.

- **관점** : 독자는 등장인물에 대해 읽으면서 작가가 인물을 이해하기 위해서 중요하다고 생각한 것을 고려하지 못했다고 생각할 수도 있다. 이런 생각을 설명하기 위해 등장인물의 관점에 대해 쓸 수 있다.

- **해석** : 독자는 책을 읽으면서 작가가 무엇을 말하고 싶은 것인지, 왜 그가 그런 이야기를 가져 왔는지를 생각해야 한다. 독자는 자신의 해석을 독서일지에다 기록하고 그것을 그룹 토의에서 나눌 수 있으며, 다른 사람들의 해석을 듣고 자신의 해석과 같은지 다른지 확인할 필요가 있다.

문학 서클(Literary Circle)

다니엘스(Daniels, 1996)는 새로운 북 토크의 방법인 '문학 서클'을 제안했다. 이것은 학생들이 토의하는 동안에 각자 역할을 맡아서 진행하는 방법이다. 토의에서의 역할은 워크시트를 통해서 안내하여 학생들이 미리 준비할 수 있도록 한다. 이 토론 팀에서 구성원들이 맡아야 할 중요한 역할은 질문자, 문장 전문가, 단어 마법사, 예술가 등이다. 이 역할은 책과 학생들의 수준에 따라 다양하게 바꿀 수 있다.

• 질문자

독자는 글을 읽으면서 궁금한 것이나 다른 독자들과 이야기하고 싶은 것 혹은 작가에게 묻고 싶은 것들이 있다. 질문자의 역할은 그룹에서 친구들과 함께 토의하고 싶은 질문이나 주제를 몇 가지 만들어 오는 것이다. 단, 질문은 예스 노로 답할 수 있거나 단순한 사실을 묻는 '닫힌 질문'이 아니라 서로 다른 의견이 나올 수 있어 찬반 토론이 가능한 '열린 질문'이어야 한다.

• 문장 전문가

문장 전문가의 역할은 그룹에서 함께 소리 내어 읽을 만한 부분을 골라 오는 것이다. 훌륭한 부분, 흥미로운 부분, 재미있는 부분, 무서운 부분, 묘사가 잘 된 부분 등을 골라서 포스트잇을 붙이거나 표시를 한 다음 리스트에 기록한다.

• 단어 마법사

단어 마법사의 역할은 이야기에서 특별한 단어들을 골라 오는 것이다. 새롭거나 이상하거나 흥미롭거나 재미있거나 중요하다고 생각되는 단어들을 표시해 두었다가 리스트를 만들어 와서 같이 토의한다.

• 예술가

예술가는 자신이 좋아하는 것을 그려 오는 일을 한다. 인물이나 배경, 문제 상황, 재미있는 부분, 놀라운 장면, 다음에 일어날 만한 장면 등 어느 것이라도 상관없다. 그림을 그려도 좋고 사진이나 다른 어떤 종류라도 좋다. 그룹 토의에서는 먼저 그림에 대해서 말하지 말고 다른 친구들이 상상하고 토의한 다음에 그 그림에 대해서 이야기하도록 한다.

학생들은 다음 토론에서는 다른 역할을 맡아 진행하기 때문에 단어를 찾는 법, 질문하는 법, 토론 진행자로서 지원하기 등을 고루 배울 수 있다. 따라서 이 프로그램의 장점은 학생들이 책을 읽을 때 몰입할 수 있는 다양한 방법, 그룹 토의에 기여하기 위한 다양한 방법을 배울 수 있다는 점이다. 단점은 하나의 역할만 맡아서 하기 때문에 텍스트를 전체적으로 몰입해서 이해하기보다는 과제를 수행하는 데 집중하기 쉽다는 점이다. 이러한 한계를 극복할 수 있도록 역할을 어떻게 수행해야 할지, 역할을 얼마나 유지할지 등에 대한 안내가 필요하다.

　이 토론 형태에서도 학생들은 같은 책을 읽고 그것에 대한 반응을 나눈다. 다만 여기에는 지도 역할을 하는 교사가 없다. 교사는 그룹의 활동과 제기되는 질문들을 관찰하고 기록한다. 학생들은 전체 그룹에 대한 책임성을 갖고 토의에 기여하기 위해 준비해야 한다.

질문자

이름 : _____

모둠 : _____

책 : _____

독자는 책을 읽으면서 떠오른 생각이나 궁금했던 점을 질문하는 경향이 있습니다. 이 책을 읽었을 때 어떤 질문이 마음속에 떠올랐나요? 친구들과 함께 이야기하거나 저자에게 질문하고 싶은 것이 무엇이지요? 오늘 읽은 것에 대해 모둠에서 같이 이야기 나눌 수 있는 질문이나 주제를 간단히 메모해보세요. 모둠원들은 아마도 열린 질문(다양한 이야기나 논쟁이 가능한 풍부한 질문)을 닫힌 질문('예, 아니오'로 답할 수 있는 사실 질문)보다 더 흥미로워할 거예요.

토의를 위한 질문 :

1. _____

_____

2. _____

_____

3. _____

_____

질문의 예

- 작가는 왜 이야기를 했을까요?
- 이 부분은 이 책의 앞부분과 어떻게 연결될까요?
- 이 부분을 읽었을 때 마음속에 어떤 것이 떠올랐나요?
- 이 책에서 놀라웠던 점은 무엇인가요?

질문하기 안내 활동지

『돼지책』 읽고 토론하기

　　우리는 드라마를 볼 때 첫 회만 보고도 앞으로 전개될 사건들을 예측할 수 있다. 어떤 시청자들은 주인공들의 사랑이 이루어지도록 해야 한다든지, 주인공을 죽여서는 안 된다고 작가에게 요구하기도 한다. 이처럼 앞으로 전개될 사건들에 대한 궁금증이야말로 이야기에 몰입하도록 만드는 큰 힘이다. 따라서 학생들로 하여금 서사 텍스트를 읽으면서 앞으로 전개될 사건을 예측하도록 하는 것은 이야기에 몰입하게 하는 가장 효과적인 방법이라고 할 수 있다.

　　여기서 소개한 DR-TA나 이야기 문제 해결과 같은 전략은 학생들이 읽은 자료를 바탕으로 앞으로 전개될 내용을 예측해 보도록 하는 것이다. 읽고 예측하여 토론하는 활동을 통해서 학생들은 이야기에 좀 더 몰입하고 능동적으로 읽을 수 있다. 그런데 예측하기 전략을 사용하기 위해서는 학생들이 읽지 않은 이야기로 활동을 시작해야 한다. 아이들은 결과가 궁금하기 때문에 빨리 찾아 읽으려고 하는 경우가 많은데 그것을 적절히 통제하는 것이 필요하다. 따라서 학생들이 잘 모르는 텍스트를 정해서 교사가 읽어 주는 것이 효과적일 수 있다.

텍스트가 선정되면 교사는 먼저 텍스트를 읽은 뒤 어디에서 끊어 읽으면서 예측하기 활동을 할 것인지를 결정해야 한다. 이야기의 전개 과정을 고려해서 학생들이 예측할 만한 정보가 어느 정도 제시되었을 때 끊고 활동을 시작하는 것이 좋다. 일단 여기서는 『돼지책』이라는 그림책을 교사가 읽어 주면서 어떻게 학생들의 반응을 이끌어 내고 내용을 예측하는지 살펴보도록 하겠다.

교사	먼저 책 제목과 표지 그림을 보면서 어떤 내용일지 예측해 봅시다. 떠오르는 생각을 자유롭게 말해도 돼요.
학생	엄마가 자식과 남편을 업고 있어요.
교사	그렇군요. 이걸 보면 어떤 내용이 전개될 것 같아요?

학생들　엄마가 아들 둘과 남편 때문에 고생하는 이야기예요.

　　　　자식과 남편이 돼지처럼 되는 이야기예요.

　　　　엄마와 아빠가 이혼하는 이야기예요.

교사　　네, 세 가지 서로 다른 예측이 제시되었군요. 세 가지 중에서 어떤 게 타당하다고 생각되는지 선택하고 그 이유를 말해 볼까요?

피곳 씨는 두 아들인 사이먼, 패트릭과 멋진 집에 살고 있었습니다. 멋진 정원에다, 멋진 차고 안에는 멋진 차도 있었습니다. 집 안에는 피곳 씨의 아내가 있었습니다.

| 교사 | 드디어 이야기가 시작되었군요. 배경과 등장인물이 소개되어 있네요. 이 그림을 보고 알 수 있는 것은 무엇일까요? |

교사 드디어 이야기가 시작되었군요. 배경과 등장인물이 소개되어 있네요. 이 그림을 보고 알 수 있는 것은 무엇일까요?

학생들 아저씨와 아들 둘만 있어요. 엄마는 보이지 않아요.

교사 왜 엄마는 없을까요?

학생들 엄마는 집 안에만 있는 것 아닐까요?

남자들만 소개하고 있어요. 여자라서 뺀 것 같아요.

교사 글을 읽어 보고 특별히 눈에 띄는 것은 무엇인지 이야기해 봐요.

학생들 피곳씨가 가장 먼저 소개되고 두 아들, 집과 차가 소개된 다음 맨 나중에 아내가 소개되었어요.

아내가 좋은 취급을 받지 못하는 것 같아요.

교사 앞으로 어떤 내용이 전개될 것 같나요?

학생들 엄마를 찾는 이야기가 나와요.

엄마를 그리워해요.

엄마가 화가 나요.

엄마가 가출하는 이야기가 나올 것 같아요.

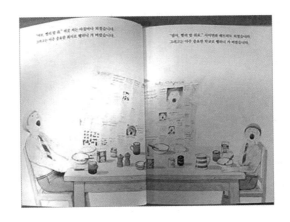

교사 이 장면에서는 무엇을 알 수가 있죠?

학생들 애들이 모두 밥 달라고 외쳐요.

신문에는 원숭이가 있어요.

밥 달라는 자식과 남편이 모두 돼지 같아요.

글을 보면 남편은 중요한 회사로 가고, 아이들은 중요한

학교로 간다고 나와 있어요.

교사 그게 무슨 뜻이지?

학생들 직장과 학교가 중요하다는 거죠.

그러니까 집안일보다 회사나 학교가 중요하다는 거지.

교사 엄마는 무엇을 하는지 예측해 볼까요?

학생들 엄마는 부엌일을 해요.

엄마는 밥을 차리고 또 다시 다른 일을 해요.

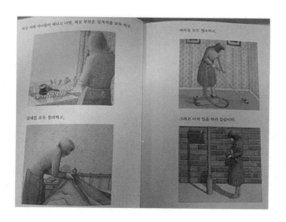

교사   이 장면에서는 무엇을 알 수가 있나요?

학생들   엄마가 집안일을 다 해요. 엄마가 너무 힘들어요. 뭔가 분위기가 칙칙해요. 아무래도 엄마 기분이 안 좋아 보여요.

엄마는 집안일을 다 하고 다시 일을 하러 나가요.

엄마가 너무 많은 일을 해요.

엄마는 너무 불공평해요.

교사   여러분의 경우는 어때요?

학생들   우리 집에서도 집안일은 엄마가 다 해요.

우리 집에서는 아빠가 많이 도와줘요.

저도 저 아이들처럼 집안일은 안 해요.

나는 엄마를 도와서 매일 집안일을 해요.

나는 적어도 내 방은 청소해요.

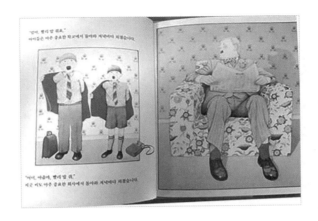

교사	이 장면에서는 무엇을 알 수 있나요?
학생들	애들과 남편이 밥만 달라고 외쳐요.
	애들은 중요한 학교에서 돌아왔어요.
	아빠도 중요한 회사에서 돌아와서 밥 달라고 해요.
	아빠는 앉아서 신문만 보고 있어요.
	아빠가 엄마보고 아줌마라고 불러요.
	엄마가 밥해 주는 아줌마인가? 아빠와 아이들이 다 엄마
	를 밥집 아줌마 취급해요.
교사	여러분은 어떤가요?
학생들	저도 밥 달라고 해요. 헤헤!
	저도 "엄마 밥 줘."라는 말을 달고 살아요.
	그래도 저는 설거지는 좀 해요.

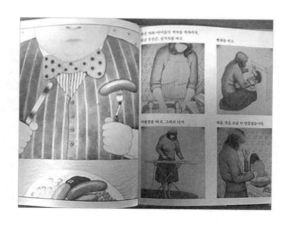

교사	이 그림에서는 뭘 알 수 있을까요?
학생들	아빠가 돼지같이 먹어요.
	엄마는 매일매일 힘들게 일해요.
	엄마는 일하러 가기 전에도 집안일 하고 일하러 갔다가와
	서도 집안일을 해요.
	남편과 아이들은 먹기만 해요.
교사	여러분은 어때요?
학생들	우리는 그래도 저 정도는 아니에요.
	많이는 안 해도 저도 조금은 집안일을 해요.
	우리는 아빠가 일을 안 하면 엄마한테 혼나요.
교사	엄마의 기분은 어떨까요?
학생들	엄마는 힘들 것 같아요.
	엄마만 일을 해서 화가 날 것 같아요.
	엄마가 가출하고 싶을 거예요.

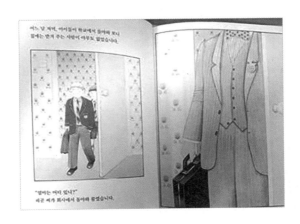

교사	무슨 일이 일어났을까요?
학생들	엄마가 없어요.
	엄마가 가출했어요.
	아빠의 브러치가 돼지로 변했어요.
교사	자, 엄마가 사라졌네요. 그럼 다음에는 어떤 이야기가 전개될지 예측해 봐요.
학생들	엄마가 사라져서 애들이 고생해요.
	엄마가 사라져서 남편과 아이들이 반성을 할 것 같아요.
	엄마가 다시 돌아올 것 같아요.
	아니야, 엄마가 다시는 돌아오지 않을 것 같아요.
교사	오, 엄마가 돌아올 것이다. 아니다, 안 돌아온다. 이렇게 두 가지 상반된 의견이 나왔네요. 어느 쪽의 가능성이 높은지 선택하고 그 이유를 말해 봅시다.
학생들	저는 올 것 같아요. 그래도 자식이고 남편이잖아요.

저는 다시 안 올 것 같아요. 식구들이 모두 자기를 밥집 아
줌마 취급하잖아요.

여기서 교사는 학생들이 생각할 수 있도록 질문을 던지고 학생들
은 자신의 생각을 자유롭게 이야기한다. 교사가 비계를 제공하여 학
생들이 능동적으로 읽어 나갈 수 있도록 도와주고 있는 것이다. 물론
여기서 한두 번 정도 끊어 준 다음에 그 다음 내용을 예측하는 토의
를 진행할 수도 있고 학생들의 감상 의견을 바탕으로 간단한 토의를
진행할 수도 있다. 이렇게 읽고 생각하고, 말하고, 토의하면서 읽을
경우 학생들이 보다 능동적으로 텍스트를 읽을 수 있을 뿐만 아니라
글 읽는 즐거움도 배가될 수 있다.

[참고 문헌]

Anthony Brown(2001), *Piggy Book*(돼지책), 허은미 역, 웅진주니어.

Blachowicz, C. & Ogle, D.(2001), *Reading Comprehension: Strategies for Independent Learners*, Guilford Publications, Inc.

Graves, M. F., Juel, C. & Graves, B.(2007), *Teaching Reading in the 21st Century 4th edition*, Pearson Education, Inc.

Daniels, H.(1996), *Literature circle: Voice and Choice in the Student-Centered Classroom*, York, ME: Stenhouse.

Raphael, T. & Mcmahon, S. I.(1994), Book club: An Alternative Framework for Reading Instruction, *The Reading Teacher 48*, pp. 102-116.

Stauffer, R. G.(1969), *Directing reading maturity as a cognitive process*, NY, Harper & Row.

9장

읽기와 쓰기의
연계

읽기와 쓰기, 왜 연계해야 할까?

읽기와 쓰기는 동전의 양면처럼 비슷한 과정이다. 읽기와 쓰기는 둘 다 의미를 구성하는 행위라는 점에서 유사성이 있다. 작가는 독자들을 위해 메시지를 구성함으로써 의미를 구성하고, 독자는 작가의 메시지를 재구성함으로써 의미를 구성한다. 또한 읽기와 쓰기는 사고의 과정에서도 유사한 면이 있다. 즉, 필자와 독자는 둘 다 메시지를 구성하기 위해서 계획하고, 초고를 쓰고, 수정하고, 점검 및 조정하는 과정을 거친다.

필자와 독자는 본격적으로 글을 쓰거나 읽기 전에 먼저 계획하는 과정을 거친다. 필자가 쓰기 목적과 청중들을 고려해서 메시지를 계획한다면, 독자는 읽기 목적, 화제에 대한 배경지식, 작가의 메시지 등을 고려해서 읽기 계획을 짠다. 필자가 쓸 내용을 선정하기 위해서 여러 가지 자료를 살펴보는 것이나 독자가 무엇을 읽을 것인지를 결정하기 위해서 여러 가지 자료를 살펴보는 것은 쓰기와 읽기 모두 동일한 계획하기의 과정을 거친다는 것을 보여 준다.

필자와 독자는 모두 초고 쓰기를 한다. 필자의 초고가 독자와 소통하고 싶은 메시지를 글로 처음 옮긴 것이라면, 독자의 초고는 텍스트로부터 얻은 정보를 바탕으로 머릿속에 처음 그려 놓은 의미라고 할 수 있다. 필자와 독자는 본격적으로 쓰거나 읽기를 시작하기 전에 하나의 초고를 창조하고, 그 다음에는 쓰거나 읽으면서 처음의 계획이나 기대를 수정한다. 그리고 쓰기나 읽기를 마친 다음에도 좀 더 진지하게 텍스트에 대해 생각하고 또 수정한다. 필자가 처음 쓴 초고를 계속해서 수정하면서 발전시켜 나가듯이 독자도 계속해서 읽으면서 처음의 기대와 해석을 점차 발전시켜 나간다.

　필자와 독자는 둘 다 처음에 작업한 초고를 수정한다. 필자는 독자에게 자신의 메시지를 명확히 전하기 위해서 수정하고, 독자는 작가가 의도한 의미를 재구성하기 위해서 수정한다. 필자가 자신의 글쓰기 목적에 맞추어서 초고를 수정하듯이 독자도 처음의 해석을 계속해서 수정해 나간다. 예를 들면 우리는 종종 처음의 기대와 완전히 다른 결말로 끝나는 이야기를 읽을 때가 있는데, 이럴 때는 처음에 했던 해석을 완전히 새롭게 수정할 수밖에 없다.

　마지막으로 필자와 독자는 둘 다 자신이 하고 있는 작업을 점검하고 조정한다. 필자는 글을 쓸 때 언제 어디서 수정이 필요하고, 언제 어디서 편집이 되어야 하는지, 그리고 그것이 언제 완성될 것인지를 계속해서 점검하고 조정해야 한다. 독자 또한 글을 읽으면서 어떤 것을 느끼는지, 만일 아무것도 느껴지지 않는다면 이럴 때 무엇을 해야 하는지, 언제 텍스트에 대한 해석이 완료될 것인지를 계속해서 점검하고 조정한다. 이 과정에서 필자와 독자는 모두 초인지

(metacognition) 능력을 발달시키게 된다(Leu, D. J. & Kinzer, C. K., 1999).

이처럼 읽기와 쓰기의 과정이 비슷하기 때문에 교실 수업에서도 읽기와 쓰기 경험을 연계시킬 필요가 있다. 읽기는 쓰기 능숙성을 발달시키는 데 도움을 주고, 쓰기는 읽기 능숙성을 발달시키는 데 도움을 준다. 그러나 실제 교실 수업에서는 읽기와 쓰기가 분리되어 학습되는 경우가 많다. 국어 교과서의 내용 구성을 보면 읽기 영역과 쓰기 영역은 교육 내용도 다를 뿐만 아니라 단원 편성도 별개로 이루어져 있는 경우가 많은데, 이렇게 읽기와 쓰기를 분리해서 지도할 경우 학습의 효율성을 높이기 어려울 뿐만 아니라 언어 학습에 대한 흥미를 떨어뜨리기 쉽다.

읽기와 쓰기를 연계했을 경우 여러 가지 긍정적인 효과가 있다. 첫째, 학생들이 실제적인 문식성 학습을 경험할 수 있다. 읽기와 쓰기를 학급 프로젝트 활동과 통합하게 되면 학생들은 그들의 일에 더 열정적으로 참여할 뿐만 아니라 읽기·쓰기 기능을 자연스럽게 습득할 수 있다. 예를 들어 사회 시간에 민주주의에 대해 공부하기로 했다면 학생들은 우리 사회의 민주주의의 실태가 어떤지를 조사해서 보고하는 프로젝트 활동을 할 수 있다. 학생들은 주제와 관련된 다양한 자료를 읽고 쓰기 때문에 이 과정에서 자연스럽게 읽기·쓰기 능력을 발달시킬 수 있다.

둘째, 읽기와 쓰기를 결합함으로써 학습의 효율성을 높일 수 있다. 읽기와 쓰기를 다른 과목들과 분리하지 않고 통합해서 다루면 제한된 수업 시간을 효율적으로 사용할 수 있다. 최근 교육과정의 변화

추세는 학생들의 선택을 확대시키는 방향으로 진행되고 있다. 학생들이 관심을 갖는 분야에 대한 선택이 증가하게 되면 상대적으로 전통적인 과목에 할애하는 시간은 줄어들 수밖에 없다. 이러한 상황에서는 읽기와 쓰기를 통합하여 다른 과목들과 연계해야 학생들의 문식성 학습 기회를 증가시킬 수 있다.

셋째, 쓰기는 여러 가지 독해력과 독자 반응을 향상시키는 데 유용한 도구이다. 쓰기 활동을 통해서 학생들은 음소에 대한 인식, 어휘 지식, 통사 지식, 담화 지식 그리고 초인지 능력을 발달시킬 수 있다. 이러한 언어 지식은 독해력을 향상시키는 데 있어서도 핵심적인 요소이다. 쓰기 활동은 또한 읽기와 쓰기가 특정한 수사적 맥락하에서 이루어지는 필자와 독자의 의사소통 행위라는 인식을 강화시킨다. 수사적 맥락에 대한 이러한 지식은 텍스트를 비판적으로 읽는 데 필수적인 요소라고 할 수 있다.

넷째, 읽기와 쓰기의 연계는 학생들의 미래 세계를 준비하는 데 도움이 된다. 학생들이 이미 살아가고 있고 또 살아가야 할 지식 정보화사회에서는 정보를 빨리 얻고 정보를 이용해서 문제를 해결하며, 그 해결 방안을 다른 사람들과 소통하는 능력에 사회적 성공이 달려 있다고 해도 과언이 아니다. 특히 오늘날에는 인터넷상에서의 읽기 비중이 날로 늘어나고 있는데, 많은 연구자들은 인터넷 시대의 읽기는 쓰기와 통합되는 경향을 보인다고 말하고 있다. 네트워크로 통합된 전자정보 환경에서는 읽기에서 쓰기, 쓰기에서 읽기로 자주 손쉽게 이동하기 때문이다. 따라서 읽기와 쓰기를 통합하는 것은 지

식 정보화사회에서 학생들의 미래를 준비하는 데에도 도움을 줄 것
이다.

읽기·쓰기를 위한 작문 원리

읽기와 쓰기의 연계를 위해서는 작문 연구의 최근 성과를 이해하는 것이 필요하다. 최근의 작문 연구가 밝혀낸 중요한 발견들로 인해 작문 교육의 내용과 방법이 크게 변화하고 있기 때문이다. 작문 연구의 최근 중요한 발견은 다음과 같이 크게 세 가지로 요약할 수 있다. 첫째, 학생들이 쓴 글쓰기 결과물이 아니라 글쓰기 과정을 중요하게 고려해야 한다. 둘째, 학생들에게 제공되는 쓰기 경험은 실제적인 의사소통 목적을 위한 것이어야 한다. 셋째, 학생들에게 단편적인 글쓰기가 아니라 편지나 이야기, 에세이(소논문)처럼 완전한 텍스트를 창조하는 경험을 제공해야 한다.

글쓰기의 과정을 중요하게 고려해야 한다

전통적으로 학교는 학생들에게 단순히 쓰기 과제를 제시하고 그 결과물을 평가해 왔다. 교사가 쓰기 과제를 부여하면 학생들은 그 과제를 수행한다. 그리고 교사들은 학생들이 쓴 것을 바로잡아 준다. 이것은 학생들의 글쓰기 결과물에 초점을 맞춘 것이기 때문에 결과 중심의 접근이라고 할 수 있다. 그러나 이러한 결과 중심의 접근을 통해서는 미숙한 필자들을 효과적으로 도와주기 어렵다. 이와 달리 과정 중심의 쓰기 지도에서 교사는 학생들의 글쓰기 과정에 초점을 두고 각 단계에서 학생들을 지원하는 방법을 찾는다. 글쓰기 과정을 구분하는 방식에 대해서는 다양한 논의가 있으나 영미권 학교에서 널리 사용하고 있는 것은 다음과 같은 단계들이다.

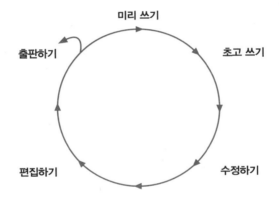

• 미리 쓰기

미리 쓰기는 쓰기 과제와 관련된 학생들의 배경지식을 탐색하여 쓰기 아이디어들을 생성하는 데 목적이 있다. 글쓰기를 시작하기 전에 우리가 알고 있는 것에 대해서 충분히 생각할 기회가 있으면 더 잘 쓸 수 있을 것이다. 미리 쓰기 활동에는 주제와 관련된 읽기 자료를 읽는다든지, 아이디어를 브레인스토밍해 보는 것, 아이디어들의 관계 지도 그리기, 주제와 관련된 자료의 목록 만들기, 친구들과 다양한 아이디어에 대해 이야기하기 등이 있다. 이러한 탐구 활동을 통해서 학생들은 여러 가지 주제 중에서 자신이 가장 몰입해서 쓸 수 있는 주제를 선택한다.

미리 쓰기 과정에서는 학생들에게 충분한 시간을 제공하는 것이 중요하다. 애플비(Applebee, 1981)가 미국의 교실에 대해 조사한 바에 따르면 일반적인 쓰기 수업에서 주제에 대해 생각할 시간은 평균 3분이었다고 한다. 학생들이 다양한 가능성들을 충분히 탐색하려면 이보다는 많은 시간이 필요하다.

• 초고 쓰기

초고 쓰기는 아이디어를 잡아서 글로 옮기는 과정을 말한다. 초고를 쓸 때 모든 것을 완벽하게 써야 할 필요는 없다. 떠오르는 생각을 일정한 체계나 질서 없이 자유롭게 종이에 옮겨 놓는 것으로부터 시작하면 된다. 뼈대를 세우고, 살을 채우는 일은 나중에 해도 된다. 초고 쓰기의 목표는 필자가 종이나 컴퓨터에 처음으로 쓰기를 시작하는 데 있다. 머릿속에 떠오른 생각을 글로 옮겨 놓고 나면 필자는 그 생각들이 어떤 의미가 있는지, 어떻게 발전시키는 것이 좋을지 생각할 수 있게 된다.

• 수정하기

수정하기는 쓰기 과정의 세 번째 단계이다. 필자가 수정할 때는 자신이 쓴 글을 읽고 무엇을 썼는지 숙고한 다음 내용과 표현을 바꾼다. 수정하기는 매우 중요한 과정이지만 쓰기 과정에서 가장 힘든 과정이기도 하다. 수정하기에서 학생들은 단어, 문장 구조, 담화 패턴 그리고 다른 쓰기 요소들에 대한 자신의 선택이 적절한지 평가하고 대안을 모색해야 한다. 그렇기 때문에 수정하기는 글쓰기에 대한 안목을 높여 주는 데 도움을 준다. 그러나 어린 필자들은 내용보다는 철자나 표현, 디테일 등에 주의를 기울이는 경향이 있으므로 교사는 협의하기를 통해서 적절한 피드백을 제공해야 한다.

• 편집하기

편집하기는 수정된 원고에서 철자나 글자 크기, 구두점 활용 등과 같은 글쓰기의 표면적 특징들을 살피는 것이다. 글은 독자 입장에서는 하나의 시각 텍스트이기 때문에 독자가 글의 내용을 잘 이해할 수 있도록 적절한 소제목을 제공한다든지, 문단 구분 및 시각 자료를 적절히 배치하는 등의 작업을 해야 할 필요가 있다. 미리 쓰기, 초고 쓰기, 수정하기 단계에서 내용에 대한 검토가 이루어지기 때문에 편집하기는 쓰기 과정의 마무리 단계에서 이루어진다.

• 출판하기

출판하기는 쓰기 과정의 마지막 단계이다. 여기서 필자는 그들의 작업을 공식적으로 많은 청중들과 나누고 작업에 대한 평가를 받는다. 보통 출판하기를 다른 사람들이 읽을 수 있도록 제작하는 것으로 생각하기 쉽지만 책이나 모음집 형태로 제작하는 것만이 출판하기의 유일한 방법은 아니다. '작가의 의자'를 활용해서 학생들이 쓴 글을 다른 사람들에게 읽어 주고 청중의 피드백을 받는 것도 출판하기의 한 유형에 포함된다. 중요한 것은 학생들이 쓴 글을 다른 독자들과 나누고 소통하여 글쓰기가 다양한 사람들과 소통하는 사회적 실천 행위라는 점을 인식하도록 하는 것이다.

그런데 미리 쓰기, 초고 쓰기, 수정하기, 편집하기의 과정은 단선적인 것이 아니라 회기적인 성격을 띤다. 즉, 다시 말하면 미리 쓰기, 초고 쓰기, 수정하기가 하나의 사이클로 끝나는 것이 아니라 반복되면서 글의 내용이 심화·발전된다. 따라서 학생들이 이 과정을 능동적으로 반복할 수 있도록 학생과 학생, 학생과 교사 간의 협의가 적극적으로 이루어질 필요가 있다.

실제적인 의사소통 목적을 위해 글을 써야 한다

실제적인 의사소통 목적을 위해 글을 쓸 때 학생들은 의미 있는 쓰기 경험을 할 수 있다. 이것은 너무나 상식적인 것이다. 아무 목적도 없이 써야 한다면 누가 글쓰기에 진지하게 몰입할 수 있겠는가? 그러나 많은 교실에서 제공되는 쓰기 과제의 유일한 목적은 글이 완성되었는지를 확인하고 채점하는 데 있다. 예를 들어 교사에 의해 채점되는 독서 감상문은 아이들이 책을 완전히 읽었는지를 확인하는 것이 유일한 의사소통의 목적이다. 반면에 다른 아이들이 책을 선택할 때 도움을 주기 위한 북 리뷰(book review)는 좀 더 의미 있는 의사소통 목적을 제공한다. 북 리뷰는 학급에서 다른 학생들에게 소개될 뿐만 아니라 제목, 주제, 작가 등을 정리한 리뷰 목록에 포함되어 학급 홈페이지에 올라갈 수도 있다. 혹은 학생들의 북 리뷰를 실어 주는 인터넷 사이트에 소개될 수도 있다.

실제적인 의사소통 목적을 위해 글을 쓸 때 학생들은 개인적으로 특별하고 의미 있는 경험을 하게 된다. 독자들과 자신의 작품을 나눌 수 있다는 점에서 개인적으로 매우 특별한 경험이 될 뿐만 아니라, 쓰기가 중요한 정보를 서로 나누기 위해서 존재한다는 것을 알 수 있기 때문에 의미 있는 경험이 되는 것이다. 쓰기가 개인적으로 특별하고 의미가 있을 때 학생들은 자신의 에너지를 투자하고 주의를 집중하게 된다. 학생들은 자신이 가진 무언가를 다른 독자들과 나눈다는 것을 알기 때문에 더욱 신중하게 글을 쓰게 되고, 그 결과 더 많은 것을 얻게 된다.

점수를 받기 위해서 감상문을 쓰는 것과 학교 홈페이지에 다른 친구들을 위해 정보를 제공할 목적으로 감상문을 쓰는 것 사이에는 상당한 차이가 있다. 따라서 교사는 학생들이 특별한 목적을 갖고 글을 쓸 수 있도록 구체적인 맥락을 제공할 필요가 있다. 문식성 교실에서 학생들은 서로 의사소통하기 위해서, 독자의 요구를 만족시키고 정보를 알리기 위해서, 개인적 생각이나 의견을 표현하고 다른 사람들과 상호작용하기 위해서 글쓰기를 활용하게 된다. 또한 이와 같은 교실 문식성 활동을 지원하는 데 있어서 인터넷은 매우 유용한 도구로 활용될 수 있다.

완전한 텍스트를 창조하도록 해야 한다

학생들은 편지나 이야기, 소논문처럼 완전한 텍스트를 창조하는 경험을 할 필요가 있다. 교과서 중심의 수업에서 학생들은 오직 빈 칸을 채우거나 문장을 완성하는 수준의 쓰기 활동만 하는 경우가 많다. 디그로프와 루(DeGroff & Leu, 1987)는 초등학교 국어 교과서 분석을 통해서 학생들이 일주일에 한 편 정도 한 문장 이상의 글을 쓰도록 요구받는다는 것을 알게 되었다. 이 정도의 글쓰기 활동으로는 학생들이 유능한 독자와 필자로 성장하기 어렵다.

완전한 글쓰기는 수많은 장점이 있다. 첫째, 완전한 쓰기 경험은 독해와 반응 과정의 모든 요소들을 발달시키는 데 기여한다. 쓰기 경험이 제한될수록 독해와 반응도 제한된다. 예를 들면 한 단어로 답하도록 하는 과제는 철자와 단어 요소에만 주의를 기울이도록 한다. 그리고 한 문장 과제는 철자와 단어와 통사적 지식만을 요구하지만 편지나 소논문 또는 이야기 쓰기 과제는 독해와 작문과 관련된 모든 요소에 주의를 집중하도록 한다. 따라서 완전한 쓰기 경험은 학생들이 문자언어의 풍부함을 배우는 데 도움을 준다.

또한 완전한 글쓰기는 비판적 사고와 합리적 사고 능력을 발달시키는 데에도 도움을 준다. 한 단어나 한 문장만으로 학생들이 무언가를 논리적으로 설득하거나 이유를 설명하기를 기대할 수는 없다. 그리고 완전한 텍스트는 일반적으로 한 단어나 문장보다 더 많은 의사소통 목적을 제공한다. 한 단어나 문장은 전형적으로 읽기 과제를 학생들이 이해했는지 혹은 완료했는지를 확인하는 데 그치지만 복잡한 텍스트는 학생들이 의사소통의 목적을 갖는 활동을 하도록 한다. 마지막으로 완전한 글쓰기는 쓰기 과정의 모든 단계에서 읽을 기회를 더 많이 제공한다. 학생들은 수정이나 편집 과정을 거치면서 자신의 글을 정밀하게 읽을 뿐만 아니라 관련 자료를 찾아 읽을 기회를 더 많이 갖게 된다.

읽기와 쓰기를 연계시키는 방법들

독자 반응 일지

읽기와 쓰기를 연계시키는 가장 좋은 방법 중의 하나는 독자 반응 일지를 쓰는 것이다. 독자 반응 일지는 다양한 방법으로 사용할 수 있는데 가장 일반적인 절차는 다음과 같다(Leu & Kinzer,1999).

- 텍스트의 한 부분을 읽는다.
- 읽은 것에 대한 반응을 쓴다.
- 반응을 활용하여 보다 긴 글쓰기 과제를 시작한다.

학생들은 자신이 읽은 것에 대한 생각이나 느낌을 기록하기 위해서 독자 반응 일지를 사용한다. 교사는 자신이 선택한 읽기 과제를 학생들이 어떻게 수행하는지를 확인하기 위해서 독자 반응 일지를 사용한다. 학생들은 교사가 제시한 읽기 과제에 맞춰서 반응 일지를 기록하게 되는데 이것은 학생들이 텍스트와 상호작용하여 심미적인 경험을 하는 데 도움을 준다. 또한 교사는 학생들에게 반응 일지에서 좀 더 긴 글쓰기를 할 수 있는 아이디어를 찾아보도록 함으로써 학생들을 심화된 쓰기 활동으로 이끌 수 있다.

독자 반응 일지 중에서 흥미로운 방법 중의 하나는 학생들로 하여금 등장인물 일지를 쓰도록 하는 것이다. 등장인물 일지에서는 학생들이 주인공 중 한 명의 역할에 집중하여 그 사람에 대한 내용으로 반응 일지를 채우게 된다. 예를 들어 우리가 영화나 드라마를 볼 때 남자 주인공이나 여자 주인공에게 몰입해서 많은 이야기를 할 때가 있다. 이처럼 등장인물 일지는 학생들에게 심미적인 텍스트 경험을 제공하고 주인공의 관점을 이해하는 데 도움을 준다.

그러나 많은 학생들이 자기가 읽은 것에 대해서 어떤 것을 써야 할지 모른다. 이러한 학생들은 그저 반응 일지를 쓸 시간만 제공한다고 해서 쓸 수 있는 것이 아니기 때문에 세심한 지도가 필요하다. 예를 들면 다음과 같은 질문을 활용해서 어떻게 해야 할지 방향을 안내해야 한다.

이 이야기에서 내가 가장 좋아하는 인물은 ＿＿＿＿＿＿＿이다.
왜냐하면 ＿＿＿＿＿＿＿＿＿＿＿＿＿＿＿

이 인물은 내가 아는 누군가를 떠오르게 한다.
왜냐하면 ＿＿＿＿＿＿＿＿＿＿＿＿＿＿＿

이 인물은 내 자신을 떠오르게 한다.

왜냐하면 _____

이 부분은 나에게 _____을 생각나게 한다.

왜냐하면 _____

이 에피소드는 내 삶의 어떤 상황을 떠오르게 한다.

그것은 언제냐 하면 _____

만일 내가 _____였다면

여기서 나는 _____했을 것이다.

대화 일지도 읽기와 쓰기를 연계하기 위해 활용할 수 있는 방법이다. 이것은 담임 교사가 학생들과 함께 하는 교환 일기와 비슷한 것이다. 학생들이 먼저 각자의 대화 일지에 감상 의견을 적어 넣으면 교사는 그날의 마지막 시간에 일지들을 수합해서 읽고 자신의 반응을 써서 다음 날 학생들에게 돌려준다. 교사가 매일 많은 학생들의 일지를 읽고 반응을 쓰는 것은 부담스럽기 때문에 5명씩 한 모둠으로 나눈 다음에 매일 한 모둠씩 수합하는 것이 좀 더 충실하게 반응을 기록할 수 있는 방법이다.

학생들은 자신이 읽은 것이나 그날 일어난 사건들, 다른 학생들과 함께 겪은 문제 혹은 집에서 있었던 중요한 일들에 대해서 쓴다.

학생들이 개인적으로 중요하다고 생각하는 것을 쓸 수 있이어야 읽기와 쓰기에 대한 관심과 동기를 증가시키는 데 도움이 된다. 교사는 학생들의 일지에 개별적으로 반응을 기록하는데 이런 교사의 반응에는 학생들의 글쓰기를 정교하게 하고 쓰기 과정을 확장시키는 과정적인 질문도 포함된다. 예를 들면 "이 부분에 대해서 좀 더 이야기해 줄래?", "왜 그런지 설명해 줄래?", "그래서 지금 무엇을 하려고 하는데?", "그것에 대해서 너는 어떻게 느끼고 있지?" 등과 같은 질문이다.

대화 일지와 유사한 방법으로는 친구와 함께 쓰는 짝 일지도 있다. 이것은 친구들과 감상을 나누는 효과적인 방법이다. 그러나 최근에는 소셜네트워크가 활성화되어 있기 때문에 인터넷에서 대화방을 만들어서 함께 토론하는 것이 보다 효과적일 수 있다. 네트워크를 활용할 때도 가능하면 학생들이 주체가 되어 대화방을 개설하여 토론하도록 하고 교사가 참여하는 방식으로 운영하는 것이 바람직하다. 교사의 홈페이지를 활용하는 방법은 학생들의 참여를 어렵게 하기 때문에 자유로운 토론이 되기 어려울 수 있다.

작가 스타일 연구하기

이 방법은 작가들이 자신만의 특별한 언어 표현을 어떻게 만들어 가는지를 살펴봄으로써 글쓰기에 대한 통찰력을 발달시킬 수 있는 활동이다. 학생들은 나중에 자신의 글쓰기에 이 표현 기법을 적용할수 있다. 스타일 연구는 작가들의 글쓰기 전략이나 언어 표현에 대한감수성을 이해하는 데 효과적이다. 전문가의 글쓰기를 평가해 봄으로써 학생들은 필자의 입장에서 작가의 스타일을 파악할 수 있다. 이를 통해 학생들은 새로운 표현 방식을 이해하고 그 표현 방식을 자신의 글쓰기 작업에 적용할 수 있다. 스타일 연구하기의 절차는 다음과같다.

- 아이들의 문학 텍스트에서 한 부분을 같이 읽어라.
- 이 작가에 의해 사용된 표현 기법을 파악하라.
- 왜 작가가 이러한 패턴을 사용했는지 토의하라.
- 학생들이 파악한 패턴 중의 하나를 학생들이 부여받은 쓰기 과제에 적용하라.
- 그 결과를 나눠라.

스타일 연구는 학생들과 함께 일반적인 문학 텍스트를 읽을 때활용할 수 있다. 문학 시간에 학생들은 다양한 문학적 표현에 대해서공부할 기회가 있지만 대부분의 경우 교사의 설명에 의지할 뿐, 학생스스로 작가가 사용한 표현 방식을 연구하여 그 특징을 파악하고 이를 자신의 글쓰기에 적용하는 경우는 별로 없다. 스타일 연구라고 해서 학생들에게 무슨 문예비평을 하도록 요구하는 것이 아니다.

교사는 학생들과 함께 일부분을 읽은 다음에 작가가 사용한 여러 가지 표현적 특징에 주의를 기울이도록 한다. 교사는 앞서서 여러 가지 특징적인 요소를 파악하고 있어야 하지만 학생들 스스로 그 특징을 찾도록 하는 것이 중요하다. 이러한 특징들은 구절의 연속과 같은 문법적 요소들로 나타나기도 하고 절망적인 상황을 표현하기 위해서 매우 짧은 문장을 사용하는 것과 같은 대화 전략으로 나타나기도 한다. 나중에 학생들은 작가들이 글쓰기의 어떤 특정한 요소들을 강조한다는 것을 알게 될 것이다. 그것은 대화 형태로 나타나기도 하고 어떤 경우에는 묘사, 또 어떤 것은 분위기로 나타난다.

각각의 특징을 파악한 다음에 학생들은 작가가 왜 이러한 표현 기법을 사용했는지에 대해 토의해야 한다. 토의를 통해서 학생들은 작가들이 왜 특정한 방법의 글쓰기를 선택했는지 이해할 수 있게 되며, 작가의 표현 기법을 깊이 있게 이해해야 이를 자신의 글쓰기에 적용할 수 있다. 이런 분석과 토론을 통해서 작가들의 표현 기법을 이해하게 되면 나중에 학생들은 작가가 선택한 이러한 방법을 선호할 수도 있다.

다음에 교사는 작가들의 표현 기법을 자신의 글쓰기에 적용할 수 있도록 학생들에게 짧은 쓰기 과제를 제공해야 한다. 예를 들어 작가가 절망적 상황을 표현하기 위해서 대화에서 짧은 문장을 사용했다면 학생들에게 비슷한 상황을 상상해 보고 이러한 기법을 활용해서 짧은 대화를 구성해 보도록 할 수 있다. 그런 다음에 학생들은 자신들의 글쓰기에서 표현 기법을 어떻게 사용했는지 서로 나누도록 한다.

학생들은 이러한 표현 기법을 빨리 습득하여 교실의 다른 글쓰기 상황에서도 널리 활용할 수 있다. 이처럼 스타일 연구는 학생들의 글쓰기를 확장하는 데 도움을 줄 뿐만 아니라 문학 텍스트를 읽는 동안에도 표현적 특징에 주목하면서 읽고, 왜 작가들이 그 상황에서 특정한 표현 기법을 사용했는지 생각할 수 있도록 한다. 따라서 스타일 연구는 읽기와 쓰기에서 언어 표현에 대한 감각과 통찰력을 기르는 데 도움을 준다.

주제 중심의 통합적인 쓰기 활동

읽기와 쓰기를 연계하는 일반적인 방법은 주제별 단위를 중심으로 읽기와 쓰기를 통합하는 것이다. 주제별 단위란 하나의 화제나 작가 혹은 장르를 중심으로 다양한 학습 경험이 통합되어 있는 것을 말한다. 주제 중심의 접근은 학교 학습이 지나치게 파편화되어 있거나 관련성이 적어서 특별한 의미를 갖지 못한다는 문제의식에서 비롯되었다. 주제별 단위를 중심으로 다양한 학습 영역을 통합함으로써 교사는 학생들에게 의미 있는 경험을 제공할 수 있다. 주제별 단위는 학생들이 하나의 주제에 대해서 깊이 읽고 생각할 수 있도록 해 준다. 또한 주제별 접근은 실제적인 맥락 안에서 과제가 수행되기 때문에 읽기와 쓰기에 대한 긍정적인 태도를 증가시키는 것으로 나타났다.

주제 단위 조직 방법에는 두 가지가 있다. 국어과 수업에서는 읽기, 쓰기, 말하기, 듣기를 통합해서 주제 단위로 조직하는데 이것을 **언어 학습의 통합**이라고 한다. 여기서는 언어 학습에 초점을 맞춰서 읽기, 쓰기, 말하기, 듣기 활동이 하나의 주제, 작가 혹은 장르 중심으로 조직된다. 다른 방법은 두 개의 내용교과 영역을 하나의 주제 단위로 통합하는 방법이다. 종종 이 하나의 교과 영역은 국어 교과가 되는 경우가 많은데 이것을 **교육과정의 통합**이라고 한다. 여기서 주제 단위는 국어 교과와 다른 내용교과의 하나(수학, 과학, 사회, 예술, 체육)를 가르치고 배우는 데 초점을 두고 사용된다. 주제별 접근의 절차는 다음과 같다.

- 다양한 교육과정 목표를 통합할 수 있는 주제, 작가, 장르를 확정하라.
- 교육과정 목표들을 달성할 수 있는 읽기 자료를 선택하라.
- 교육과정 목표들에 맞게 읽기, 쓰기, 말하기, 듣기 경험을 발달시켜라.
- 이 활동을 통해서 완성해야 할 중요한 프로젝트를 확정하라.

첫 단계는 다양한 교육과정 목표를 통합할 수 있는 주제, 작가, 장르를 확정하는 것이다. 주제를 정할 때 서커스, 곰 혹은 괴물과 같이 학생들이 쉽게 할 수 있는 편의적인 주제는 피해야 한다. 이러한 주제는 학생들이 흥미 있어 하지만 좋은 아이디어를 이끌어 내거나 본질적인 문제를 다루기는 어렵다. 주제 학습의 핵심은 학생들이 여러 영역의 학습을 통합하여 문제에 대해서 깊이 있게 사고하도록 노력하는 데 있다. 따라서 피상적인 주제로 이러한 활동을 하기는 어렵다.

주제를 확정하기 위해서 교사는 교육과정 목표들을 면밀히 분석할 필요가 있다. 교육과정 목표들은 종종 흥미로운 주제나 별로 의미가 없는 활동들로 인해 희생되는 경우가 많다. 교육과정의 다양한 영역을 관통하는 학습을 하기 위해서는 주제 단위의 목표를 명료하게 하는 것이 중요하다. 교육과정 목표가 주제나 활동을 결정하도록 해야지, 주제나 활동이 교육과정 목표를 결정하도록 해서는 안 된다.

두 번째 단계는 교육과정 목표를 달성할 수 있는 읽기 자료를 선정하는 것이다. 이것은 아이들의 문학 텍스트를 선정하는 것과 비슷한 것이 아니기 때문에 교사에게는 매우 도전적인 과제이다. 이 단계의 과제를 해결하는 효과적인 방법은 학교나 지역 도서관으로부터 도움을 얻는 것이다. 또한 청소년 도서를 소개하는 다양한 독서 사이트에서 필요한 책 정보를 얻을 수도 있을 것이다. 북 리뷰를 읽어 보면서 교사는 그것을 어떻게 사용할 것인지 먼저 생각해 봐야 한다. '독서일지에 반응을 정리하기 위한 활동에 효과적인가?', '텍스트 전체 활동이나 교실 전체의 읽기 활동에 효과적인가?' 또는 '학생들의 프로젝트를 수행하는 데 참고가 될 만한 것인가?' 등을 고민할 필요가 있다. 책을 선정하기 전에 어떻게 사용할 것인지를 생각하고 리뷰를 하면 나중에 시간 낭비를 줄일 수 있다.

세 번째 단계는 교육과정 목표들에 맞게 읽기, 쓰기, 말하기, 듣기 경험을 발달시킬 수 있도록 주제 단위를 계획하는 것이다. 여기서는 협력적 학습 그룹 조직, 연역적 지도나 귀납적 지도, 소리 내어 읽기, 독자 반응 일지, 문학 토의 그룹, 안내된 읽기-생각하기 활동, 지속적 묵독 등 다양한 읽기 전략들을 고려해야 한다. 이런 다양한 독서 지도 방법을 활용해서 학생들이 중요한 개념을 학습하기 위해 읽기와 쓰기를 할 수 있도록 계획을 세워야 한다.

마지막으로 교사는 학생들이 주제 학습을 통해서 수행해야 할 과제를 확정해야 한다. 고학년 학생들에게는 글쓰기 프로젝트가 적절하며, 저학년 학생들에게는 다른 학급을 대상으로 재미있게 발표를 하거나 포트폴리오에 정리할 수 있는 가벼운 글쓰기가 적절하다. 학생들에게 다양한 활동을 제시한 다음, 하고 싶은 활동을 선택하도록 하는 것이 유용하다. 고학년 학생들은 주제 중심의 수업이 시작될 때 자기가 하고 싶은 것을 제안할 수도 있다. 그렇기 때문에 브레인스토밍 시간은 학생들이 할 수 있는 활동의 목록을 생성하는 데 도움을 준다.

글쓰기 워크숍

글쓰기 워크숍은 학교 수업 시간에 학생들이 자신만의 목적을 위해 주제를 선택해서 쓸 수 있도록 설계한 것이다. 이 글쓰기는 일주일에 여러 번 할 수도 있고, 매일 할 수도 있으며, 혼자 할 수도 있고 모둠별로도 할 수 있다. 글쓰기 워크숍은 학생 자신의 삶에서 관심을 갖고 있는 것, 자기가 표현하고 싶은 것을 쓰도록 해서 쓰기 동기를 자극한다. 또한 글쓰기 워크숍은 동료와 서로 협력하고 학습을 스스로 조절하도록 하기 때문에 학생들이 과제를 편안하게 수행할 수 있는 체계적인 활동 프로그램이다.

학생들은 자신이 중요하다고 생각하는 것에 대해서 충분한 시간을 갖고 쓸 수 있을 때 진정한 필자로 성장한다. 그레이브스(Graves, 2003)는 학생들이 쓰기 습관을 기르기 위해서는 적어도 일주일에 세 시간 이상의 글쓰기 시간을 제공해야 하며, 자기가 쓰고 싶은 것에 대해 예행연습(rehearsal)을 할 수 있어야 한다고 말했다. 글쓰기 워크숍은 애트웰(Atwell), 칼킨스(Calkins) 등 여러 교사와 연구자들에 의해 발전해 왔는데 학생들에게 글쓰기와 예행연습을 할 시간을 충분히 제공하도록 설계되었다.

글쓰기 워크숍에서는 교사와 학생이 동등하게 중요한 역할을 한다. 교사는 글쓰기 과정의 각 단계에서 학생들 간에 상호작용할 수 있는 작가 공동체를 만드는 촉진자, 안내자, 코치로서의 역할을 하고, 학생은 글을 쓰고 다른 필자들을 격려하고 지원하는 역할을 한다. 글쓰기 워크숍의 구성 요소는 크게 미니 레슨, 스스로 쓰기, 나누기로 구분할 수 있다. 글쓰기 워크숍은 학생들의 글쓰기에 필요한 내용과 형식을 지원할 수 있는 광범위한 읽기 활동과 연계될 뿐만 아니라 읽기와 쓰기에 대한 토의 활동의 기회를 제공한다. 이러한 읽기와 토의 활동들은 학생들의 글쓰기를 풍부하게 하는 데 매우 중요한 요소들이다. 그러나 글쓰기 워크숍은 고정된 형식이 있는 것이 아니기 때문에 교육 목표나 학생들의 수준에 따라 다양하게 운영할 수 있다.

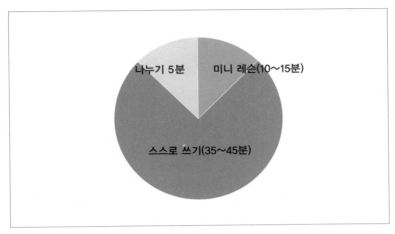

글쓰기 워크숍의 구성 요소

• 미니 레슨

미니 레슨은 전통적인 교사의 지도와 가장 가까운 것으로, 짧고 초점화된 교사의 직접적인 지도라고 할 수 있다. 대체로 미니 레슨은 워크숍을 시작하기 전에 5~10분 정도로 진행되며, 학생들의 작문에 대한 요구나 교육과정의 목표에 따라 기획된다. 미니 레슨에서 다루는 내용은 대체로 워크숍의 진행 과정, 작문 과정에서 요구되는 전략이나 기술, 좋은 글의 요건, 편집의 기술 등이다. 미니 레슨은 전체 학급 혹은 모둠이나 개인별로 다양하게 진행할 수 있다. 교사는 작문에 대한 책을 읽어 주거나 필자로서 자신의 경험 혹은 학생들의 경험을 소개함으로써 학생들에게 필요한 작문 지식과 전략을 제공할 수 있다.

• 스스로 쓰기와 협의하기

글쓰기 워크숍의 1시간 중에서 35~45분 정도는 학생들이 실제로 글을 쓰는 시간이다. 이 시간은 학생들이 교사가 부여한 쓰기 과제를 수행하는 것이 아니라 그들 자신을 위해 마련된 쓰기 과제에 집중하는 시간이다. 이 시간에 학생들은 습작하기, 계획 세우기, 다시 읽기, 교정하기, 다른 친구들과 협의하기를 한다. 교사는 이 시간에 교실을 돌아다니며 학생들과 그들의 글쓰기에 대해 논의한다. 이것이 글쓰기 워크숍의 핵심이라고 할 수 있다.

글쓰기 과정에서 학생들이 가장 힘을 기울이는 것은 탐구 활동이라고 할 수 있다. 학생들은 주제를 어떻게 다룰 것인지 여러 가지 관점에서 검토해야 할 뿐만 아니라 관련된 자료들을 찾아서 읽고 자신의 견해를 뒷받침할 자료를 찾아야 한다. 여러 가지 디테일 중에서 어떤 것이 자신의 논지를 잘 뒷받침하는지를 선택해야 하며 자신이 선택한 장르에 맞게 구조화하는 방법, 자신의 목소리를 어떻게 조절해야 할지도 판단해야 한다. 이를 위해서는 장르의 구조와 특징, 맞춤법과 같은 표기의 관습에 대해서도 탐구할 필요가 있다.

• 나누기

교사와 학생, 학생과 학생 간의 협의를 통해서 학생 글에 대한 반응을 계속해서 서로 나누지만, 이를 학급 전체 차원에서 나누는 시간이 필요하다. 이때에는 교실 한 쪽에 마련된 작가석(Author's Chair)을 활용할 수도 있다. 작가의 자리에 앉아서 학생들은 자기 작품을 발표하고 교사나 학생들과 서로 반응을 나누는 것이다. 교사는 학생들에게 적절한 질문과 피드백을 제공하여 원고를 개선할 수 있도록 도와줘야 한다. 이처럼 반응을 나누는 시간은 학급 전체 단위로 진행할 수도 있지만 모둠으로 나눠서 진행할 수도 있다. 특히 긴 글을 읽고 반응을 나눠야 하는 상황에서는 모둠 또는 파트너를 지정해서 서로 반응을 나누는 것도 가능하다.

글쓰기 워크숍은 한두 시간으로 끝나는 활동이 아니다. 학생들은 한 편의 글을 쓰기 위해서 여러 단계의 글쓰기 과정을 거쳐야 한다. 즉, 주제 정하기와 미리 쓰기, 초고 쓰기, 수정하기, 편집하기, 출판하기 등의 과정을 거쳐야 하기 때문에 한 편의 글을 완성하기 위해서 글쓰기 워크숍은 몇 주 혹은 몇 달간 계속될 수 있다. 읽기 워크숍과 결합하여 1학기 단위로 진행하는 것이 보통이다.

글쓰기 워크숍의 실제

글쓰기 워크숍의 진행 과정

작문교육론 시간에 대학교 3학년 학생들을 대상으로 글쓰기 워크숍을 진행하였다. 학생들이 자유롭게 쓰고 싶은 주제와 장르를 선택한 뒤에 글을 써서 출판하는 프로그램으로 기획하였다. 쓰기 전 활동(prewriting), 초고 쓰기(drafting), 수정하기(revising), 편집하기(editing), 출판하기(publishing)의 글쓰기 과정에 따라 학생 상호 간의 피드백과 교수자의 피드백이 진행되었다. 최종 결과물은 학생들이 직접 편집, 인쇄하여 출판을 하였다.

시간	절차	세부 활동 내용	활동의 유형
1주차	쓰기 전 활동	– 3~4명씩 모둠 편성 – 주제와 구성의 적절성 검토	미니 레슨 모둠별 협의하기

2주차	초고 쓰기	– 초고에 대한 피드백 – 내용과 조직 중심으로	미니 레슨 모둠별 협의하기
3주차	수정하기 (1차)	– 피드백 내용의 반영 여부 – 내용, 조직, 표현 등	미니 레슨 모둠별 협의하기
4주차	수정하기 (2차)	– 글에 대한 전체적인 반응과 피드백	전체 발표하기
5주차	편집하기	– 편집에 대한 안내 – 편집에 대한 반응과 피드백	미니 레슨 전체 발표하기
6주차	출판하기	– 출판팀 구성 – 책 제목/차례 정하기	편집팀의 협의 전체 토의

　　쓰기 전 활동에서는 글쓰기 워크숍에 대해 안내하고 주제와 장르를 자유롭게 선정하도록 했다. 자신이 쓴 글이 출판이 될 것이라는 것에 대해서 학생들은 부담스럽다는 반응을 보였다. 주제나 장르를 자유롭게 선정할 수 있다는 것에 대해서도 부담스러워했지만 한편으로는 흥미를 나타내기도 했다. 학생들은 먼저 주제를 선정하고 간단한 개요를 작성한 다음에 모둠별로 협의를 했다. 선정된 주제와 장르에 대해서는 동료 피드백과 교수 피드백이 함께 제공되었다. 주제 선

정에 대한 협의 이후에 주제를 바꾸는 학생들도 있었지만 대부분의 학생들은 주제를 좀 더 구체화할 수 있었다.

주제에 대한 협의가 끝난 다음에는 초고 쓰기를 했다. 초고가 비교적 완성도 높게 나온 학생들도 있었지만, 내용이 거칠고 산만한 경우가 많았다. 초고에 대한 피드백은 주로 내용 선정과 구성 중심으로 이루어졌다. 학생 상호 간의 협의는 비교적 원만하게 이루어진 편이지만 모둠에 따라서는 상대방의 글에 대해 소극적인 태도로 비평하는 경우도 있었다. 학생들은 아무래도 남의 글에 대해서 자유롭게 이야기하는 데 익숙하지 않은 탓이라고 할 수 있다. 교수자는 모둠별 미니 레슨 형태로 혹은 개인별 피드백의 형태로 내용과 구성 전반에 대해 피드백을 제공하였다.

학생들은 협의한 내용을 반영하여 수정하기 활동을 하였다. 내용을 풍부하게 하기 위해서 디테일을 보완하기도 하고 글의 구성을 새롭게 하기도 했다. 첫 번째는 내용과 구성 중심으로 수정하였으며, 두 번째는 세부적인 묘사의 치밀함이라든지 독자 중심의 표현을 어떻게 할 것인가를 중심으로 수정하였다. 편집하기 단계에서도 내용과 표현에 대한 수정은 계속되었다. 두 번째 수정을 한 다음에는 전체 구성원들에게 발표하고 반응을 나누었다.

전체 발표와 모둠별 발표를 거쳐 완성된 최종 원고를 바탕으로 편집하기가 이루어졌다. 미니 레슨을 통해서 편집 체제를 안내하고 독자가 쉽게 이해할 수 있고 흥미를 갖도록 하는 편집 방법들을 검토하였다. 특히 적절한 이미지를 활용하여 글에 대한 관심과 흥미를 높

이도록 하였다. 완성된 편집본도 다시 전체 구성원들에게 발표해서
결과물을 공유하도록 했다.

　출판을 위해서 다섯 명의 학생으로 출판 팀을 구성하였다. 출판
팀은 최종적인 편집, 교정 작업을 진행하고 인쇄소를 섭외하는 등
출판과 관련된 실무적인 일을 모두 맡아서 진행했다. 출판 팀이 가
장 고민한 것은 책의 제목과 차례를 정하는 일이었는데, 책 제목은
결국 전체 회의를 통해서 정했고 차례는 출판 팀에서 주제와 장르를
고려해서 정하였다. 표지 디자인도 학생들의 아이디어로 만들어졌
다. 글쓰기 워크숍의 마지막 시간에는 책을 만든 소감을 나누고 자
축하였다.

　글쓰기 워크숍은 학생들에게 아주 특별한 경험을 제공한 것으로

나타났다. 무엇보다 학생들은 한 편의 글을 6주에 걸쳐서 계속해서 수정하면서 완성도 높은 글을 써 본 적이 없었다. 자기가 쓴 글에 대해서 동료와 교수자의 피드백을 이렇게 많이 받아 본 것도 처음이었다. 초고를 수정하고 또 수정하는 일은 매우 고된 작업이었으나 자신의 글이 독자들에 의해 읽히리란 사실을 알기 때문에 학생들은 그 과정을 인내할 수 있었다. 그리고 수정을 통해서 점차 자신의 글이 나아지는 것을 확인하면서 좀 더 몰입할 수 있었다.

어쨌든 원고가 마무리되고 책이 출판되었을 때 학생들은 정말로 뿌듯한 자신감을 갖게 되었다. 주변 사람들이 읽고 반응을 보여 주었을 때 학생들은 진정으로 행복해했다. 어떤 학생은 교생 실습에 나가서 자신이 쓴 글을 모범글로 활용해서 수업을 했는데, 학생들이 "이거 정말 선생님 쓴 글 맞아요?"라고 하면서 신기해하는 반응을 보였다고 했다. 동료 피드백과 교수자의 피드백을 받아 수정하는 일은 힘들었지만 학생들은 자신의 글이 독자들에게 다르게 받아들여질 수도 있다는 것을 이해하게 되었다. 그리고 글쓰기 과정에서 활용할 수 있는 다양한 전략들을 실제로 자신의 글에 적용할 수 있었다.

글쓰기 워크숍은 읽기와 쓰기를 연계하는 가장 강력한 방법 중의 하나이다. 글쓰기 워크숍을 통해서 학생들은 다양한 읽기 자료를 찾아서 읽게 되기 때문이다. 앞의 학생들은 이전에 출판되었던 선배들의 글 모음집을 읽고 분석하는 일부터 시작했다. 선배들의 글이 모범글의 역할을 한 셈인데, 그 글들을 읽고 분석하면서 어떤 주제의 글을 어떤 장르로 표현할 것인지 생각할 수 있게 되었다. 그리고 주제와 장르가 정해진 뒤 학생들은 또다시 관련 자료를 찾아서 읽어야 했다. 소설을 선택한 학생들의 경우에는 이야기의 구성이나 인물 묘사를 위해서 소설 쓰기 자료를 찾아 읽었고, 황사 문제를 다룬 학생은 중국발 황사 문제에 대한 찬성 논거와 반대 논거를 모두 찾아 정리해야 했다. 자신의 글을 쓰기 위해서 읽기 때문에 학생들은 더욱 집중해서 관련 정보를 찾아 정리했다.

글쓰기 워크숍의 효과

• 스스로 작가라고 생각하게 된다

글쓰기 워크숍의 특징 중의 하나는 학생들이 자신의 글에 대한 주인의식을 갖도록 한다는 점이다. 작가들이 자신의 작품에 자부심과 책무성을 느끼는 것처럼 학생들도 자신의 글을 쓰면서 '작가 의식'을 갖게 된다. 지금까지 학생들은 과제로서의 글쓰기만을 해 왔기 때문에 평가자가 만족할 만한 글을 쓰기 위해 노력했다. 그러나 글쓰기 워크숍에서는 학생들 자신이 독자와 소통하기 위해서 글을 쓴다. 좋은 점수를 받기 위해 '선생님을 위한 글쓰기'를 하는 것이 아니라 독자와 소통하기 위한 목적으로 '자신을 위한 글쓰기'를 하는 것이다.

처음 과제를 받고는 주제와 장르를 많이 고민했다. 가장 큰 고민은 '좋은 점수를 받기 위한 글'을 쓸 것인가, '내가 하고 싶은 말'을 쓸 것인가 하는 것이었다. 오랜 고민 끝에 내린 결론은 내가 하고 싶은 말을 글로 써 보자는 것이었다. 그렇게 결정하게 된 가장 큰 이유는 이번 글쓰기가 내 인생에 있어 제대로 써 보는 첫 글이었기 때문이다. 학창 시절부터 지인들의 연애 상담을 많이 해 왔던 경험을 살려 그들의 고민 중 가장 일반적이면서도 간과하고 있는 부분에 대해 쓰기로 했고, 주변에서도 그러한 아픔을 겪고 있지만 굳이 내가 나서서 얘기를 해 주지 못하거나 혹은 어딘가에서 같은 문제로 고민하고 있을 이들을 내포 독자로 선정하였다.

이 학생이 선택한 주제는 연애 문제로 고민하는 사람들에게 주는 조언, 즉 '연애 상담'이라고 할 수 있다. 일상생활에서 친구들과 많이 나누는 이야기지만 학교에서 이런 주제로 글을 쓸 기회는 거의 없었을 것이다. 이 학생은 과감히 '좋은 점수를 받기 위한 글'을 포기하고 '내가 하고 싶은 말'을 선택했다. 학교에서 요구하는 과제 중심의 글쓰기는 대체로 자신의 목소리가 배제된 정보나 지식 위주의 글이 많기 때문에 아마도 학생들은 자신의 목소리가 담긴 '자신의 이야기'를 하고 싶었을 것이다. '내가 하고 싶은 말'을 자유롭게 선택할 수 있다는 점이 작가 의식을 갖도록 하는 데 도움을 준 것으로 보인다.

학생들의 소감을 통해서 보면 '출판하기' 또한 작가 의식을 강화하는 데 도움을 준다는 것을 알 수 있다. 출판을 통해서 다양한 독자들과 만날 수 있다는 사실은 확실히 학생들에게 강한 부담감을 안겨 주었다. 책을 출판하자는 제안에 대해서 처음에는 매우 소극적인 태도를 보였기 때문이다. 그러나 워크숍이 시작되면서 학생들은 곧 글쓰기 과정에 집중하기 시작했다. 출판이라는 '부담'이 자기 글에 대한 책임감을 높였기 때문이다. 출판이라는 것은 독자들과 만나서 자신의 생각과 감정을 나누는 것이기 때문에 작가로서의 자부심과 책임감을 높이는 데 큰 영향을 미친다는 것을 확인할 수 있었다.

• 글쓰기 전략을 자연스럽게 습득한다

학생들의 최종 결과물을 '독자', '내용', '조직', '표현'의 네 항목으로 나누어 평가한 뒤 초고의 점수와 비교해 본 결과 모든 영역의 점수가 높아졌음을 확인할 수 있었다. 초고의 전체 평균 점수는 19.93점이었으나 최종 원고는 28점으로 8점 이상 높아졌음을 알 수

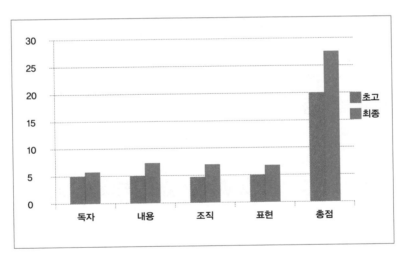

초고와 최종 원고의 항목별 점수 비교 결과

있다. 항목별로 보면 모든 영역의 점수가 높아졌지만 특히 내용, 조직, 표현 영역의 점수가 모두 2점 이상 높아져 글의 전반적인 수준에서 의미 있는 변화가 이루어졌음을 확인할 수 있었다.

글쓰기 워크숍 활동의 결과 학생들의 글쓰기 수준이 모든 영역에서 일정한 향상을 보인 것은 글쓰기 워크숍이 글쓰기의 과정을 중심으로 운영되었기 때문이라고 할 수 있다. 글쓰기 워크숍에서는 쓰기 전 활동, 초고 쓰기, 수정하기, 편집하기, 출판하기 등 글쓰기 과정에 따라 미니 레슨과 협의하기, 수정하기가 이루어지기 때문에 주제와 장르의 선정에서부터 내용, 조직, 표현에 이르기까지 체계적인 검토와 수정이 이루어질 수 있다. 결과 중심의 글쓰기 지도에서는 글의 표현 중심으로 첨삭 지도가 이루어지는데 그것과는 차이가 있음을 알 수 있다.

• 「어느 자취생의 일기」 초고

비위생적 생활 환경

3월 ○일

오늘 아침에 깨달았다. 자취방을 언제 치웠는지 기억이 안 난다는 것을. 자취 초에 동기들 불렀을 때 한 번 하고 그 뒤로는 한 기억이 없는데…. 나 너무 더럽게 사나? 그래서 오늘 방을 좀 치웠는데 진짜 대박

사건이었다. 청소 도구가 전혀 없기 때문에 그냥 바닥 전체를 박스 테이프로 뜯었는데 테이프 뭉치가 9개가 나왔다. 모아놓으면 소름끼친다. 머리 긴 여자 둘이 사는 방이다보니 머리카락이 정말 많다. 그건 뭐 그렇다 치고 뭔 놈의 먼지가 그렇게 많은지 구석에 덩어리로 있다. 이런 방에서 계속 살았다는 게 신기하다.

청소하면서 쓰레기도 버렸는데 참 쓰레기는 끝도 없이 나온다. 화장실 쓰레기통은 눈만 감았다 뜨면 다 차는 거 같다. 음식물 쓰레기는 많이 나오지는 않지만 버리기 너무 싫다. 짧은 순간인데 그것도 싫어. 아! 그리고 이 동네는 분리수거의 개념이 없는 것 같다. 대학생이면 나이 먹을 만큼 먹었을 텐데 사람들이 분리수거를 제대로 안한다. 캔에 플라스틱 들어있고, 병에 캔이 들어 있다. 나만 열심히 하면 뭐해? 티가 안 나 티가! 이런 건 누가 단속 안하나?

오늘 청소하는 김에 빨래도 했다. 과제 없는 날엔 이렇게 집안일을 몰아서 해야 한다. 공용 세탁기를 쓰다 보니 세탁조 위생상태가 항상 걱정이다. 그래서 꼭 빙빙볼이랑 같이 돌린다. 빛나는 특허품! 빨래 먼지 다 없애 주는 나의 빙빙볼. 난 애 없으면 죽을지도 몰라... 그런데 이거 빙빙볼 광고 카피 같네. 쨌든 빨래를 다하고 널려고 했는데 그 전 빨래를 먼저 걷어야 했다. 사실 빨래를 건조대에서 제때 걷지는 않는다. 그냥 걸어 놓은 거 쓴다. 그게 편하잖아? 페북 보니까 그런 사람 많던데? 개어서 정리해도 다시 꺼내 쓸 건데 상관없다고 생각한다. 아마 앞으로도 계속 이렇게 살 거 같은데?

나만 더러워? 나만 쓰레기야?!

어느 날은 자취방에 있는데 발에 뭐가 막 걸리기에 바닥을 봤다. 자세히 보니까 머리카락이랑 먼지가 엉켜서 발가락에 걸려 있었다. 그 순간 알았다. 방 청소를 언제 했는지 기억나지 않는다는 것을! 자취 초에 동기들 불렀을 때 한 뒤로는 아마 하지 않았다고 결론을 내렸다. 이대로 살다가는 병 걸려 죽을지도 모른다는 공포가 나를 덮쳤고 그렇게 청소를 시작했다.

난 빗자루를 키우지 않는다. 자취생에게 미니 청소기 따위는 사치다. 그래서 청소는 그냥 박스 테이프로 한다. 테이프를 한 번 감아 그걸로 바닥을 뜯었는데 머리카락과 더불어 먼지에 모래도 붙어 나왔다. 저기 구석에는 생쌀도 있었다. 생쌀… 걔는 거기 왜 있을까? 특히 먼지는 책상 밑에 많았다. 그들은 회색 오라를 뿜으며 자기들끼리 음울하게 뭉쳐 있었다. 머리카락은 오만 데 다 있었다. 의자 위에도 책상 위에도 심지어 빨래 바구니 안에도 있었다. 도대체가 이렇게 빠져 대는데 아직도 머리통에 잔뜩 달린 게 신기했다. 그렇게 여기저기 떼어 내니까 테이프 뭉치만 9개가 나왔다. 무려 9개가! 확실히 말하는데 내 자취방은 절대로 넓지 않다. 가로 세로가 걸어서 네다섯 걸음 정도 된다. 거기에 둘이 사는데 테이프가 아홉 뭉치가 나왔다. 좀 많이 충격적이었다.

　청소 후 방 안에 쌓인 쓰레기를 버리러 나갔는데 여전히 혼돈의 카오스인 쓰레기 분리 수거장이 나를 반겼다. 처음 이곳에 쓰레기를 버렸던 날이 생각난다. 자취를 시작하며 나름대로 분리수거를 해 보겠다고 마음을 먹었었다. 그런데 캔을 넣을 곳에 캔과 유리와 플라스틱과 일반쓰레기가 함께 있는 광경을 보게 되었다. 그 주변에는 쓰레기 봉지와 택배 상자들이 가득했었다. 심지어 아무도 종량제 봉투를 사용하지 않았다. 난 그날 그렇게 분리수거의 꿈을 접었다. 그곳은 여전하다. 난 여전한 그곳을 아침마다 보며 가끔 안도한다. 그래, 나만 쓰레기는 아니다.

「어느 자취생의 일기」 초고와 최종본을 비교해 보면 학생들의 글쓰기가 얼마나 변화했는지를 잘 알 수 있다. 초고를 보면 그날 있었던 일을 하나씩 나열하는 일기 형식으로 기술했지만 최종본에서는 수필 형식으로 바꾸어 좀 더 객관적인 묘사를 하고 있다. 또한 내용도 초고에서는 청소와 빨래 이야기를 함께 썼는데 최종본에서는 빨래 이야기를 버리고 청소에 집중했다. 소제목도 '비위생적 환경'에서 '나만 더러워? 나만 쓰레기야?'로 바꾸어 독자의 흥미를 자극하였으며 삽화까지 넣어서 구성을 다채롭게 했다. 즉, 초고가 학생 자신의 경험을 단순히 기록하는 차원에 머물렀다면 최종본에서는 독자의 관심과 흥미를 고려하여 내용과 표현을 조절하는 모습을 보여준다.

이러한 변화가 가능한 것은 학생들이 글쓰기의 과정에 따라 끊임없이 글을 수정한 결과라고 할 수 있다. 린다 플라워(Linda Flower)는 글쓰기의 인지적 과정이 계획하기, 초고 쓰기, 수정하기로 이루어지며 이 과정은 선조적으로 진행되는 것이 아니라 회기적인 특성을 갖는다고 하였다. 글쓰기 워크숍에서는 이러한 회기적 과정을 활성화하기 위해서 교수와 동료들 간의 협의를 적극적으로 수행한다. 이러한 협력을 통해서 학생들은 글을 보는 안목을 키우고 새로운 글쓰기 전략을 익힐 수 있었던 것이다.

• 협력적 의사소통이 중요하다

글쓰기 워크숍이 학생들의 글쓰기 능력의 발달에 도움이 될 수 있었던 가장 핵심적인 요인은 협력적 의사소통이라고 할 수 있다. 글쓰기 워크숍에서 이루어지는 협의는 학생 상호 간의 협의와 발표를 통한 공유하기, 그리고 교사와 학생 간의 협의로 구분할 수 있다. 학생들은 개인별 협의와 전체 학생들을 대상으로 하는 발표 등을 통해서 다양한 방식으로 의사소통을 한다. 이러한 협의 과정을 통해서 학생들은 자신의 글에 대한 예상 독자들의 반응을 미리 들어 볼 수 있다.

세 차례의 피드백이 끝난 후, 내가 처음 쓴 초고를 다시 읽어 보고 격하게 공감할 수 있었다. '모든 초고는 걸레다.'라는 말처럼 글의 구조를 바꾸고 표현을 바꾸는 퇴고 과정이 얼마나 내 글의 완성도를 높여 주었는가를 실감하게 했다. 협력적 글쓰기를 하면서 얻게 된 것은 독자를 고려하는 것이다. 협력자는 내 글을 독자의 시선으로 봐 주기 때문에 내 글의 부족한 점을 객관적으로 말해 주어서 나 스스로 퇴고할 때는 미처 생각지 못했던 점을 짚어 주었다. 그 덕분에 내 글을 독자와 같은 객관적인 눈으로 바라볼 수 있었다. 글쓰기 워크숍은 협력자의 피드백을 받고 글을 고쳐 쓰면서 글의 완성도를 높일 수 있는 활동이었다. 그리고 독자인 협력자와의 즉각적인 상호 소통을 통해 독자의 반응에 대한 두려움을 극복하고 좀 더 편히 글을 쓸 수 있는 시간이었다.

학생들은 동료나 교사와의 협의를 통해서 자기 글에 대한 독자의 반응을 확인하게 될 뿐만 아니라 자신의 글을 개선할 수 있는 아이디어도 얻게 된다. 따라서 동료 학생들과 지도 교사의 반응과 피드백은 학생들의 글쓰기 활동을 격려하고 이를 더 발전시키는 데 핵심적인 역할을 한다. 학생들의 설문 조사 결과를 보면 동료와 교사의 피드백 모두 도움이 되었다고 응답했으나 교사의 피드백을 더 신뢰하는 것으로 나타났다. 5점 척도의 응답에서 교사의 피드백은 4.5를 기록했으나 학생의 피드백은 4.0을 기록했다. 교사의 반응과 피드백이 학생들에게 더 큰 영향을 미치기 때문에 긍정적이고 세심한 조언이 필요하다.

초고와 최종 원고의 개인별 점수를 비교한 결과를 보면 변화의 폭이 큰 학생들이 전체적으로 많은 비중을 차지하지만 변화의 폭이 적은 학생들도 있고, 심지어 변화가 거의 없는 학생들도 있었다. 이것은 개인별 특성에 따라 워크숍의 성과가 달라질 수 있다는 것을 의미한다.(김주환, 2016)

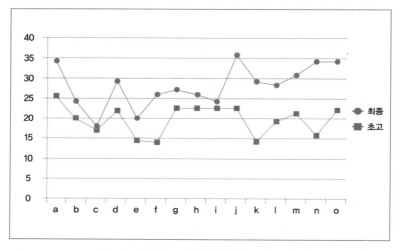

초고와 최종 원고의 개인별 점수 비교 결과

성별 차이를 확인해 본 결과, 초고 평균은 남학생 20.5, 여학생 19.9로 비슷한 수준이었으나 최종 원고의 평균은 남학생 24.8, 여학생 28로 상당한 차이가 있었다. 남학생들은 4.3점 상승했지만 여학생들은 8.1점 상승했다. 남학생보다 여학생들의 점수 상승 폭이 더 크다는 것을 알 수 있다. 성별 점수 차가 크다는 것은 여학생들의 경우 타인의 반응을 자신의 글 개선에 적극적으로 반영하기 위해 노력하는 편이지만 남학생들의 경우에는 좀 더 소극적이라는 것을 의미한다. 이는 동료나 교사의 지원이 아무리 풍부하더라도 글쓰기 활동에 참여하는 학생들의 태도와 자세에 따라 그 성과가 달라진다는 것을 보여 준다.

• 다양한 자료를 찾아 읽게 된다

과제 중심의 글쓰기는 항상 시간의 제약이 따른다. 그렇기 때문에 학생들은 자신의 글을 완성시키기 위한 노력을 기울이지 못하고 시간에 쫓겨서 과제를 마무리하기에 바쁘다. 글쓰기 워크숍에서는 6주에 걸쳐서 한 편의 글을 완성한다. 물론 글의 분량에도 제한이 없기 때문에 학생들은 자신의 글을 발전시킬 수 있는 충분한 시간을 갖게 된다. 오랜 시간 동안 글을 쓴다는 것은 자기가 쓴 글을 반복해서 읽고 수정할 뿐만 아니라 글의 내용과 형식을 발전시킬 수 있는 다양한 자료를 찾아 읽고 동료나 교사와 계속해서 토의한다는 것을 의미한다.

• 「AI는 우리 곁에 있다(AI is Here)」 초고

인공지능과 미래

인공지능과 함께 살아가는 삶을 꿈꿔 본 적이 있는가? 인공지능의 도움을 받아 기상하고, 직접 움직이지 않아도 샤워를 시켜 주며, 오늘의 날씨에 맞는 옷을 옷장 안에서 골라 주고, 원하는 목적지까지 인공지능이 운전하는 차를 타고 이동하는 삶을 말이다. 이런 이야기는 영화에서나 일어날 법하지만, 언젠가는 우리에게 실현될 미래이다. 그날이 2100년이 되든, 2200년이 되든 말이다.

• 「AI는 우리 곁에 있다(AI is Here)」 최종본

AI는 우리 곁에 있다

"모든 신기술은 거부된 뒤에야 받아들여진다 All new technology is rejected and then accepted"

— 에릭 호퍼(Eric Hoffer)

'위의 그림을 그린 화가를 맞춰 보라'고 한다면 당신은 어떤 화가의 이름을 댈 것인가? 당신은 빈센트 반 고흐, 레오나르도 다빈치 등 미술 교과서에 나올 만한 작가들의 이름을 나열할지도 모른다. 그러나 이 그림은 '3~40대의 남성을 렘브란트 화풍으로 그려 달라'는 인간의 명령에 따라 인공지능이 그린 그림이다. 평범한 미술 실력을 가진 보통 사람들이라면, 몇 달의 학습 기간을 거쳐도 이렇게 정교한 그림을 쉽게 그리기는 쉽지 않을 것이다. 그러나 인공지능은 단 몇 시간의 학습을 통해 완성도 높은 그림을 그렸고, 인공지능이 그린 그림은 하나에 8,000달러(920만 원)에 팔리기도 했다. 인공지능은 어느덧 미숙한 단계의 로봇이 아닌, 인간처럼 행동하고 작동하는 '제2의 인간'이 된 것이다.

그렇다면 당신은 인공지능과 함께 살아가는 삶을 꿈꿔 본 적이 있는가? 인공지능의 도움을 받아 기상하고, 직접 움직이지 않아도 샤워를 시켜 주며, 오늘의 날씨에 맞는 옷을 옷장 안에서 골라 주고, 원하는 목적지까지 인공지능이 운전하는 차를 타고 이동하는 삶을 말이다. 이런 이야기는 영화에서나 일어날 법하지만, 언젠가는 우리에게 실현될 미래이다. 그날이 2100년이 되든 2200년이 되든 말이다.

「AI는 우리 곁에 있다(AI is Here)」의 초고와 최종본을 비교해 보면 학생들이 글의 내용과 표현을 풍부하게 하기 위해서 다양한 자료를 읽고 연구했음을 알 수 있다. 초고에서는 단순히 '인공지능과 함

께 살아가는 삶을 꿈꿔 본 적이 있는가?'라고 시작했지만 최종본에서
는 인공지능이 그린 그림을 제시하면서 독자의 관심과 흥미를 자극
하고 있다. 이 학생은 인공지능의 발달에 대한 최근의 자료를 조사하
여 글의 첫머리에 제시함으로써 독자가 직접적으로 인공지능과의 삶
을 상상할 수 있도록 하였다. 또한 제목도 상투적인 표현에서 좀 더
자극적인 것으로 바꾸었으며 에릭 호퍼의 인용구까지 제시하여 자신
의 메시지를 강렬하게 드러내고 있다. 이러한 변화는 교수와 동료들
의 피드백을 반영하여 학생 스스로 다양한 자료를 읽고 연구한 결과
라고 할 수 있다.

> 2차 피드백이 있기 전의 2주 동안 나는 수없이 많은 고민을 했다. 인
> 공지능이라는 주제를 버리고 연예인 스폰서에 대한 글을 써 보기도 하
> 고, 자유학기제에 대한 글을 썼다가 완전히 날려 버리기도 했다. 결국
> 은 다시 인공지능이라는 주제로 돌아와, 소재는 같지만 주제를 완전히
> 바꾸어 '인공지능과 미래'라는 제목으로 글을 썼다. 인공지능의 발달이
> 인간에게 불러일으킬 수 있는 문제점에 관한 내용이었다. 인공지능에
> 관한 논문은 인공지능 분야에서 비전문가인 내가 이해하기 어려운 것
> 들이 많았고, 웹사이트에는 다들 뻔한 이야기만 하고 있어서 학교 도서
> 관에서 인공지능에 관한 책을 참고하여 자료를 얻었다. 그러나 이번에
> 는 근거가 글의 주제를 뒷받침할 수 있는가에 너무 초점을 두다 보니,
> 동료들에게 '글이 재미없다'는 피드백을 받았다. 그 피드백을 받고도 나
> 는 '인공지능에 관한 글인데 재미있을 수가 없지!'라고 하며 스스로를

합리화했다. 그런데 교수님의 피드백도 어김없이 혹평이었다. 저번 글보다는 나아졌지만, 인공지능에 관한 문제점만 쭉 적어 놓으니 글이 너무 옹색해 보인다는 것이 그 이유였다.

글은 그저 자신의 생각을 글자로 옮겨 놓은 것이라는 생각은 매우 단편적인 사고이다. 작가들은 글을 쓰기 위해서 자료를 조사하고 탐구하는 과정을 거친다. 한 편의 소설을 쓰기 위해서도 많은 인물과 사건들에 대해 탐구해야 한다. 결국 한 편의 글은 작가가 인간과 세계에 대해서 탐구한 결과라고 할 수 있다. 글쓰기 워크숍은 작가가 하는 것처럼 자신이 쓰고 싶은 주제에 대해서 다양하게 탐구하고 동료나 교사들과 토의하는 과정을 거친다. 읽기와 말하기, 듣기, 쓰기 활동이 통합적으로 이루어지는 것이다. 특히 학생들은 자신의 글을 쓰기 위한 목적으로 읽을 때 보다 목적의식적으로 다양한 글을 찾아 읽게 된다. 따라서 글쓰기 워크숍은 읽기와 쓰기, 말하기, 듣기 등 학생들의 다양한 문식 능력을 길러주는 데 도움을 준다고 할 수 있다.

[참고 문헌]

김주환(2016), 작가의식을 기르는 글쓰기 워크숍, 리터러시연구 12, pp. 151-188.

김주환(2017), 대학생 필자의 글쓰기 과정 분석 - 글쓰기 워크숍을 중심으로, 리터러시연구 22, pp.89-119.

황재웅(2008), 「쓰기 워크숍에 의한 작문 교육 방안」, 『국어교육』 127, pp.163-193.

황재웅(2010), 『쓰기 워크숍의 이론과 실제』, 한국문화사.

Applebee, A. N.(1981), Looking at writing, *Educational Leadership 38*, pp. 458-462.

Calkins, L. N.(1994), *The Art of Teaching Writing*, Portsmouth, NH: Heinemann.

DeGroff, L. C. & Leu, D. J.(1987), An analysis of writing activities: A study of language arts textbooks, *Writing Communication 4*, pp. 253-268.

Fletcher, R., & Portalupi, J.(2001), *Writing workshop: the essential guide*, Portsmouth, NH: Heinemann.

Graves, D. H.(2003), *Writing: Teachers and Children at Work*, Portsmouth, NH: Heinemann.

Leu, D. J. & Kinzer, C. K.(1999), *Effective literacy instruction K-8 4th ed*, Upper Saddle River, N.J.: Merrill, c1999.

[찾아보기]

교사를 위한 독서교육론

초판 1쇄 펴낸날 | 2019년 3월 12일
초판 5쇄 펴낸날 | 2023년 1월 31일

지은이 | 김주환
펴낸이 | 홍지연
펴낸곳 | (주)우리학교

편집 | 홍소연 고영완 전희선 조어진 서경민
디자인 | 박태연 박해연
마케팅 | 강점원 최은 신종연
경영지원 | 정상희 곽해림

출판등록 | 제313-2009-26호(2009년 1월 5일)
주소 | 04029 서울시 마포구 동교로12안길 8
전화 | 02-6012-6094
팩스 | 02-6012-6092
이메일 | woorischool@naver.com

ISBN 979-11-87050-85-8 93370

표지 이미지 Cover illustration by Quint Buchholz ©2013 Carl Hanser Verlag GmbH&Co.
KG, München